コミュニティ・カレッジ
―歴史と文脈―

井口(藤本)千鶴

目次

まえがき……………………………………………………………………………… 5

第Ⅰ部　コミュニティ・カレッジ法制史

第Ⅰ部の構成と総括 ………………………………………………………………… 10
第1章　カリフォルニア州におけるジュニア・カレッジ（コミュニティ・カレッジ）の
　　　　創設と高等教育機会均等の理念 ………………………………………… 17
第2章　カリフォルニア州1917年法・1921年法とその背景 …………………… 38
　　　　―高等教育の平等と卓越の相克―
第3章　カリフォルニア州1960年法とその背景 ………………………………… 52
　　　　―高等教育の平等と卓越の調整―
　補論　高等教育政策形成と審議会 ………………………………………………… 73
　　　　―カリフォルニア州高等教育マスター・プランの場合―
第4章　1960年以後のコミュニティ・カレッジの変化 ………………………… 92
　　　　―制度上の位置づけ，学生，教育プログラムを中心に―
第5章　コミュニティ・カレッジに対するローカル・コントロールの伝統と変容 ……… 100

第Ⅱ部　コミュニティ・カレッジ論史

第Ⅱ部の構成と総括 ………………………………………………………………… 120
第6章　W. R. ハーパーのジュニア・カレッジ構想 …………………………… 130
　　　　―米国コミュニティ・カレッジ史におけるハーパーの位置づけと評価―
第7章　A. F. ランゲのジュニア・カレッジ完成教育論とその基底理念 ……… 150
　　　　―高等教育における平等主義と能力主義の葛藤―
第8章　コミュニティ・カレッジ中等教育論の系譜 …………………………… 170
　　　　―アメリカ型高等教育概念の史的研究の観点から―
第9章　W.C.イールズのジュニア・カレッジ論 ………………………………… 188
　　　　―米国コミュニティ・カレッジ史におけるイールズの足跡―

第10章 バートン・クラークのコミュニティ・カレッジ論 …………………… 211
　　　　―アメリカ高等教育におけるクーリング・アウト機能とその評価―
第11章 ジェローム・カラベルのコミュニティ・カレッジ論 …………………… 222
　　　　―批判の矛先と展望―
第12章 ズワーリングのコミュニティ・カレッジ論の意義 …………………… 235
　　　　―格差問題解決への示唆―

第Ⅲ部　現代コミュニティ・カレッジの諸相

第Ⅲ部の構成と総括 …………………………………………………………… 254
第13章 コミュニティ・カレッジにおける職業教育の発展とその要因 ……… 257
第14章 コミュニティ・カレッジにおける職業教育の新展開 ………………… 283
　　　　―生涯にわたる職業能力開発の動向―
第15章 コミュニティ・カレッジにおけるコーオプ（CO-OP）教育 ………… 295
　　　　―アメリカ短期高等教育における産・学・社の協力―
第16章 コミュニティ・カレッジにおける機関調査（IR）部門 ……………… 313
　　　　―歴史・現状・課題―
第17章 コミュニティ・カレッジにおける学習継続支援 ……………………… 325
　　　　―初年次および初年次以後の学習継続支援の取り組み―

あとがき ………………………………………………………………………… 337

まえがき

　本書は、著者が京都大学卒業後、同大学院教育行政学研究室で主に英米の教育制度について学び始めて以来、40年以上にわたり断続的に発表してきた論文の中から、アメリカのコミュニティ・カレッジを対象としたものを3部構成にまとめ上梓したものである。

　振り返れば、1980年3月にアメリカのコミュニティ・カレッジに関する卒論を提出して以来、40年以上にわたり断続的にコミュニティ・カレッジを研究してきた。「40年以上にわたり断続的に」という研究スタイルは、凡庸な人間が無理せずに家事、育児、パートタイムの仕事（大学の非常勤講師等々）、NPOの活動を並行して行ってきた結果の現れといえるかもしれない。そのような人間が残してきた研究結果を出版する意義は如何ほどのものかという逡巡もあったが、「人生100年時代」と言われる今日、未熟かつ凡庸な人間でも年数をかければ研究成果を1冊の本にまとめることは可能だという一事例にはなるのではないかという想いもあり、出版することにした。また、教育における格差問題、日本における短期大学の衰退、リカレント教育への関心の高まり、日本版コミュニティ・スクールの広がりなど、近年の日本社会や教育の変化を強く感じるなかで、本書は少なくとも、これらの諸課題に関する参考資料的価値はあるのではないかとも考えた。研究一筋の生活であったならば、もう少し早期に研究成果を世に問えたのかもしれなかったが、自己拡散的な生活のなかで愚図愚図しているうちに、上記のような現代的課題が日本社会に顕在化するに至り、かえって出版の機が熟したという側面もあるように感じられる。

　卒論でコミュニティ・カレッジをとりあげたのは、当時の私が、1970年代にOECDが提唱し始めた「リカレント教育」という概念に強くひかれたからに他ならない。人生において転学や転職が必ずしもネガティブに働かないリカレント型の社会が、日本においても実現されるならば、未熟でモラトリアム型の青年や成人でも、ライフサイクルの何処かで自

己実現のチャンスを獲得し、より納得のいく人生が送れるのではないかと、当時の私は考えた。そこで、その頃日本よりも社会のリカレント化が進んでいたアメリカ社会に目を向け、彼の地でリカレント教育の主要拠点とされたコミュニティ・カレッジを卒論のテーマとして選んだわけである。

しかし卒論執筆の過程で、コミュニティ・カレッジの歴史にまで射程を広げて調べ始めると、コミュニティ・カレッジが、リカレント教育の拠点としてのみならず、教育制度史的にも大変興味深い研究対象であることが分かってきた。コミュニティ・カレッジの歴史をさかのぼれば、地域差はあるにせよ19世紀末からの大学内ジュニア・カレッジ（主に学士前期課程）を経て20世紀初頭から始まる大学外ジュニア・カレッジ（主にコミュニティに根ざしたハイ・スクールの上方拡張からスタートした課程）の時代、ハイ・スクール（中等教育）からの独立が徐々に進み高等教育としての法的地位を獲得するまでの時代、さらには青年層のみならず成人学生の割合が増加し生涯学習機関化、リカレント教育機関化が進む時代へとダイナミックに推移していることが分かり、その動態を深く探求してみたくなった。そこで、卒業後就職する予定であった私は、ぎりぎりになって進路変更し、大学院に進学する準備を始めた。当時の京都大学の教育行政研究室では、高木英明助教授（当時）をはじめ、田中耕二郎助手（当時）、大学院生の方々に大変お世話になった。心よりお礼を申し上げたい。

大学院進学後は、カリフォルニア大学バークレー校への留学（9ヶ月間の交換留学）の機会にも恵まれた。当時のカリフォルニア大学バークレー校では、高等教育研究センターにも足を運び、著書でしか存じ上げなかったマーチン・トロウ博士にお目にかかることもできた。バークレー校教育学部のなかには、コミュニティ・カレッジとつながりのある先生もおられたので、紹介状をいただき、カリフォルニア州やハワイ州のコミュニティ・カレッジを実際に訪れることもできた。本書の第1部の全章、第2部の第1章、第2章、および第3部の第1章の論稿は、その時に発見

した資料（カミネッティ議員、ハーパー、ランゲ、高等教育マスタープランに関する資料等）および種々の実地見聞に負うところが大きい。

帰国後は日本教育学会等に論文を投稿し採択されたが、大学への就職が男子院生でも容易ではなかった当時、突出した才能があるわけでもない女子院生の私は、オーバードクター生活を余儀なくされた。出口の見えないトンネルの中で結婚、出産も経験したが、当時は子どもを保育所に預けることなど到底望めず、研究は一時中断せざるをえなかった。非常勤ながら教育と研究の世界に復帰したのは、子どもが幼稚園に入園してからのことである。一般企業の転勤族であった夫とともに約2年おきに東京と大阪を家族で往復する生活が続き、常勤職への応募は現実的に難しかった。しかし、そんななか1995年から1998年にかけて夫の転勤先が国内ではなく海外に決まった。しかも任地はアメリカ公教育発祥の地、マサチューセッツ州ということで、アメリカ教育史をかじっていた私にとっては願ってもない機会となった。ボストン郊外で子どもを現地校に通わせアメリカのコミュニティ・スクールを保護者として体感するとともに、アメリカ西海岸（主にカリフォルニア州）とは異なるアメリカ東部（主にマサチューセッツ州）の人々やコミュニティ・カレッジの様子を目にすることもできた。

3年弱の滞米生活から帰国した1998年からは、9年間にわたり国立教育政策研究所の高等教育研究部で研究協力者として様々な研究プロジェクトに参加させていただいた。プロジェクトに参加させて下さった小松郁夫先生、川島啓二先生、塚原修一先生にはこの場を借りて感謝申し上げたい。研究協力者としてカリフォルニア州に出張する機会もあり、2000年代のコミュニティ・カレッジのおかれた状況を確認することもできた。その成果は、主に本書第3部の第2章、第3章、第4章、第5章に反映されている。これらの論稿は、2000年より約20年間にわたり非常勤講師として勤務する機会を提供して下さった東海大学の紀要に掲載された。紀要論文の査読を通してご助言を賜った東海大学の先生方には、この場を借りてお礼申し上げたい。

最後に、長きにわたり書籍や資料のためのスペースを許容するとともに、教育・研究・NPO活動のいずれに対しても理解と協力をおしまず提供してくれた家族には、最大級の感謝の気持ちを伝えたい。長い間ありがとう。

2024年11月
井口（藤本）千鶴

第Ⅰ部

コミュニティ・カレッジ法制史

第Ⅰ部の構成と総括

　第Ⅰ部では、コミュニティ・カレッジ（時期や論者によっては、ジュニア・カレッジやコミュニティ・ジュニア・カレッジと表記）の法制の展開と、それを促した多様な人間（集団）の、高等教育段階における機会の平等をめぐる理念や行動を動態的に分析した。ここで「動態的に分析」というのは、コミュニティ・カレッジの態様の変化[1]のみならず、そうした変化を促した動因やアクターにまで焦点をあてた分析という意味である。制度を誕生させ発展させてきた起動力、推進力への関心の背景には、丸山真男の次の指摘への共感がある。

　　周知のように、日本では私たち国民が自分の生活と実践のなかから制度づくりをしていった経験に乏しい。歴史的にいっても、たいていの近代的な制度はあらかじめでき上ったものとして持ち込まれ、そのワクにしたがって私たちの生活が規制されてきたわけです。それでおのずから、まず先に法律や制度の建て前があってそれが生活のなかに降りてくるという実感が強く根を張っていて、その逆に、私たちの生活と経験を通じて一定の法や制度の設立を要求しまたはそれらを改めていくという発想は容易にひろがらない[2]。

　第Ⅰ部で扱った事例は、コミュニティ・カレッジという制度の設立やコミュニティ・カレッジ法の制定を人々が要求し、時代の流れにしたがって法制を改めていく実例に他ならない。既存の制度を所与のものとして静態的にうけとめがちで、主体的、動態的な制度づくりの経験に乏しい日本にとって、希望や可能性を広げる参考事例になるかもしれない。動態的分析という研究方法上の特質、および州権主義というアメリカ教育行政上の伝統的特質から、第Ⅰ部では、全米レベルの動向に一定の配慮を与えながらも、基本的にはカリフォルニア州に焦点を絞った事例研究を行なった。数ある州の中からカリフォルニア州を選択したのには、

以下のような理由がある。
(1) 第一に、同州は19世紀末から今日に至るまでアメリカにおけるコミュニティ・カレッジの発展、及び高等教育機会拡大をめぐる問題を真剣に模索してきた州であるとともに、史料も蓄積されているため、その100年以上にわたる進展の軌跡を連続的に資料で跡づけることが比較的可能な州だからである。
(2) 第二に、同州のコミュニティ・カレッジが、コミュニティに根ざしたハイ・スクール（High School, 高等学校）の上方拡張として、つまり「アメリカの教育の梯子」（本書第Ⅱ部の図Ⅱ-2参照）が小学校から順次上へ上へと構築されつつある動態の現局面、すなわち「高等教育」段階への進展を体現するものとして成立した最も顕著な例だからである。無月謝公立学校運動という梯子が一体どこまで伸びていくのか、高等教育段階にまで及ぶことは可能かという関心を喚起する事例なのである。
(3) 第三に、その国際的影響力の大きさである。カリフォルニア州は、「高等教育のユニバーサル化」の先進州として、また平等価値のみならず高等教育の質の保持をも図ってきた州として、米国のみならずOECDなど国際機関においても評価が高かった（本書の第3章註2および第3章補論参照）。その評価が過去の栄光として終わるのか否かはともかく、先進州としての輝きを放っていた時代の態様を記録しておく意味は少なくないと考えた。
(4) 第四に、日本への影響の大きさという点でも、カリフォルニア州は重要な州である。第2次世界大戦後の学制改革で日本に導入された6-3-3-2制を構成する3年制の中学校（ジュニア・ハイスクール）や2年制の短期大学（ジュニア・カレッジ）は、いずれもカリフォルニア州と深い関わりがある[3]。また、戦後改革期以降も、日本では折に触れカリフォルニア州の高等教育システムが高等教育計画や高等教育政策の参考事例として紹介されてきた（本書の第3章註2および第3章補論の追記参照）。

(5) 第五に、アメリカはもとより日本でも広く知られ、高等教育研究の世界に燦然と名を遺すクラーク・カー（本書の第3章および第3章補論参照）、マーチン・トロウ（本書第3章の註32および第8章の「はじめに」参照）、バートン・クラーク（本書の第10章参照）、ジェローム・カラベル（本書の第11章参照）等、少なくない高等教育研究者がカリフォルニア州に研究の基盤をもっており、彼らの理論形成と同州の高等教育システムには少なからぬ関係があるものと推察される。それだけに同州の教育制度発展の文脈まで含めて解明することは、彼らの理論をより深く理解する上でも意味があると考えられるのである。

　第Ⅰ部の第1章では、全米初のコミュニティ・カレッジ（ジュニア・カレッジ）法である1907年法の制定に直接的、間接的に関わった人々（カリフォルニア大学、スタンフォード大学の指導者、州議会の議員、地域コミュニティの教育指導者）の思想と行動をとりあげた。本章では、これらのアクターの活動の基底に共通して見出される教育機会均等の理念（行動の原動力としての理念）、地域コミュニティのリーダーに顕著にみられる地域的機会均等の理念の存在を明らかにした。

　第2章では、カリフォルニアで2番目、3番目に制定されたコミュニティ・カレッジ（ジュニア・カレッジ）法である1917年法と1921年法をとりあげ、これらの法の内容分析と動因分析をおこなった。その結果、1907年法の制定過程においては未だ明瞭に現れていなかったアクター間の教育機会均等をめぐる理念の対立面を浮き彫りにした。すなわち、高等教育機会をめぐる2つの理念—平等と卓越の理念—の内容と相互関係を解明するとともに、それが1917年法と1921年法の規定にいかに反映されたかを検証した。

　続く第3章では、前章で明らかにした高等教育における平等と卓越の理念の間の相克が、その後いかなる展開を見せたのかを検討した。有名なカリフォルニア州高等教育マスター・プラン策定までのアクター間のせ

めぎ合いと調整プロセス、マスター・プランをもとに制定された1960年法におけるコミュニティ・カレッジの規定をとりあげた。現在にまで続くカリフォルニア高等教育の基本構造である3分岐制のなかで、コミュニティ・カレッジがどこにどう位置づけられたのか、政治的なかけひきの結果を整理した。

　第4章、第5章では、1960年法以後のコミュニティ・カレッジの動向をまとめた。第4章では、1960年以後のコミュニティ・カレッジの変化を制度上の位置づけ、学生、教育プログラムを中心に追跡し、第5章では、「コミュニティ・カレッジに対するローカル・コントロールの伝統と変容」と題して、行財政面での変化を追跡した。

　以上を通して見えてくるのは、法制史に共通して働く2つの推進力[4]の存在である。すなわち、教育機会の平等を理念的基盤とし、高等教育の機会拡大、「持てる者や地域」と「持たざる者や地域」との格差縮小を希求する上方向ベクトル（↑）と、学問的卓越性（学問の世界における卓越性）を理念的基盤とし、学問的効率を希求する下方向ベクトル（↓）の存在である。1907年法（第1章参照）、1917年法、1921年法（第2章参照）、1960年法（第3章参照）のいずれにおいても、これら2つのベクトルのせめぎあいが認められた。

　上方向ベクトル（↑）には、旧世界（ヨーロッパ）とは異なる新世界（アメリカ）の民主主義についての誇りと教育機会均等の理念（エートス）に基づき、それを実質化するべく法制化を進める人々の想いが込められている。1907年以降ハイ・スクール後の高等教育機会を求めコミュニティ・カレッジを創設した地域的イニシアティブと運動（主に第1章で検討。創設の際の地域的イニシアティブに関しては第5章でも論及）、その更なる拡充を求める地域的運動（第2章）、高等教育としての法的地位を求める組織的運動や一部地域で展開された2年制から4年制への昇格運動（第3章）などに、その体現を見ることができる。下方向ベクトル（↓）は、それらの動きを注視し場合によって支援したり牽制したりする伝統的な研究大学の動き（第1章～第3章参照）として、その具現化を見るこ

第Ⅰ部の構成と総括　13

とができる。理念的には学問的卓越性を希求し、そのために学問的効率の実現を図るための秩序、構造を守ろうとする動きである。

結局、高等教育の格差縮小を希求する上方向ベクトル（↑）は、1960年までにハイ・スクール後の高等教育機会を2年制のコミュニティ・カレッジ段階まで推し進めることができた。しかし、1960年法によって築かれた有名なカリフォルニア州マスター・プラン体制（高等教育の3分岐制）によって、コミュニティ・カレッジを4年制化する一部地域の運動は制止されることになる。コミュニティ・カレッジが2年制にとどまることで制度上、上方向ベクトル（↑）は一旦静止したかにも見える。では、これによって、制度を更に「上へ上へと構築」してゆく可能性は消え去ったと言えるのであろうか。

この問いに関しては、以下のような理由から必ずしもそうとは言い切れないと考える。第一に、第3章の補論でも述べたように、カリフォルニア州の高等教育マスター・プランは、容易に変更しえない憲法レベルで改正されたわけではなく、法レベルでの改正にとどめられたので議会における民衆の代表者達の審議次第では上方向ベクトル（↑）が再び動き出す可能性も皆無とはいえないからである。第二に、第4章で述べた学生の流れの変化（特に1970年代以降の成人学生、リカレント型学習者の増加）に目を向けると、コミュニティ・カレッジが制度として2年制化されても、学生の就学期間は2年間に限定されるわけではなく、たとえ第10章で述べるクーリングアウトが行われたとしても数年後に復学する可能性も否定できないからである。すなわちクーリングアウトによって一旦離学して社会に出たとしても、社会経験によって却って学問への動機づけができる場合も考えられるのである。1970年代以降のリカレント型就学者の増加はそれを物語るものではないだろうか。第三に、コミュニティ・カレッジにおける学士号授与をめぐる最近の動向[5]も上方向ベクトル（↑）の社会環境や社会的要求に合わせた新たな形といえるのではないだろうか。

このように制度を更に「上へ上へと構築」してゆく動きは、1960年以

降も、形を変えた体現可能性を模索する形で現在につながっているように見受けられる。しかし、これらの動向については今後の更なる追跡と考究が必要であることはいうまでもない。

註

(1) コミュニティ・カレッジの態様の変化については、Deegan, W.L., and Tillery, D. (1985), *Renewing the American Community College: Priorities and Strategies for Effective Leadership*, San Francisco: Jossey-Bass参照。ディーガンとティラリーは、コミュニティ・カレッジ史(但し、1980年代中頃まで)を4つの時期に大別し、各時期のコミュニティ・カレッジの特徴を、①ガバナンス(統治)、②執行部・行政部の役割、③教員の役割、④財政、⑤施設、⑥使命、⑦学生、⑧カリキュラム、⑨学生支援サービス、⑩ハイ・スクール以下の学校との関係、⑪大学との関係、⑫政府との関係、⑬民間セクター(主に産業界)との関係、という13の面から描出している。4つの時期区分は以下の通りである。

第1期：1900-1930　ハイ・スクールの上方拡張期
第2期：1930-1950　ジュニア・カレッジ期
第3期：1950-1970　コミュニティ・カレッジ期
第4期：1970-1980年代中頃　総合的(comprehensive)コミュニティ・カレッジ期

　地域的な差異の少なくないコミュニティ・カレッジを束ねて記述することは至難の業であるだけに、但し書きや補足説明を加える必要はあるものの、ディーガンとティラリーの時期区分や概要説明は概して妥当性が高いと考えられる。

(2) 丸山真男(1961)『日本の思想』岩波書店、pp. 170-171参照。
(3) 本書第Ⅱ部の第9章でとりあげたW. C.イールズによれば、全米初のジュニア・ハイスクールとカリフォルニア州初の公立ジュニア・カレッジは、いずれも1910年に誕生した。同州初の公立ジュニア・カレッジがフレズノで誕生した1910年に、ジュニア・ハイスクールがサンフランシスコ近郊のバークレーで誕生したのである。Eells, W. C. (1931), *The Junior College*, Houghton Mifflin Company, pp.650-651参照。
(4) コミュニティ・カレッジ発足の推進力に関しては、Zoglin, Mary Lou (1976), *Power and Politics in the Community Colleges*, ETC Publications, p.4に若干の記述が見られる。Zoglinは、コミュニティ・カレッジの誕生(Birth)に際しては「エリート主義の勢力」(elitist forces)と「民主的勢力」(democratic forces)の2つが働いたという見解を示した。しかし、記述は誕生期のみにとどまり、それら2つの推

進力が発足後のコミュニティ・カレッジの展開にどのように働いたのかについては記述がない。それに対し本書では、2つの推進力をコミュニティ・カレッジの成立・発展の文脈を理解するうえでのキー概念と捉え、両者の関係を軸にコミュニティ・カレッジ史を検討した。上方向ベクトル、下方向ベクトルは筆者の造語であるが、その着想にはジョン・デューイ（John Dewey、1859-1952）や教育制度学の知見が影響を及ぼしている。

デューイは名著『学校と社会』（*The School and Society*）のなかで「学校制度は全体として、上から下へと発達してきた」と述べ参考図表も提示した（John Dewey, *The School and Society, The Child and the Curriculum, An Expanded Edition with a New Introduction by Philip W. Jackson*, The University of Chicago Press, 1990, pp.64-71参照）。その知見は、学校制度は下から上へと発達したものであろうという漠然たる一般の思い込みに変更を迫るものであった。デューイがいうように、上（大学）から下（大学の予備門的な中等教育機関）へと構築されていった学校制度のことを、教育制度学では「下構型学校系統」と呼ぶ。逆に、下（小学校）から上（高等小学校や庶民的中等教育機関）へと梯子のように伸びていった学校系列のことを「上構型学校系統」と呼び、それが「下構型学校系統」と交わることなく隔絶した状態で併存する学校体系のことを「複線型学校制度」と呼ぶ。本書第Ⅱ部の図Ⅱ-1で示される体系が「複線型学校制度」の例であり、第Ⅱ部の図Ⅱ-2で示される「アメリカの教育の梯子」が、「複線型学校制度」の対極に位置づく「単線型学校制度」を志向する例である。「複線型学校制度」が社会の階級的分断を反映し、指導層と大衆が別々の学校系統で教育され再生産されることを当然視するのに対して、「単線型学校制度」はすべての国民が単一の学校階梯で能力に応じて等しく教育されることを志向する。ただし「能力に応じて等しく」をいかに解釈するかについては、見解が分かれるところである。

筆者が「上方向ベクトル」と名付けたものは、「上構型学校系統」あるいは「単線型学校制度」の構築に働く力を意味する。逆に「下方向ベクトル」と名付けたものは「下構型学校系統」の構築に働く力を意味する。コミュニティ・カレッジの動態を主に「上方向ベクトル」と「下方向ベクトル」のせめぎあいという視点から描写したのが本書の特徴だといってよいかもしれない。

(5) コミュニティ・カレッジにおける学士号授与をめぐる動向については、Cohen, Arthur M., Brawer, Florence B and Kisker, Carrie B. (2023), *The American Community College, 7th ed.*, Jossey-Bass Inc. Pub, p.5, p.21, pp.366-367参照。日本でこの動向を紹介した論文としては、浅田昇平（2017）「アメリカのコミュニティカレッジにおける学士号授与をめぐる動向とその意義：コミュニティカレッジの多様なミッションとの関連の中で」四天王寺大学紀要（65）、pp. 97-108をあげることができる。

第 1 章
カリフォルニア州におけるジュニア・カレッジ（コミュニティ・カレッジ）
の創設と高等教育機会均等の理念

はじめに

　機会均等に対する合衆国民の主体的な関わりには，その成果に対する評価はともかく，建国時より今日に至るまでの伝統の深さが在る。それは，学校制度の領域では，「教育の梯子」の絶えざる上方構築の歴史の中に端的に現われている。しかしながら，いかに教育機会均等の理念が伝統化している合衆国といえども，高等教育段階における機会の拡大となると，その程度や内容いかんによっては，伝統的な大学の理念（特に教育・研究面での質の維持及び発展の尊重）や社会の階層的分業構造との矛盾関係をより強く惹起する蓋然性があり，実質上既に義務教育化した初等・中等段階におけるそれとは同様に論じられない側面も持っている。したがって，高等教育段階における機会拡大のあり方に関しては，それだけ多様な見解が寄せられ，依然として論争的課題である[1]。しかし，諸見解提起の活発さに比して，高等教育段階における機会拡大が歴史的にいかなる理念に基づいていかなる展開を経てきたのかを跡づける作業は十分行なわれているとは言い難い。とりわけ，大学外に存した運動及びそれを支えた理念に視座を設定しての検討は遅れている。かかる歴史研究の二重の遅れを補う意味において，19世紀末から今日に至るまでの高等教育段階における機会拡大の展開を，「教育の梯子」の絶えざる上方構築（以下，機会均等運動）の高等教育段階への進展に視点を置いて，（それと伝統的な大学の理念や社会の職業構造との関係にも留意しつつ）連続的に跡づける研究を行なう必要がある。

　カリフォルニア州（加州）におけるジュニア・カレッジ（Junior College，以下JCと略。但し今日ではコミュニティ・カレッジと呼ばれることが多い）の展開は，主に次のような理由から，かかる問題関心にとって興味

深い事例のひとつだと考えられる。第一に，同州のJCがハイ・スクール（High School，以下HSと略）の上方拡張として，つまり「『アメリカの教育の梯子』が上へ上へと構築されつつある過程の現在の断面[2]」，すなわち「高等教育[3]」段階への進展を体現するものとして成立した最も顕著な例[4]だからであり，第二に，同州は19世紀末から，今日に至るまで一貫して合衆国における公立JCの発展，及び高等教育機会拡大の主導州であるため，その進展の軌跡を一世紀以上にわたって連続的に跡づけることができるからである。

　本稿の目的は，このようなカリフォルニア州のJCを対象として，その制度創設過程（19世紀末から1916年まで[5]）において見られた高等教育の機会均等の理念を解明することにある[6]。そのために，JCの成立過程を3段階（Ⅰ 構想の成立，Ⅱ 法律上の成立，Ⅲ 制度上の成立）に分けて，各段階で中心的な役割を担った主体（Ⅰ 大学改革者達，Ⅱ 州の政治家，Ⅲ 地域の教育指導者達）が高等教育段階における機会拡大のあるべき程度や内容について，いかなる考えを持っていたかを検討する。

Ⅰ．ジュニア・カレッジ構想の成立と大学改革者達の高等教育機会均等の理念

　(1)　19世紀末から20世紀初頭にかけて，当時カリフォルニア州に存在した二つの大学，すなわちカリフォルニア大学（バークレー校）とスタンフォード大学のそれぞれが有していた大学制度改革案は，その中にJC構想を含んでおり，カリフォルニア州におけるJC構想の濫觴として重要である。以下，改革案の関連部分を引用しながら，そこで構想されたJC案の大要を見ておきたい。

　まず，カリフォルニア大学は，1892年，同大学のランゲ教授[7]の次のような要約によって知られる改革案を作成している。

> 4年間の課程の中間を，主に教養あるいは人間中心（cultural or man-centered）の教育内容から専門あるいは職業中心（professional or

work-centered)の教育内容へと移行する最適の時点として認識する。……大学の下級2学年の教育が中等教育の継続および部分的完成とみなされるのに対して，上級2学年の教育は一般教育の目的を放棄しないまでも，それよりは学士号に続く，より厳格な専門教育へと間断なく続いてゆくものである[8]。(下線，井口)

ここでは未だJCという呼称は用いられていない。また，Ⅱ，Ⅲで検討するJC（HSの上方拡張として成立するJC，以下，これを「大学外JC」あるいは「コミュニティJC」と呼び，大学下級2学年を「大学内JC」と呼ぶ）の構想も未だ現われていない。しかし，この改革案において成立期JCの基本的特徴は既にいくつか見出される。すなわち，JCはⅰ）大学の下級2学年に相当し，ⅱ）高等教育というよりは中等教育の完成段階として捉えられており，ⅲ）そこでの教育内容は人間中心的な一般教育を旨としていた。

この1892年の大学2分の構想は機能上の2分（前掲した引用文中の下線部参照）を示唆するに留まっているが，同大学の制度改革に関する委員会の勧告（1903年）は，制度上の分離まで含めた提案を行なっている。その要旨は以下のとおりである。

① 大学学部の上端と，法学部，医学部などの専門課程（professional courses）の下端とを連結する。
② 大学学部の上級2学年と下級2学年は明確に分離する。
③ ハイ・スクールと下級2学年を連結した6年間の課程を修了したものに対して準備課程修了証（Junior Certificate）を授与し，それをもって大学の上級学年への入学許可証とする[9]。(下線，井口)

要するに，ここでは大学と大学後との，また中等教育と大学との新たな段階区分ないし接続関係が提起されており，JCに限って言えば，大学下級2学年（大学内JC）は，HS上部に連結され，その6年間の課程を修了した者に対しては大学本体への入学資格（準学士号）が授与されることになった。

一方，スタンフォード大学においても1907年に，大学学部の下級

2学年を大学本体から分離すること等を求めた制度改革案が提出されている。これは当時学長であったジョーダン[10]によって大学理事会宛に提出されたたものである。その中で彼は次の三つの具体的方策を列挙している。

① <u>1910年8月1日以降，現行の入学制度に加えて，次のような入学のありようも認めること。すなわち，ⅰ）カレッジ程度の学業を2年間（60単位）修めること，ⅱ）丁度シカゴ大学において供与されているような</u>[11]<u>「準学士（Associate in Arts）」の学位取得に必要とされる学業を，新たに，大学への入学資格とすること。</u>

② <u>現行の大学学部の下級2学年は，大学への準備教育期間とみなされるべきこと，この期間における学業課程は総じてJCと呼ばれること，そしてJCの所定の単位を履修した学生は，大学本体に入学する有資格者であることを示す証書を受けること。</u>

③ <u>JCの仕事が，カリフォルニア州の他の教育機関によって効果的に実施されるようになり次第，大学内部におけるJCの機能は消滅すること</u>[12]。（下線，井口）

その基本的内容においては先のカリフォルニア大学の改革案と共通しているが，ここでは，初めてJCという命名，並びに今日JCの所定の単位を修了した者に与えられる準学士（A. A.）の称号が提起されている他に，提案③に示されるように，JCは将来的には大学以外の教育機関によって実施されることが明示されている点が，特に重要である。つまり，大学外JC構想がここにおいて端的に表明されている。しかも大学下級2学年（大学内JC）は，大学以外の教育機関（主としてHS）に設置されるJC（大学外JC）が機能し始めるや否や消滅するものとされている。

この大学外JC構想は，高等教育機会の拡大に関して（少なくとも形式上）次のような積極的側面を持っていたと解される。第一は，従来カレッジ教育が大学内JCの定員枠内の，限られた数の学生達にのみ提供され

ていたのに対して，この改革案により，大学内JCだけでは吸収されない学生達のカレッジ教育要求が，大学外JCによって2年間だけでも満たされるであろうことである。すなわち，カレッジ教育が量的に拡大される契機である。第二に，大学外JCがHSのような地理的に分散した機関によって担われることによって，高等教育機会均等がより広範な地域の若者に開かれるであろうことである。また，構想では大学内JCは大学外JCが整備されるや否や消滅することが期待されているため，今日合衆国で少なくない批判が寄せられているHS後の制度の階層的・人種的複線化[13]の前提となる，大学内JCと大学外JCの分岐は，少なくともこの改革案に関する限りは見られないことである。

　しかしながら，構想の実現結果を予め略述しておくと，大学内JCの消滅（カレッジの前半2年間の教育を大学外JCに一括して託す構想）は，主にカレッジ教育の質を重視する立場からの大学内部の反対により遂に実現されなかった。構想のうち実現されたのは，機能上の大学2分と，大学外JC構想の二つである。後者は，Ⅱ，Ⅲで見るように，同時期に大学外で進行していた高等教育機会の均等を求める運動と符号して実体を獲得し，今日のコミュニティ・カレッジ[14]にまで連なる流れの源泉となったのである。しかし，それを検討する前に，一体，大学改革者達はいかなる理念をもってJC構想を生み出したのであろうか。

　(2)　一般に，19世紀後半から20世紀初めにかけての大学改革者達（ジョーダンやランゲの他に，ミシガン大学のタッパン，シカゴ大学のハーパー等が特に有名である）のJC構想は，同時期の大学改革の気運と関連づけて理解される。すなわち，合衆国の地に教育よりも研究に力点を置く「ドイツ型」の大学を建設するに当って，一般教育機能を中心的任務としていた下級2学年は大学の外に置かれるべきだとする動きである。かかる分割を通して，大学は，その持てるエネルギーを質の異なる機能に無駄に拡散させることなく，第三学年より始まる大学本体 (university proper) の活動に集中して注ぐことが可能になり，ひいては大学本体の

発展(「真の大学」の実現)に連なってゆくであろうと期待された。大学2分という外科手術を促した主要な動因はこのようであったと解される。

　しかし，ここで見落とすべきでないのは，カリフォルニア州の大学改革者達がドイツにおいて見られたような階級的閉鎖性の強い・ギ・ム・ナ・ジ・ウ・ムを大学の下に築くといった方法によってではなく，主に，広く民衆に解放される方向で普及しつつあったHSの上に2年間を上乗せする方法によって，JCを実現しようとした点である。つまり，JCを構想するに当って大学改革者達の胸中を占めたものが，唯一，ドイツ的アカデミズムの理想を貫徹する意思ばかりではなかったということである。言い換えるならば，既にHS段階にまで及びつつあったカリフォルニア州の民主的な「教育の梯子」(その具体的経緯についてはⅡで論及)までも，「真の大学」を実現するための道具として改編するほどの徹底したエリート主義の立場は，カリフォルニアの大学改革者達の採る所ではなかったのである。それは，既存の制度を改造することに伴う困難さといった消極的理由からではなく，もっと積極的な理由，すなわち貴族主義ではなく民主主義社会としての発展を目指す合衆国には，その土壌に相応しい(と同時にその土壌を更に肥沃にするであろう)機会均等の精神に基づいた独自の教育制度が編み出されねばならないという彼らの認識に依るものであった。例えば，ランゲは合衆国の学校制度を貫くべき理念として「機会の最大限可能な継続と完成」の原則を次のように提起している。

　　教育を通して最大多数の人々に最長の学習期間を提供する国家が最も急速に成長を遂げる。……かかる展開は民主主義の二つの原則をも内在させる。ひとつは<u>機会の最大限可能な完成(the greatest possible completeness of opportunity)</u>であり，いまひとつは<u>機会の最大限可能な継続(the greatest possible continuity of opportunity)</u>である。これらをいかに実現するかが20世紀の社会に課せられた大きな課題である[15]。(下線，井口)

　ここで，本稿の問題関心に照らして更に問われるべき点は，(前述の如く，「真の大学」の実現と民・主・的・な・学校体系の構築とを複合的に行なおう

とした）カリフォルニアの大学改革者達によって，この「機会の最大限可能な継続」と「完成」が，特に高等教育段階においては，いかに実現されるべきものとして考えられていたかという点である。

　結論から先に言えば，彼らは学士課程前期段階（＝JC段階）と大学本体（第三学年以後の段階）とで，機会拡大のあるべき程度を次のような意味で区別して考えている。すなわち，学士課程前期段階については「知性の民主主義」（democracy of intellect[16]）及び完成教育拡充の観点（主にランゲ[17]）から，能う限り機会の実質的完成を目指すべきだと提言し，そのための実現手段として大学外JCを把えていた[18]。が，大学本体の機会の拡充については，その機能や目的の違いから現実には一定の量的限定は不可避だと考えていた。例えばジョーダンは，大学の一校あたりの学生数が「2,000人を越えた場合，学生達を何らかの方法でふりわける」必要があるし，その際のふりわけの唯一合理的な基準は，「自己の仕事のために図書館も実験室も必要としない学生達」（傍点，井口）を大学に容れないことだと述べている[19]。ランゲもジョーダンも，当時のドイツやイギリスの大学に見られた社会経済的階層や性別などの外的属性による学生のふりわけは一切あってはならないこと（外的属性面での機会の均等）を断じているが[20]，学生の内的属性については，それが「真の大学」形成の要件に関わるものであるだけに，無限定ではありえなかった。彼らが大学本体の学生に期待していた内的属性を要約的に列挙すると，ⅰ）親元（故郷）から離れて独立した生活を営みうる一人前の青年であること[21]，ⅱ）「学習の自由（Lernfreiheit）」を行使しうるだけの学科の選択能力とその前提としての自己認識（特に自己の仕事の認識）ができていること[22]，ⅲ）自己の仕事に図書館と実験室を不可欠とする者であること，などである。要するに，多様な生徒達が自己の個性や長所（strength）を模索し，見定める段階，並びに民主主義社会を担う自立した市民育成の段階がHSやカレッジ段階であるとすれば，大学本体は，それらの多様な生徒達の中で上述したような条件を満たす者達のみが集うべき段階だと考えられ，その限りでの量的限定は不可欠だと認識され

ていたわけである。

　このように，機会均等運動の進展に建設的見解を一方で持ちつつも，他方，大学の理念を尊重する態度においても真摯であろうとしたランゲやジョーダンの考えは，（Ⅱ，Ⅲで見る）大学外の人々の機会均等の理念ほどには無限定でも純粋でもありえなかった。とはいえ，カリフォルニアの大学改革者達に見られるこの折衷性（大学理念の追求のみならず民主主義社会建設の理想追及をも兼ね備えていたこと），及びこれらの理念に基づいた彼らの指導的精神の発揮は，ミシガン州でもイリノイ州でもなくカリフォルニア州においてJC構想が初めて着実な社会的承認を獲得しえた要因のひとつでもあった。次章では，カリフォルニアでJC構想がBerkeley Idea(バークレー アイデア)からCalifornia Idea(カリフォルニア アイデア)へと広がる契機となったJC法が，いかにして，またいかなる理念の下に制定されたのかを検討する。

Ⅱ．ジュニア・カレッジ法の成立とカミネッティ議員の高等教育機会均等の理念

　カリフォルニア州で，そして合衆国で最初のJC法は1907年に，州上院のカミネッティ議員[23]によって導入された。中核となる条文は次の通りである。
　　いかなる市，学区，ユニオン，合同ユニオンあるいはカウンティのハイ・スクール理事会も，その（管轄下にある）ハイ・スクールやその他のハイ・スクールの卒業生を対象とした卒業後の教育課程（post graduate courses of study）を定めることができる。そして，それは大学課程の最初の2学年で規定される教科に相当するものとする[24]。

この条文では未だJCという名称は用いられておらず，"卒業後の教育課程"と称されている。その特徴をまとめると，ⅰ）HS卒業生のための卒業後課程であること，ⅱ）その教育内容は大学下級2学年のそれに相当すること等，基本的に大学改革者達のJC構想と一致している。しかし敢えて若干の違いを指摘するならば，それは，本法律では大学外JCが端的

にHSの上方拡張によるものと特定されている点である[25]。本章では，カミネッティのいかなる考えがJC法に連なっていったのかを，主に彼が州議会に提出した一連の法案内容，彼の経歴[26]，公教育制度についてのコメント等を検討素材として，見ていく。

先ず1907年法導入の理由についてカミネッティ自身が次のように記している。

> グラマー・スクール[27]の場合同様，（HSの）学生達も多くが親元を離れて高等教育に進学する余裕がないため（HSで）卒業する。<u>私の立場は，州全体の人々に，その子ども達の教育のためにできる限り最良の機会を地元で与えるべきだということである。</u>現状では僅かな人々しか，その子ども達にHSや大学教育を受けさせるために遠くにやることができないことを我々は想起しなければならない。その結果，我々は大多数の地元の人々の要求に応える必要性がきわだって緊急のものであることを知る[28]。（下線，井口）

上に記されたカミネッティの「私の立場」を総括する前提の作業として，冒頭にある「グラマー・スクールの場合同様」とはどういう内容をさしてそういっているのかを先ず理解しておきたい。というのは，1907年におけるHSの卒業後課程（すなわちJC）は，カミネッティが1883年に提案したグラマー・スクール（Grammar School, 以下GSと略）の卒業後課程（GSコースと呼ばれた）と，その法案導入の理念的基盤において，共通しているように考えられるからである。と同時に，それによって地域における機会均等がGS段階から順次上方に積み上げられてきた経過をも現前させうるからである。したがって，以下，1883年から1907年に至るまでのカミネッティの立法活動の流れをある程度詳しく検討し，その後でJC法導入の基底にあるカミネッティの高等教育機会均等の理念を整理する。

1883年法[29]は，GSに4年間の卒業後課程（GSコース）を設け，それにHSと同等の機能を持たせることを規定した法律である。その背景には次のような状況があった。当時カリフォルニア州の学校制度は未整備なが

らも，大枠ではGS（初等教育），HS（中等教育），大学（高等教育）の3段階をもって構築されようとしていたのであるが，このうちGSと大学については学費無償であることが1879年の州憲法によって規定されていた。しかしながら，同様の措置がHSについては欠けていたのである。したがって，我が国よりやや広い面積のカリフォルニア州において，1879年までに設立されたHSの数は19校にすぎなかった。しかも，それらは比較的都会に片寄っており，人口の少ない農村部ではGSがあるのみであった。

要するに，当時のカリフォルニアでは初等教育と大学が無償でもそれらをつなぐべきHSが受益者負担で，しかも都会に偏在していたため，実際の学校制度の状況は，GSで教育を完了させざるをえない田舎在住の貧困な層と，HSにも大学にも進学しうる都会在住の富裕層とに分離していたのである[30]。こうした状況にあっては，カミネッティの指摘するように「GSは本質的に貧困者の学校[31]」たらざるをえなかった。カミネッティの1883年法におけるGSコースの提案は，田舎在住の貧困な層の教育をGSで頭打ちにしてしまわないよう，いわば田舎のHSとも言えるGSコース（GSの卒業後課程）を設置することによって，大学への道をつなごうとする意図に出たものと言ってよい。

こうして成立したGSコースは，同じくカミネッティの1887年法によって州の特別補助金を獲得して制度的基盤を強化し，一時（1887年から1890年の間）はHSを凌駕する程の躍進ぶりであった[32]。が，ひとつにはその違憲性[33]，いまひとつには，同じ機能を果たしながらもHSには州補助金が支給されないことの不合理性を理由としたHS推進派の人々の反対によって，GSコースは1891年に廃止された。しかし，カミネッティはそのような反対攻勢にひるむことなく，今度は，HSを学区の税金によって支持することを定めた法の制定（1891年），及びHSに州の資金援助を与えるための憲法修正（1902年）を主導し，かつて閉鎖的であったHS自体の性格の改変を試みた。つまり，公教育機会の拡大という目的意識は一貫させつつも，その実現方法についてカミネッティは固定的ではなく，現状のリアルな把握に基づいて柔軟な対応を示したのである。そうした

中でHSの数は，1890年に30校にすぎなかったものが1895年には98校，1900年には120校へと着実な伸びを見せた[34]。こうして公的な支持を受けたHSは，もはや都会の富裕層のためだけの中等教育機関ではなく，無償化を伴って，次第に地方にも普及し始めたのである。

　このように無償化および地方化を開始したHSの普及による中等教育機会の拡大を背景にして，そこから更に高等教育機会の一部拡大へと歩を進めようとしたのが，1907年法であったと言えよう。ただし，ⅰ）1907年法の時期尚早性（最初のJCが設置されるのは1907年から3年を経た1910年である），ⅱ）1907年法の内容が基本的に大学改革者達のJC構想と一致している点，ⅲ）しかも，カリフォルニア大学のランゲとカミネッティ議員が同時期に州上院教育委員会（the senate committee on education）の委員を務め，教育法案に関して意見交流をする機会があった点[35]，などから考えると，1907年法の制定には，大学改革者からカミネッティ議員への影響があったものと察せられる。が，それにしても，カミネッティが大学外JC構想を法律化した基底には，（以下で整理する）機会均等に関する彼自身の信念が横たわっていたことは否定できない。つまり，大学外JC構想は1883年法以来のカミネッティの立法活動に一貫して流れている機会均等の理念と調和し，その延長線上に位置づけられるがゆえに立法化されたもの（その意味では，大学改革者からの影響は触媒として作用したもの）と解するのが至当であろう。

　さて，かかる検討をもとに，本章の始めの方で紹介した1907年法導入理由のカミネッティ自身によるコメントの中に表明されていた「私の立場」に立ち戻りたい。カミネッティは，「私の立場は，州全体の人々に，その子供達の教育のために出来る限り最良の機会を地元で与えるべきだということ」だと述べていた。そこには，<u>子供達が外的属性（この場合，親の社会・経済的地位，及び出生した地域の環境）によって教育を左右されることがあってはならないという，外的属性面での機会均等への信念</u>が見出される。これは大学改革者達の考えとも共通したものであるが，カミネッティにおいては，次の点が強調されている点に特徴がある。

すなわち，この場合の属性的機会均等は，できるだけ地元の教育制度を充実させることによって保障されるべきだと考えている点である。カミネッティによれば，上級の学校が地元に無い場合，「もし親達がその子供達にGS以上の学習を続けさせたいと望むなら，彼らは，家族揃って上級の学校の在る地域に転居するか，あるいは子供達だけを親の手の届かない見知らぬ町に送らなければならない[36]」のであった。が，それは次のような意味で彼には望ましくない解決の方途に思われた。前者は，「それによって田舎のコミュニティから最も活力ある市民がいなくなる（その人口を保持するのさえ容易でないアマダーのような地域では深刻な問題である）」ため，後者は，家から離れた若い青少年が都会で被る「望ましくない影響」ゆえに，であった[37]。

　要するにカミネッティは，上級の学校の無い地域に生まれ，しかもそれを克服するだけの"並外れた"財力あるいは意欲や能力を持ち合わせていない子供達の教育をも平等に保障すべきだと考えたのだが，それは，彼らを都会の上級学校に進学させるための条件を整備するといった方法ではなく，地元に上級の学校を設立する方法によって，言い換えるならばコミュニティのカレッジを創ることによって，保障されるべきだと考えたのである。それは，一方で，まだ自立できていない青少年への配慮によるものであり，他方では，今日にまで存続する地域間の政治，経済，文化面での状況の格差への問題意識によるものであった。

　このようにカミネッティのJC法導入の基底には，要約すると，外的属性面での機会均等と，地域的に高等教育機会を拡充すべきだという考え（以下，これを地域的機会均等と呼ぶ）が横たわっていた。しかも，そのような考えはカミネッティにあっては行動の原動力としての理念として，彼の公教育関係の立法活動に1883年以来一貫して流れていたものである[38]。そこでは，もはや大学改革者達に見られたドイツ思想の影響は直接的には及んでおらず，ただアメリカ的な機会均等の精神の連続する躍動と，それを一連の法として体現させえた屈強な政治力を，ひとりの政治家の中に見るのみである。

Ⅲ. ジュニア・カレッジ制度の成立と設立運動推進者達の高等教育機会均等の理念

　1907年のカミネッティ法の下に組織された初期JCは，1907年法が効力を失う1917年までに設立されたJCを意味する。具体的には1910年に設立されたフレズノ (Fresno) JCを皮切に，Santa Barbara (1911)，Hollywood (1911 or 1912)，Los Angeles (1912)，Bakersfield (1913)，Fullerton (1913)，Long Beach (1913)，San Diego (1914 or 1916)，Sacramento (1914 or 1916)，Placer (1914 or 1916)，Siskiyou (1915)，Santa Ana (1915)，Citrus (1915)，Riverside (1915-16)，Chaffey (1916)，Pomona (1916)，Anaheim (1916)，Los Angeles Polytechnic (1916) などを指す[39]。その制度形態上の特徴は，1907年法の規定の通りであるが，総合性を特色とする今日のコミュニティ・カレッジと比較した場合，大学本体への進学準備教育機能の大きさに特色がある。また，JCの学校階梯上の位置づけに関しては，大学改革者達とは異なり，大学下級2学年が高等教育の一部であるという従来の通念に従って，JCもその意味で高等教育の一部であると見做そうとする創設者が少なくなかった。

　カリフォルニア州においてこれら初期JCの設立を推進したのは，主要にはカウンティの教育長やHSの校長など，各地域で指導的立場にある教育関係者達であった。1921年法以後は，一定数の地域選挙民の請願がJC創設の第一の手続として要求されるようになる[40]が，かつて存在したことのない制度的発明である初期JC創設の場合は，新しい教育思想や教育法に接する機会に恵まれた教育指導者達のリーダーシップに依る所が大きかった。これらの教育指導者達は何故JC制度の創設に乗り出したのであろうか。

　M. E. ヒルの「何がカリフォルニア州におけるJC設立を促したか」というアンケートに対する設立推進者達（ほぼ全員）からの回答[41]によれば，ひとつにはその理由として大学改革者からの影響が挙げられる。「我々は時折サン・ディエゴの諸機関や諸会合を訪れるカリフォルニア大

学のランゲ博士によってJC設立に関して強い影響を受けた[42]」というサン・ディエゴJCの設立推進者の言葉がそれを最も端的に示している。

　しかし，地域の教育指導者達をしてJC創設にかりたてた基本的要因（すなわち，大学外JC構想を彼らが受け容れた主体的契機）は，地域の人々の抱いていたHS後の教育への潜在的あるいは顕在的要求の認識であったと言えよう。当時産業革命後の職業構造の変化や，HSの普及に伴う中等学校教員への需要の高まりなど社会的要因にも促されて，人々の教育要求は，高度の専門職業教育を提供する高等教育段階にまで及び始めていたのであり，そのような人々の高等教育要求が，教育指導者達を介して，当時はまだ架空の存在でしかなかったJCという制度をとらえたものと考えられるのである。それは例えば，カリフォルニア州で最初のJC設立に乗り出したフレズノのC. L. マクレイン（C. L. McLane）教育長が，ヒル宛の手紙の中で述べたJC創設着想の経緯，及び彼のJC設立提案に寄せられた関係者からの好意的反応に現われている。マクレインは着想の経緯について次のように述べている。

　　1909年の春，フレズノに州立の師範学校を確保する運動を企図した。しかし知事による反対の態度が大きな理由となってこの方策は法案として実を結ばなかった。それでもHSコースを終えた後もなお学習を継続するための何らかの・地・域・的・機・関に進むに値する・コ・ミ・ュ・ニ・テ・ィの若者達のことを思い浮かべている時，カリフォルニア大学の下級2学年で提供されるコースに相当する上級コースを，HSが提供することを認可したカミネッティ法の事を思い起こした[43]。（傍点，井口）

　一般の人々にとっては未だ馴染みの薄かった制度を実現するための第一の手続きとして，マクレイン教育長は，関係者にJCについての説明を含む回状を送ったのであるが，それに寄せられた回答は，「200通以上の好意的な返事」であり，「反対意見は皆無」であった[44]。この事は，JCという新制度についてはまだ知らなかったであろう一般の人々が，高等教育機会を地元で開くことには，肯定的回答を与えるだけのニーズを既

に持っていたこと，それがマクレインの提案を契機として公的に表明されたことを示している。

ところで，上に引用したマクレインのJC創設着想の経緯は，彼の着想が地域の高等教育要求にいかに応えるかという，教育長としての義務感に基づいていた事を示す一方，傍点を付した部分に注目するならば，そこに我々は，Ⅱで理解したカミネッティ議員の地域的機会均等理念と共通する姿勢を見出しうる。つまり，地域の青年のための高等教育を保障する手段としては，例えば希望する青年に都会の大学に進学するのに十分な奨学金を提供する方法もあるはずだが，マクレインはそれよりも自分達のコミュニティに高等教育機関を設置する方法を選ぶのである。その理由は，彼の言葉を借りれば，第一に，「HS卒業生の多くは17～18歳にしかすぎず，父兄はこれらの若者たちを家から遠くにやることをひどく嫌う」からであり，「また，学習を継続したくても，部屋代や食費がばかにならない大学進学の経費を工面することのできない者も数多く」いたからであった[45]。

ただし，完全な高等教育機関を自分の地域に設置することは容易ではなかった。そこで，地域の高等教育要求を満足させるための，当時として出来る限りの，あるいは一地域の独立した財力として出来る限りの制度的措置としてJCなるものが受け容れられ，実現されたのである。それは，大学本体への転学生の受け入れが大学内JC出身者同様に大学改革者達によって約束されており[46]，地域の人々にとって，機会均等運動の高等教育段階への全き前進ではないにしても，一歩前進であると見做され，支持されたのである。

これは，フレズノ以外の地域におけるJCの成立（すなわちJCの普及）についても概ね該当する。それは，ヒルのアンケートに対する各推進者達からの回答から理解される。先達コミュニティのリーダーが後進コミュニティに助言する形でJCの普及が進められた場合[47]が少なくなかったことの反映からか，彼らの回答は，力点の置き方は多少異なるにせよ，基本的思想においては，あたかもそこにコンセンサスが成立していたか

カリフォルニア州1907年法　31

と思えるほどに類似しているのである。すなわち，大学進学を希望しているにもかかわらず，経済的理由や，HS卒業時点での学力や自立的精神の未発達などの理由により，カリフォルニア大学やスタンフォード大学（いずれもサンフランシスコ近辺に所在）に進学しえない地元の青年達のために，HS後の高等教育機会を2年間だけではあれ，地元で用意しようという考えである。

それは，言い換えるならば，ⅰ）産業革命以後の科学・技術の発展の中でより高度の教育を受けたいと願う青年達の要求[48]を，大学への地理的・経済的障壁を緩和することによって満足させようとする意図，ⅱ）HSを卒業したばかりの我が子を数百マイル離れた都会にやることへの親の不安[49]を和らげようという意図，ⅲ）JCの創設は地域にとっても有益であろうという見通し[50]，などの多様な意図から成る，地域的な高等教育機会均等の理念であると言えよう。

こうして，19世紀後半に始まった大学改革者達のJC構想は，大学外のコミュニティ住民（特に教育長や校長など指導的立場にある教育者達）の支持を得て，制度的に発足し普及を開始したのである[51]。

おわりに

カリフォルニアにおけるJC制度創設という波紋は，大学改革者達のJC構想（Ⅰ）を中心として，そこから法律化（Ⅱ），制度化（Ⅲ）へと輪を拡げていった。もとより，そこには中心から外輪への影響もあったわけであるが，外輪を描いた大学外のコミュニティの人々は決して受身の姿勢でJC構想に加担したのではなく，（地域社会の要請に立脚した）高等教育機会均等の理念に基づく主体的な合意を大学外JC構想に重ねていった。それは，初期JCに体言される程度の，機会均等運動の高等教育段階への進展については，JC創設に関与したすべての主体が積極的コンセンサスを形成していたことを意味する。（JC構想のみとりあげれば，合衆国で必ずしも先頭を切っていたわけではなかったカリフォルニア州にお

いて，JCが他のどの州にも増して着実な成長を開始した一因も，かかるコンセンサスに求められよう。）

しかし，このことは，機会均等運動の高等教育段階への進展の程度や内容のあり方に関する基本的考えにおいても，上述したすべての主体がゆるぎなき合意に達していたことを意味するものではなかった。本論でも論及したように，大学改革者達の考える量的に無限定な「最大限可能な機会の完成」が実質上JC段階をもってその上限としていたのに対して，大学外の人々の考える機会均等の進展は必ずしもJC段階を上限とするものではなかった。言い換えるならば，初期JCの創設に体現された後者の機会均等の理念は，その根底においては，更に制度を「上へ上へと構築」してゆく余韻を残していたのである。

しかし，そうした潜在的要求が，本稿で扱った時期以後のJC，及びHS後の教育システム全体の構造等にいかに投影されていくかの解明は，もはや本論の課題を超えている。それは次稿に期したい。

註

(1) ここで，関連する論稿をすべて列挙する紙幅はない。したがって，ここでは，諸見解を比較的多く包括し類型化したマーチン・トロウの次の論文を掲げるに留める。Martin Trow; Higher Education as a Stratification System: The Analysis of Status, *Occasional Paper* #29, Feb. 1983, 63pp.（カリフォルニア大学バークレー校，通称UCB，Center for Studies in Higher Education所蔵）.

(2) 宮原誠一「コミュニティ・カレッジとは何か」（『世界』1977年12月，72頁）。

(3) カリフォルニアでは1960年法以後JCは法制上高等教育の一部と規定されたが，依然，大学と同質の高等教育ではないし，また何故JCの法的地位が1960年法を境に中等教育から高等教育に変更されたのか，その内実は明らかにされていない。本稿が扱っている初期JCの学校階梯上の位置づけにしても，大学改革者達と大学外の人々との間で見方が少し異なっていることを本論で示唆した。JCの法的地位に関するこのような曖昧さ（別言すれば，高等教育概念上の不明確さでもある）については別途検討すべき課題であるが，ここでは，本文でカッコ付きの高等教育と記した背景に，上述した事情があることを明記しておきたい。

(4) 例えば，合衆国の各地域における初期JCの発生形態に関するReynoldsの類型化は，1) HSやアカデミーの上方拡張（中西部及び加州），2) 宗派立4年制カレッジ

の2年制への転換（南部及び南西部），3）元来，田舎の青年のために用意された教育機関の発展（ミシッシッピ，ニューヨーク，オクラホマ），4）慈善団体または個人によるJCの創設（北東部）である。J. W. Reynolds; *The Junior College*, The Center for Applied Research in Education, Inc., 1965, pp. 3-7.

(5) 法制上1917年以後のJCは進学準備教育のみならず職業教育や市民教育等を追加し，大学内JCの全き同等物ではなくなってゆく。また，機構面では次第にHSから分離，独立する。とは言え，前者については，「1930年代初めまで既設のJC（35校）のカリキュラムは圧倒的に大学下級2学年のそれに相当するもので占められていた」（A. G. Coons; *Crisis in California Higher Education*, Los Angeles, The Ward Ritchie Press, 1968, p. 24）の指摘もあり，初期JCの機能面での特徴は実際上1930年代初めまで持続したと理解される。

(6) 本稿は初期JC成立の包括的要因分析を目的としてはいない。それについてはDotsonの次のような成立要因の列挙が，当時の加州の状況を簡潔に伝えるものでもあり参考になる。すなわち，大学改革者達のリーダーシップ，1907年の建設的立法，大学機会の偏在，カリフォルニア大学の入学基準の高さ，小規模・宗教系カレッジの少なさ，HS生徒数の多さ，平均的雇用年齢の高さ，州民の公教育支持意欲・能力の大きさ，教育的保守主義や伝統の希薄さ，妥当なJC創設基準，JCの学生達の高成績，自分達のコミュニティの後押しに熱心な州民気質などである。
G. E. Doston; The Junior College Movement in California, *Educational Administration and Supervision*, Vol. XLIII, May 1957, p. 286-287.

(7) Lange, A. F.: 1982年には英語学の教授であったが，既に教育制度への関心が深く，1907年には当時新設されて間もない教育学部の教授に就任，1913年より同学部長に昇任した。「カリフォルニアJC理念の父」とも称される。

(8) *The Writings of Dean Alexis F. Lange* (unpublished manuscript compiled by Merton E. Hill), UCB教育学部図書館所蔵, pp. 29-30.

(9) Ibid., pp. 31-32.

(10) Jordan, D. S.: 1891年に発足したスタンフォード大学の初代学長。カリフォルニアにおけるJCの広がりは「ジョーダン学長の迫力ある論文や演説なくしては，これほど速く進行しなかったであろう」（A. F. Lange; The Junior College With Special Reference to California, *Educational Administration and Supervision*, Vol. Ⅱ, Jan. 1916, p. 3）と言われる。

(11) シカゴ大学におけるJC構想に関しては，拙稿「Junior College制度化におけるHarperの意図」（関西教育学会紀要第5号，1981年）参照。

(12) H. A. Spindt; Beginning of the Junior College in California 1907-1921, *College and University* XXXIII, Fall 1957, p. 26.

(13) 拙稿「高等教育機会の拡大におけるコミュニティ・カレッジの役割とその問題

点」第二章（京都大学昭和55年提出卒業論文）参照。
(14) 1981年現在，カリフォルニア州には106校のコミュニティ・カレッジが在り (California Postsecondary Education Commission; *Information Digest 1982 − Postsecondary Education in California*, p. 2)，合衆国最大の校数を誇っている。
(15) *The Writings of Dean Alexis F. Lange*, op. cit., pp. 7-8.
(16) David Starr Jordan; University Tendencies in America, *Popular Science Monthly*, June 1903, pp. 143-144参照。
(17) その詳細については，稿を改めて検討する予定である。
(18) ランゲは，「大学をすべての戸口から歩いてゆける距離に設置することはおそらく不可能」であるが，「いたるところにあるHSに2年を足すことは可能である。そうすることによって，自宅から離れてはカレッジに進学できない多くの学生達に機会が保障されるであろう」と述べている。*The Writings of Dean Alexis F. Lange*, op. cit., p. 8.
(19) C. L. Mclane; The Junior College, or Upward Extension of the High School, *The School Review*, Vol. XXI, March 1913, p. 166.
(20) 詳しくは，次の諸論文を参照のこと。D. S. Jordan; The Higher Education of Women, *Popolar Science Monthly*, Vol. 62, 1902-1903, pp. 97-107，及びUniversity Tendencies in America, op. cit., p.147-148. Langeについては，A. H. Chamberlain (ed.); *The Lange Book − The Collected Writings of a Great Educational Philosopher*, 1927（UCB教育学部図書館所蔵），pp. 4-6, p. 10, p. 13, p. 21。
(21) Jordan; University tendencies in America, op. cit., p. 148，及びJordan; The High School Course, *Popular Science Monthly*, July 1908, p. 28参照。
(22) Jordan; The Higher Education of Women, op. cit., pp.99-100，及び*The Writings of Dean Alexis F. Lange*, op. cit., p. 93.
(23) Caminetti, A.: 山間部のアマダー郡に貧しいイタリア系移民の子として生まれ，苦学の末，地元の弁護士を経て州の政治家として活躍。時の教育長Hyattはカミネッティについて「個性に富む人物……学校に対して強い忠誠心をもち，彼の精神は常に何か新しく独創的な方面に注がれる」と評したといわれる（Spindt; op. cit., p. 24）。
(24) Political code section 1681, *Statutes of California*, 1907, Chapter 69, p. 88.
(25) カリフォルニア大学のランゲは大学外JCとして，HSの卒業後課程の他に，師範学校（normal schools）なども挙げている。(Spindt; op. cit., p. 24)
(26) カミネッティの経歴一般については以下の文献を参照のこと。H. R. Lamer, ed., *The Reader's Encyclopedia of the AMERICAN WEST*, 1977, p. 157. *Bibliographical Directory of the American Congress 1774-1961*, 1961, p. 651. J. P. Giovinco; *The California Career of Anthony Caminetti, Italian-American*

Politician (unpublished Ph. D. dissertation in History, The University of California, Berkeley, 1973), 473 pp.
(27) 当時のカリフォルニアでは初等教育段階の学校を指してグラマー・スクールと呼ぶことが多かった点に注意されたい。
(28) Giovinco; ibid., p. 231.
(29) Political code section 1663, *Statutes of California*, 1883, Chapter XLIV, p. 83.
(30) カリフォルニア大学の報告書（1881 – 82）は，この問題について次のように述べている。「制度全体が最も重要な部分で2つに分かれている。高等教育は無償で提供されるにも拘わらず，それに進学するための適切な準備教育を受ける手段は否定されている。換言すれば，我々が誇る無償の大学は，実際上は，進学準備教育のためにお金を払う余裕のある人々に対してのみ無償になっているようなもので，この経費を支払うことのできない人々からは実質的に切り離されている」（*Biennial Report of the University of California*, 1881-1882, p.14）。
(31) Giovinco; op. cit., p. 227.
(32) *The Thirteenth Biennial Report of the Superintendent of Public Instruction*, 1888, p. 16及び *The Fourteenth Biennial Report*, 1890, p. 11によれば，この期間のGSコースとHSの数の比は，1887年には32校：19校，1888年には34校：21校，1889年には41校：21校，そして1890年には55校：24校であった。
(33) GSコースの教育課程はもはやGSの教育課程の範囲を超えているため，GSコースへの州補助金は，GSへの州補助金のみ規定している州憲法に違反すると主張された。Giovinco. op. cit., p. 229.
(34) *The Seventeenth Biennial Report of the Superintendent of Public Instruction*, 1896, p. 204. *The Twenty-first Biennial Report*, 1904, p. 264.
(35) Gallagher E. Arthur; *From Tappan to Lange: Evolution of the Public Junior College Idea* (unpublished Ph. D. dissertation in Education, The University of Michigan), 1968, p. 184.
(36) Giovinco; op. cit., p. 227.
(37) Ibid.
(38) 1883年（カミネッティ29歳，州の政治家としてのキャリア開始）に始まる、この連続する流れは，彼が州政治家としての経歴を終える1913年（カミネッティ59歳）まで続いた。因みに，彼が1913年に提出した法案のひとつは，カリフォルニア大学の開放講座（University Extension）を州全体に提供することを求める内容であった。
(39) ここに掲げた初期JCの名称と設立年については，次の文献を参照した。Walter C. Eells; The Early History of California Public Junior Colleges, *California Quarterly of Secondary Education*, April 1929, Vol. 4, pp.214-221. Merton E. Hill;

The Junior College Movement in California 1907-1948（UCB教育学部図書館所蔵），pp.10-31.

(40) *Statutes of California*, 1921, Chapter 495 Section 3によれば，「JC学区に居住する選挙資格者500名以上が，JC学区の形成をカウンティの教育長に請願するために団結する」ことが，JC学区形成のために第一の要件として規定されている。

(41) M. E. Hill; op. cit., pp. 10-31.

(42) Ibid., p. 30.

(43) Ibid., p. 10.

(44) C. L. McLane; op. cit., p. 163.

(45) Ibid., pp. 163-164.

(46) Ibid., p. 164, p. 168.

(47) 例えば，カリフォルニアで二番目に古いサンタ・バーバラJCは，1910年までフレズノHSの校長を務め，マクレインと共にフレズノJCの創設に努めたA. C. Olneyによって組織された。また，Santa Ana, Riverside, Citrusにおける各JC創設には，Fullerton JCのBruntonが力を貸すという具合であった（Hill, op. cit., p. 20）。

(48) Hill. Ibid., p.9, p. 24参照のこと。

(49) マクレインは，当時「距離という要素は，諸個人が教育的経歴を計画する場合に非常に重要な要因」であったこと，現在よりも家族的絆や拘束（home ties and the home restraints）が加州においても濃厚であったことを指摘している（C. L. McLane; op. cit., p. 161-162）。

(50) 例えば，それはFullerton JCのDr. Boyceの発言に現れている（Hill; op. cit., p.20）。また，JCに限らず加州の公立高等教育発展の背景には，同州内部のコミュニティ間に存する強烈な競争意識があることを，社会学者N. J. Smelserは指摘している。N. J. Smelser (ed.); *Public Higher Education in California*, University of California Press, 1974, p. 17.

(51) 初期JCの在学者数（学校別，学年別，男女別）については，*School Biennial Report of the State Board of Education 1914-1916*, p. 160参照。

第 2 章
カリフォルニア州1917年法・1921年法とその背景
―高等教育の平等と卓越の相克―

はじめに

　カリフォルニア州（加州）のジュニア・カレッジ[1]（Junior College, 以下JCと略。但し今日ではコミュニティ・カレッジと呼ばれることが多い）は、学校体系上、公立初等・中等教育の延長ないし先端面に位置づくと同時に、大学の下級二学年に隣接する教育制度である。理念の面から説明すると、JCは、米国の土壌に深く根ざした平等の理念と、19世紀に米国の大学関係者がドイツの大学から学び定着させた学問的卓越の理念との接点に成長してきたものといえよう。かかる特質をもったJCの動態を探ることは、米国高等教育における「平等」（Equality）と「卓越」（Excellence）の問題を、今まで以上に幅広い視野と精彩をもって捉えることを可能にする。すなわち、それによって学校段階と大学段階の双方を視野に入れた問題の把握が可能になるばかりでなく、連邦・州政府のみならず大学や地方学区住民、父母、学生らの視点まで織り交ぜた多元的かつリアルな状況把握が可能になるからである。

　本稿は、かかる認識から加州のJC法の展開とそれを規定した人々の理念を実証的に検討する研究の一環をなす。その出発点ともいえる、加州および米国で最初のJC法（1907年法）の検討[2]に続いて、本稿では、加州で2番目、3番目に古い二つの法律（1917年法と1921年法）とその動因を検討する。それによって、萌芽期においてはまだその相互関係（とくに対立面）が明瞭に現れていなかった、高等教育機会をめぐる二つの理念―平等と卓越の理念―の内容と相互関係、ならびに両理念が新たなJC法制にいかに反映されたかを検証することが可能である。

1. 1917年法の位置づけと立法の動因

(1) 1917年法の内容[3]と位置づけ

　1907年法から10年ばかりのうちに、加州で2番目のJC法であるバラード法（1917年法）が生まれた。1921年法に比べると未だ断片的で簡略であるが、全文を掲載しても数行にしかならなかった1907年法に比べると、1917年法は遥かに充実した内容である。まだ架空の存在でしかなかったJCを規定した1907年法と、18校ばかりが現に運営され賛否の評価が出始める時期に形成された1917年法とでこれだけの違いが見られる点に、帰納的・経験的だといわれるアメリカ法の特徴をかいま見ることができる。しかし紙幅の関係で、ここでは1917年法を全文掲載することはできない。そこでまず同法の概要を紹介したうえで、次に、本稿の課題に照らして重要と考えられる項目を選んで重点的に考察する。

　1917年法の第304章第一節では、JCの学制上の位置が規定されている。すなわち、JCはハイ・スクール同様、州の中等教育機関のひとつであること、また、その設置・維持の主体はハイ・スクール学区であることが規定されている。JCを中等教育と位置付ける規定は、爾来それが高等教育として正式に位置づけられる1960年法まで続くことになる。ハイ・スクール学区から独立したJC独自の学区が登場するのは1921年法からである。第304章第2節では、JCを設置できるハイ・スクール学区の財政的資格、JCの入学者資格、教育課程、卒業要件、ADA[4]に関する規定、JCへの州補助金、教育委員会によるJCの教育課程認可、が規定されている。

　これらのなかで本稿の課題および1907年法との対比から注目されるのは、先に傍点を付した次の3点[5]である。
① 一定額（1917年法の場合300万ドル）以上の課税評価額（assessed valuation）をもつ学区でなければJCを設置できなくなった点
② 大学下級2学年に相当する教育課程（すなわち大学の第3学年への進学準備教育課程）のみならず、完成職業教育や市民教育課程をも提供可

能になった点。
③ JC設置・維持を認可された学区に対しては新たに州から補助金が配分されるようになった点。

　①および③は1907年法にはなかった規定であり、②は、1907年法が進学準備教育（transfer education）課程についてのみ定めていたのに対して、いわゆる完成教育（terminal education）課程発展のための法的基礎を新たに提供したものである。かかる新たな立法措置がとられた理由は何であろうか。上にあげた3点の意味を理解するためにも、1917年法の動因を検討する必要がある。

(2) 1907年法から1917年法への動因

　1917年法の立法に影響を持ったと考えられる政策提言ないし要求は、管見の限り、4つある。第一は、州政府レベルで、州の中等教育政策勧告を行う目的で1913年に創設された中等教育長官（commissioner of secondary schools）の隔年次報告書に見られる3つの勧告[6]である。細部に若干の違いは見られるものの、この3つの勧告は先にあげた1917年法の規定と合致する。第二は、1908年頃から次第に州の教育立法に影響力を強め始めた加州の教育専門職者の団体・CTA（California Teachers Association）の理事会である教育協議会（Council of Education）が、1916年に発表した勧告である[7]。ここでの勧告は1917年法の①と③の規定に符合する。第三は、③にのみかかわるのであるが、JCをすでに設置・運営している学区が州議会に対して行った、JCへの州補助を充実させてほしいという要求である[8]。そして第四は、1907年法の前提となるJC構想の生みの親のひとりであったカリフォルニア大学教育学部長ランゲ（A. F. Lange, 1862-1924）の、1907年法を修正すべきだとする三つの勧告である[9]。

　これら4つの政策提言（要求）は、1917年法規定とその内容が類似するのみならず、立法化への契機も有した点から、1917年法の動因を理解するうえで有効な資料だと考えられる。以下では、これらの資料を参考にしながら1917年法において①～③の規定が設けられた理由を考察しつつ、

高等教育機会をめぐる二つの理念について論及する。

　4つの政策提言（要求）はいずれも1907年法とその結果実際に成立、普及し始めたJCの実態に対する不満に基づくものである。とくに四者共通に見られる指摘は、JCの財政基盤の不十分さの問題であり、それが①と③の要求に連なったものと解される。CTA理事会の勧告はそれを最も端的に表現している。すなわち、①に関しては、それによって劣弱なJC創設に歯止めをかけようという目的が、また③に関しては、それによって強力なJCを維持しようという目的が、それぞれ示されている。

　しかし、一見、一様であるかに見えるこれらの提言も、その基底にある考えを掘り下げてみると微妙な違いを孕んでおり、大きくは次の2つの理念に分けて理解されよう。

　ひとつは、地域的な高等教育機会均等理念に基づいてJC創設に踏み切り、そのいっそうの強化・前進を願う、地方学区（ハイ・スクール学区）を中心に見られる考えである。それはハイ・スクール学区を対象としたアンケート調査に基づいてエンジェルが示した以下の見解に明確に現れている[10]。

　　ハイ・スクールの立場から評価すると、ハイ・スクールに一、二年のカレッジ課程を上乗せすることは、（第一に）財政的援助が十分でなければ、（第二に）教師の資格が十分なものでなければ、（第三に）実験室や図書室の設備が十分でなければ、（第四に）このような制度に対する地域の要求が純粋かつ強力なものでなければ、明らかに危険を孕むものと考えられる。すなわち、十分なスタッフや教師を整備しないでこのような仕事を行うことは、ハイ・スクールの人的・物的資源の両方を過度に使うことになり、失敗を招くか、陳腐な成功をおさめる結果に終わり、したがって長期的には、制度自体の本質から来る欠陥ではなく地域の資源状況に由来する欠陥ゆえに、住民の自信を損ない、住民の運動を後退させることになりかねないのである。

　要するに、ここでは、せっかくJCが地元の発意によって設置されるに至ったにもかかわらず、制度の価値如何の問題ではなく、外的条件の不

備といった不本意な理由から、尻すぼみに終わるようなことがあっては
ならないという考えが表明されている。かかる考えから、JC創設に踏み
切った学区（及びJC）を担う人々は、1917年法の③に関する要求を出し、
JC運動の財政基盤を強化し、それによって地域的な高等教育機会均等を
前進させようとしたものと考えられる。

　いまひとつは、教育よりも研究や学問的卓越を重視したドイツ型の大
学を形成する制度変革の一環としてJC創設を支持したにもかかわらず、
現実のJCのなかに見られる制度の不備から、①や③のみならず②の要求
を強め始めた大学の考えである。

　プロクターの調査[11]によれば、当時カリフォルニア大学と加州の17校
のJCとの間には次のような差が見られた。「大学の教師の85.7％が博士
や修士の学位を持つのに対し、JCの教師は37.7％しか学位を取得してい
ない」。また「JC教師187名のなかで常勤はわずか14名で、残る173名は
非常勤であった」。かかる教師の資格の格差以外に、学問的雰囲気の欠
如、設備の不十分さ、上級学年および大学院からの影響の欠如等が、JC
の欠点としてJC校長や教頭自らによって指摘されている。

　このような質の格差をもつものに同一機能を期待するわけにはいかな
いというのが、主に大学における学問的卓越を守る立場から出された1907
年法への不満である。一定の基準を伴わない名前のみの平等が進行する
ことは、「JC運動のスピード違反」に他ならなかった。それを取り締ま
る意味で①や③の提言が、そしてさらには②、すなわち大学進学準備教
育のみならず大学に進学しない学生のための完成教育課程の提供が、JC
にとって重要な機能であるという方針が、新たに強調され始めたものと
解される[12]。そして、かかる主張は、連邦のスミス・ヒューズ法（1917
年）に先んじて州レベルでの職業教育振興施策を打ち出し始めていた州
当局の支持をも受けるところとなったのである[13]。

　以上を要するに、1907年法から1917年法への改変の背景には、1907
年法の自由放任的規定とその結果（すなわち条件の整わないJCの設立・普
及）への不満や反省があったといえる。それをさらに細かく見てゆくと、

一方で、基準を逸脱した平等のゆきすぎに対する、大学の学問的卓越擁護の理念からの是正要求として、他方、JCをより健全な財政基盤の上に置くことで、JCを足掛かりにした地域的な高等教育機会均等化をさらに前進させようという（JC設置主体である）学区やJCスタッフの要求として、1917年法の規定に結実したものといえる。しかし、1917年法の施行によって、これらの要求が一挙に満たされたわけではない。1907年法がそうであったように、1917年法もまた、その施行の結果（現実）による吟味を経て、新たな立法による加筆や修正を施されることになる。

2. 1921年法の位置づけと立法の動因

(1) 1921年法の内容[14]と位置づけ

　1921年法は、1917年法よりいっそう詳細かつ総合的にJCに関する規定を並べている。同法の第495章の各節の内容を要約して列挙すると次のとおりである。第一節（JCの位置づけおよび設置）、第二節（JC学区の三つの型）、第三節（JC学区形成のための請願手続き）、第四節（JC委員会の選挙、任期、役員選出）、第五節（JC学区におけるJC委員の年次選挙の詳細）、第六節（JC学区の廃止手続き）、第七節（JC委員会の会合の詳細）、第八節（JC委員会の権限）、第九節（JCの教育課程、学生の入学・卒業資格、州教育委員会による教育課程の承認）、第十節（JC校長のカウンティ教育長への報告義務、カウンティ教育長の州教育長への報告義務）、第十一節（JC委員会あるいはカウンティ教育長によるJCの施設・設備に関する経費の見積もり）、第十二節（JC維持費の見積もり）、第十三節（JC学区での課税）、第十四節（JC学区基金およびJC学区に配分される州補助金）、第十五節（学区外学生の授業料）、第十六節（州補助のための州教育委員会による資格認定基準）、第十七節（1917年法の存続）、第十八節（JCとカリフォルニア大学の提携関係）、第十九節（師範学校におけるJC課程）。

　これらのなかで本稿の課題および1917年法との対比から特に注目され

るのは、傍点を付した部分にかかわる次の四点である。
①JCを設置できる（JC）学区の資格制限
②州補助金の増額
③JCを設置できる学区の多様化
④JCとカリフォルニア大学との提携プログラムの発足

　前節同様、これらの規定の意味を理解するために、次にその動因を検討しよう。

(2) 1917年法から1921年法への動因

　1921年法の立法に影響を及ぼしたと考えられる直接的動因は、1919年に発足した「教育に関する特別立法小委員会」（Special Legislative Committee on Education. 以下SLCEと略）が1921年に出した答申であるとみてよい[15]。SLCEは州議会の要請で加州の高等教育に関する現状分析と将来にむけての総合計画を樹立する使命を負って創設されたものである。したがって、その勧告は、JCに関するもののみならず、カリフォルニア大学を大学院中心の大学にする構想や師範学校を四年制の教員養成カレッジに改編する構想など、加州のハイ・スクール後の教育全般にわたっている。そのなかにあってJCに関する提言が比較的充実しているのは、この委員会設置の発議を行ったジョーンズ上院議員の主な狙いが、加州のできるだけ多くの若者の身近に高等教育施設を配置する、機会均等の実現にあったからだと考えられる。そうした意図に基づくJC規定の充実・整備が1921年法によってはかられようとしたのである。

　ところで、SLCEの最終答申はスタンフォード大学教育学部長カバレー（Ellwood P. Cubberley）によってまとめられたものであるが、そのベースとして、加州各地で数多くの公聴会が行われた点が重要である。というのも、1919年から1920年にかけて開かれた各地の公聴会では、カリフォルニア大学、CTA等の団体のロビイストたちに、加州の高等教育制度のあり方に関する意見を表明する機会が与えられたからである。つまり、1917年法同様、1921年法の立法化の過程においても、大学や地方

学区、JCスタッフ等の考えがとりこまれる契機が存在したことを意味する。先に掲げた1921年法の四つの規定内容を詳しくみてゆきながら、そのことを具体的に検証しよう。

まず、①に関しては、学区の課税評価額基準が1917年法の300万ドルから一挙に1,000万ドルに上がっている。と同時に、ADAが400人以上の学区でなければ、JCを設置・維持する資格が十分でないと規定された。課税評価額とADAの双方からJC学区創設の資格が問われ、しかも評価額基準は1917年法の時よりも引き上げられ、JC設置主体としての学区の条件がより厳しく問われることになったものといえよう。

しかし、②にみられるように、かかる吟味に耐えたJCには、その財政基盤をさらに強化するために、増額された州補助金が交付されることになった。つまり、①および②は、1917年法ではなお不十分であったJCの質のいっそうの強化策であると同時に、JC設置可能な学区の財政基盤を底上げして、JCの成長による地域的機会均等を、一部地域に限ってより確実なものにしたといえる。しかしながら、JCの設置資格を満たせない学区（の住民・青年）にとっては、①、②の規定は以前にも増して厳しい内容になったといえるのではないだろうか。

ここで、われわれは③に目を転じる必要がある。③は、JC学区として三つの形態をあげている。第一は、従来のハイ・スクール学区と同一の区域のもので新たにJC学区と称されることになったもの、第二は、隣接する二、三のハイ・スクール学区の統合から成るユニオン学区、第三は、カウンティがすなわちJC学区に相当するカウンティ学区である。各ハイ・スクール学区の実情（主に経済面、人口面）に応じて、このいずれかのJC学区が創設できるわけである。したがって、独力ではJC設置基準（課税評価額1,000万ドル以上、ADA400人以上）を満たせない貧困かつ過疎の学区でも、隣接学区と協同することで、JCを共有することが可能になったはずである。③を、このように各学区の実情に応じた柔軟な選択肢を設けたものとして捉えるならば、1921年法は「持たざる学区」の地域的な教育機会均等の要求にもある程度配慮したものといえよう。

そして、かかる学区類型は1927年法ではさらに二種類追加され五つの選択肢にまで広げられることになる。

　以上の規定から、1921年法は1917年法の立法動因のひとつを成していた地域的な高等教育機会均等理念を、JCの外的条件面での質を一定水準以上に取り締まりながら同時に、その量的普及をはかるための現実的措置を講ずることによって、一歩前進させたものといえる。そして、かかる方策が効を奏し、1921年法下に設置された独立JCは、表2-1[16]に明らかなように年を追って増えている。1921年法第17節により1917年法下のJCもなお存続したが、独立JCの成長の方が一層顕著であることがこの表からうかがえる。

　では、1917年法のいまひとつの基底を成していた大学の学問的卓越追求の理念は、1921年法の規定ではどう反映されたのであろうか。1917年法にみられた完成教育課程の提供に関しては、1921年法でもこれを継承した規定が設けられているが、ここでは重複を避ける意味で、新たに設けられたJCとカリフォルニア大学との提携プログラムについて論及したい。

　提携プログラム（affiliation program）は、カリフォルニア大学がいわば親機関として提携プログラムに応ずるJCを募り、その進学準備教育課程に対して訪問、視察、資格認定を行い、JCからカリフォルニア大学への転学の円滑化を図ろうというプログラムである。これは、すべてのJCに提携を義務づけたものではなく、有志の参加を求める内容であったが、大学の学問的水準を守る目的でJCの質を大学が平時より定期的に管理する意図に発したものと考えられる。その意味で、このプログラムは1921年法に大学の要求が反映された規定の例としてみることができる。

　以上みてきたように、1921年法の立法過程にも、1917年法の立法化の際に働いたとみられる二つの理念が導入され、その規定に反映されたことがわかる。しかし、これまでの検討によって二つの理念がJC法の動態にいかに関わったかは検証しえたものの、両者の関係については明示しえなかった。そこで、最後に、1917年法と1921年法のなかの規定がいか

表2-1 1917-18年から1927-1928年にかけての加州におけるJCの成長

年	ハイスクール内部のJC課程*1					JC学区*2		合計	
	新設 (New)	再設 (Re-established)	非継続 (Discontinued)	計	州全体の入学者数	数	州全体の入学者数	数	州全体の入学者数
1917-1918	21			21	1,561			21	1,561
1918-1919	1		4	18	1,255			18	1,255
1919-1920	2	1	4	17	1,096			17	1,096
1920-1921	3	1	4	17	1,442			17	1,442
1921-1922	5	1	2*3	21	2,013	2*3	246	23	2,259
1922-1923	3		6*4	18	1,416	7*4	1,427	25	2,843
1923-1924		1	2	17	1,618	7	2,391	24	4,009
1924-1925	1			18	1,744	8	3,327	26	5,271
1925-1926	2			20	2,293	8	3,479	28	5,772
1926-1927	2		1	21	2,488	10	5,585	31	8,073
1927-1928	4		5*3	20	2,400	13*3	5,773	33	8,173

*1 1917年法の下で設立されたJC *2 1921年法の下で設立されたJC *3 ハイ・スクール内JCが学区JCに転換したもの
*4 4校のハイ・スクール内JCが学区JCに転換したもの

なる反応や実態を招いたかにまで分析のメスを入れることによって、二つの理念の相互関係を考察したい。

3. ジュニア・カレッジ法制確立期における高等教育の平等と卓越の関係

ここでは、1917年法と1921年法の三つの規定の狙いと結果（あるいは反応）との齟齬に光をあて、両者の関係を考察する。

第一に、1917年法におけるJC完成教育規定の導入は、大学がその実現を望んだにもかかわらず、各学区にはそれを忌避する傾向が見られ、実現は難航した。その要因としては、完成職業教育課程が転学教育課程よりも特別な施設・設備を要し高額だという経費の問題もある。しかし、それ以上に見落とせないのは、JCを創設した学区の住民、父母、学生、JCスタッフのなかにある伝統的高等教育イメージへの固執である。当時彼らが高等教育の地域的機会均等に求めたものは、完成的職業教育センターの普及というよりは、むしろ、学士号そのものは提供しえないにせよ、少なくともそれに連なる可能性を秘めた転学教育課程をもつ中等後教育機関の、地元での設置であった[17]。つまり、完成教育課程（支流）の導入により中等後の学生の流れを実質上二分しようとする大学に対し各学区では、転学課程（本流）へのこだわりが根強かったといえる。

第二に、1921年法におけるJC学区への州補助金の増額は、各学区やJCスタッフがその実現を望んだにもかかわらず、大学は消極的反応しか示さなかった。当時のカリフォルニア大学学長バロウズ（D. P. Barrows）はこの規定に反対の意を表明している[18]。これは、州費がカリフォルニア大学以外の機関に拡散してゆく傾向を懸念したものと推察される。しかし、この点に関しては、その時々の学長によって若干の対応の違いが見られ、必ずしも大学が全面的にJCへの州補助金に反対したとは言い切れない。むしろ、州費の各機関への適正配分（割合）をめぐる考えの対立だというべきであろう。

第三に、1921年法における提携プログラム規定は、大学がその実現を望んだにもかかわらず、JCのプログラムへの参加は低調に終わった。1921年に始まったこのプログラムへのJCの参加はピーク時でさえわずか8校と全体の半数を下回り、1926年に実質上プログラムは停止し、法律上も1931年法によりピリオドが打たれた。参加したJCの不満は次のとおりである。すなわち、プログラムに参加することでこれらのJCにはカリフォルニア大学の高度な学問水準と同等の教育が義務づけられ、そのために、同大学の下級二学年を担当する教授たちによるJCの進学準備コースの視察や資格認定、ならびに同大学学長によるJC進学準備教育講師の指名・解雇など、大学からの拘束が強められたことへの不満である[19]。学区やJCスタッフが大学に望むことはあくまでも、卓越した先輩機関としての助言や協力の関係であって、一方的拘束や干渉などの主従関係ではないことが別の調査で明らかにされている[20]。
　以上の三つの事例は、JCをめぐる二つの理念の潜在的対立が表面化した例として把握できる。すなわち、大学の学問的卓越を重視する観点からは、高等教育の構造を内容面・財政面で多元化（序列化）する必要があると考えられたものの、高等教育への平等な権利を重視する観点からは、可能な限り高等教育構造の一元化が志向された。それは、JCに対する大学の支配（university control）を拒否する各地方学区のJC関係者の言動として現れている。
　しかし、両者の関係は、対立面のみならず相互に依存し合う面を持っていることもまた事実である。
　大学はJCを通じて優秀な学生を広範に募ることができるばかりでなく、JC（という安全弁）の存在によって、高等教育大衆化の波の直撃による大学過密化と教育・研究機能の低下を免れている。つまり、二重の意味で、各学区のJC創設意欲に助けられているのである。他方、地区学区がJC創設に意欲的である理由のひとつはJCが大学に続く「教育の梯子」の一段だという法的裏付けがあるからであり、連絡駅であると同時に目標でもある大学との関係が存在しなくなればJCを創設する意味が薄

らぐことになる。かかる相互依存面があればこそ、対立面を抱えながらも、JCが加州に根付き成長する法制が整備されたのだといえる。と同時に、逆の見方をすると、存続しても対立面が払拭されない限り、その法制は流動性を常に内包せざるをえないのである。

　1907年法がJCの萌芽を告げる法であったとすれば、1917・1921年法は、JC法制の基礎を確立した法であったといえる。しかし、これでJC法制が固まったわけでは決してない。これを叩き台にして数多くの法律がその後も編まれてゆくのである。

註

(1) 本稿の元となった初出原稿では、ジュニア・カレッジ（Junior College：JCと略）ではなくコミュニティ・ジュニア・カレッジ（Community Junior College：CJCと略）という呼称をタイトルに用いた。草創期から1940年代まではJCと呼ばれることが一般的であったにもかかわらず初出原稿で敢えてCJCという呼称を用いたのは、私立ではなく公立のJCを分析対象としていることを明確に示す意図があったからである。しかし本稿では、本文だけでなくタイトルにおいてもJCという呼称を用いることで全体を統一した。なお、1970年代以後はコミュニティ・カレッジ（Community College）という呼称が一般的になった。呼称の変遷に関しては、Carrie B. Kisker, Arthur M. Cohen, Florence B. Brawer, *The American Community College*, Jossey Bass Higher and Adult Education, Jossey-Bass, 2023, pp.3-4参照。

(2) 拙稿「加州のジュニア・カレッジ制度創設における高等教育機会均等の理念」日本教育学会紀要『教育学研究』第51巻第4号、1984年、379-388頁。加州への着目理由、ドイツ型の大学形成とJC構想との関連はこの論文に詳しい。

(3) Political code section 1720, *Statutes of California*, 1917, Chapter 304, pp. 463-465.

(4) Average Daily Attendanceの略称。登録学生の一年間の出席日数の総計を一年間の学期日数で割って算出される。

(5) この他、JCの入学、卒業資格も中等後段階での機会均等の展開を把握するうえで重要な指標だと考えられるが、この点に関しては、1937年法、1943年法、1945年法、1959年法等における規定とつきあわせて検討すべき内容と判断し、ここでは採り上げなかった。

(6) Gallagher E. Arthur, *From Tappan to Lange : Evolution of the Public Junior College Idea*, unpublished Ph. D. dissertation in Education, The University of

Michigan, 1968, pp. 203-205参照。
(7) Ibid., p. 202. CTAは直訳すると加州教員協会であるが、当時のメンバーは教員に限らず地方教育員会、教育長、校長等多彩で、1908年の組織強化を通じて州の政治における発言力を強めた。
(8) Bureau of Junior College Education, *History of the Junior College Movement in California*, California State Department of Education, 1964, p. 5.
(9) ランゲは第一、第二の政策提言にも深いかかわりをもつ人物であるが、それらと独立する面（カリフォルニア大学の政策を体現する面）も持っているので、ここでは敢えて第四の政策提言としてとりあげた。なお、ランゲのJC論については拙稿「A. F. ランゲのジュニア・カレッジ論―高等教育における平等主義と能力主義の調整―」『京都大学教育学部紀要』第33号、1987年、参照。
(10) J. R. Angell. "The Junior College Movement in High Schools", *School Review*, vol. 23, May 1915, p. 301.
(11) W. M. Proctor, "The Junior College in California", *School Review*, vol. 31, May 1923, pp. 364-367.
(12) 前掲拙稿（1987）、211頁参照。
(13) Gallagher, op. cit., p. 205.
(14) *Statutes of California*, 1921, Chapter 495, pp. 756-765.
(15) Gallagher, op. cit., pp. 212-218.
(16) W. J. Cooper, "The Junior College Movement in California", *School Review*, vol. 36, June 1928, p. 420参照.
(17) 以上の実態の詳細に関しては拙稿「コミュニティ・カレッジにおける職業教育の発展とその要因」『昭和59年度科研費一般研究<C>報告書、英米における職業準備教育』、1985年、28頁参照。
(18) V. A. Stadtman, *The University of California 1868-1968*, New York, McGraw-Hill Book Company, Inc., 1970, p. 262.
(19) Hugh Ross, "University Influence in the Genesis and Growth of Junior Colleges in California", *History of Education Quarterly*, vol. 3, No. 1, March 1963, p. 148.
(20) H. R. Brush, "The Junior College and the Universities", *School and Society*, vol. 4, July-Dec., 1916, p. 360.

〈付記〉　本小論は、昭和62年度文部省科学研究費（奨励研究A―特別研究員）の交付をうけた研究成果の一部である。記して、感謝の意を表したい。

第3章
カリフォルニア州1960年法とその背景
―高等教育の平等と卓越の調整―

はじめに

　1990年代以降、わが国では中央教育審議会によって様々な高等教育改革構想が打ち出されてきた。最近では、2018年6月に、同審議会の大学分科会に置かれた「将来構想部会」が、2040年の日本の高等教育のあり方に関して中間まとめを公表した[1]。中間まとめの全体的印象は、新たな日本型高等教育システムの未来像が提示されたというよりも、相変わらずアメリカ型高等教育システムの影響が色濃いということである。確かにアメリカ型高等教育システムは、高等教育の将来を構想するうえで重要な参考資料のひとつである。しかし、アメリカの現システムがいかにして形成されてきたのか、という史的理解を踏まえた制度紹介でなければ、日本型高等教育システムを構想する上で不十分だと思われる。それを可能にするためには、遠回りのようではあるが、アメリカ型高等教育システムを構成する様々なセグメントの歴史研究を、基礎資料として蓄積していく必要があるだろう。

　かかる問題意識から本稿が検討対象として選んだセグメントは、アメリカにおける高等教育ユニバーサル化を制度的に体現させたコミュニティ・カレッジ（Community College）である。今では地域密着型・生涯学習型の高等教育機関として世界的に有名なコミュニティ・カレッジであるが、アメリカでの学校体系上の位置付けは、時代とともに変容をとげてきたものである。すでに1世紀以上の歴史をもつコミュニティ・カレッジであるが、それが法的に高等教育として認定されるようになったのは、実は、それほど昔のことではない。全米最大のコミュニティ・カレッジ・システムを擁し、最も古くから法制の整備を図り、他州をリードしてきたカリフォルニア州において、それが高等教育として法的に認定

されたのは1960年のことである。それまでは、18歳以上の学生を主な教育対象としながらも、法律の上では中等教育の一部として規定されていたのである。また、それが二年制としてはっきり明記されたのも、同様に1960年法においてであった。

　では、カリフォルニア州で、1960年法に至って初めてコミュニティ・カレッジが「高等教育」として正式に認定されたのは何故なのであろうか。本稿は、その位置付けの変化とその背景を分析することを通して、「高等教育」の範疇にコミュニティ・カレッジが加えられた経緯、ならびに「二年制」とセットで「高等教育」と認定された意味について、考察を試みたものである[2]。それによって、アメリカにおける高等教育ユニバーサル化の文脈理解、ユニバーサル型高等教育概念の歴史的理解を深めることができるのではないかと考える。次に、本稿のテーマと深く関わりのある著書と論文を紹介するとともに、それらの先行研究において不十分だと思われる点を明らかにしたい。

　まず、カリフォルニア州のコミュニティ・カレッジ法制に関する先行研究としては、三浦嘉久『コミュニティ・カレッジ論――アメリカの高等成人教育』高文堂出版社（1991年）の第2章[3]をあげるべきであろう。コミュニティ・カレッジの制度的な位置づけについて、時期区分をしつつ言及しており、特に第2節は1900年から1960年までを検討対象としており、本稿の検討対象と時期的に重なる面がある。

　しかしながら、1900年から1960年までをわずか数頁で要約しているため、さらなる掘り下げが必要だと思われる。第一に、1900年から1960年までの州法の一部（1907年法、1917年法、1960年法）と審議会報告ひとつ（「ストレイヤー報告」）だけが取り上げられており、選定範囲が系統的でない印象をうける[4]。第二に、カリフォルニア州のコミュニティ・カレッジ法制の展開を、伝統的高等教育機関や地域住民等のアクターの要求の対立や調整と関連付けて動態的に研究したものではないので、発展の文脈までは理解できない。それは「無いものねだり」に他ならないのかもしれないが、全米諸州を対象とするわけではなく、一州を選択し

た事例研究であるからには、「理念の発展」を要約するだけでなく発展の経緯まで掘り下げた分析が期待される。

コミュニティ・カレッジの学校体系上の位置づけ、制度的アイデンティティを扱った日本における先行研究としては、古くは、渡邊彰「ジュニア・カレッジ運動の基本的性格に関する一考察」(『広島大学教育学部紀要』Ⅰ-2, 1953, 143~167頁参照) を挙げることができる。その中で渡邊は、ジュニア・カレッジを中等教育と定位する代表例としてカリフォルニア州を取り上げている。しかし、カリフォルニア州におけるその後の位置付けの変化までは追跡されていない。

谷川裕稔「コミュニティ・カレッジの帰属問題：誕生時から1960年代までの考察を中心に」(『研究論叢』第6号、神戸大学、1999) は、コミュニティ・カレッジの学校体系上の位置づけ、制度的アイデンティティに関して、1960年代までの流れを整理したものである。主にWittらの著書[5]に依拠し、コミュニティ・カレッジの帰属の変遷を全米レベルで紹介する。しかしながら、なぜコミュニティ・カレッジが高等教育機関として認定されるようになったのか、その背景に存在した複数のアクターの要求や理念、それらがいかに政策形成につながっていったのかについては、同論文からは十分に窺い知ることができない。また、中等教育か高等教育かという帰属についての論究が中心で、なぜ4年制ではなく2年制なのかという制度的アイデンティティについては、残念ながら顧みられていない。

かかる先行研究に対して、本稿では、「二年制」「高等教育」という2つのアイデンティティの変遷をセットで検討するとともに、アイデンティティ形成のプロセスに力点を置いた解明に注力した。管見の限りでは、コミュニティ・カレッジのアイデンティティ形成および変容のプロセスに力点を置いた研究は、アメリカにおいても十分になされていない。例えば、コミュニティ・カレッジの歴史に関して日本で最も引用頻度が高いと思われるソーントンの研究 (Thornton, J.R. Jr., The Community Junior College, New York: Wiley, 1960, 1966, 1972のChapter4) において

も、日本における引用頻度は低いものの多面的かつ詳細な分析として示唆に富むディーガンとティラリーの研究（Deegan, W.L., and D. Tillery, Renewing the American Community College: Priorities and Strategies for Effective Leadership, San Francisco: Jossey-Bass,1985）においても、コミュニティ・カレッジのアイデンティティ形成および変容の過程を動態的に分析することまでは行われていない。

　本稿では、かかる認識に基づき、まず第Ⅰ章で、コミュニティ・カレッジの制度的アイデンティティと関わって注目される法律（カリフォルニア州の1960年法）の2つの条項をとりあげて紹介する。続く2つの章（第Ⅱ章と第Ⅲ章）では、何故コミュニティ・カレッジが1960年法において「二年制」の「高等教育」として認定されるに至ったのか、関係するアクターの思惑と調整のプロセスを明らかにする。第Ⅱ章で、1960年法制定の背景として重要だと考えられる2つの運動、すなわちコミュニティ・カレッジを「二年制」から「四年制」へと昇格させる運動、および「中等教育の笠石」から「高等教育」へと昇格させる運動を、関係アクターの思惑とともに検討し、第Ⅲ章で、そのような関係アクターの思惑が、カリフォルニア州高等教育に関するマスター・プラン策定の過程でどのように調整され、1960年法の制定に結実したのか、を検討する。

　尚、本稿では、基本的にコミュニティ・カレッジという用語を使うが、その使用が時期的に不自然な場合、あるいは引用文献中の呼称に従う場合、ジュニア・カレッジ（Junior College）という呼称を用いた箇所があることを、予めお断りしておく。

Ⅰ．カリフォルニア州の1960年法におけるコミュニティ・カレッジ規定

　ドナホー（Donahoe）高等教育法とも呼ばれる1960年法は、コミュニティ・カレッジのみならず、学士、修士、博士学位を授与する伝統的高等教育機関についても規定した、カリフォルニア州高等教育システム全

体に関する包括的法律である。コミュニティ・カレッジの萌芽を告げた法が1907年法[6]、コミュニティ・カレッジ法制の基礎を確立した法が1917・1921年法[7]であったとすれば、1960年法は、コミュニティ・カレッジを高等教育システム全体の中に位置づけて、その制度特性を確定させた法律として銘記されよう。それは、従来のコミュニティ・カレッジ法制を継承しつつ、新たに、コミュニティ・カレッジと他の高等教育機関との役割分担を法的に明確にしたものである。

　したがって、コミュニティ・カレッジの制度的アイデンティティと関わって、この法律の中で特に注目したいのは、以下の二つの条項である。

　第一は、1960年法の第22500項[8]である。この条項で、コミュニティ・カレッジは、カリフォルニア大学（University of California）、州立カレッジ（State Colleges）と並んで、初めてカリフォルニア州における公立高等教育の正式な一員として記された。有名なカリフォルニア州の公立高等教育の「三分岐制」（tripartite system）が、ここに明文化されたわけである。これ以前のコミュニティ・カレッジは、私的な議論や審議会報告などで高等教育の一部として記されることはあっても、法的には、1917年法以来の、中等教育の一部としての規定を引きずっていた[9]。したがって1960年法は、そうした曖昧さを断ち切りコミュニティ・カレッジの学制上の位置を曲がりなりにも[10]高等教育と規定した点で重要な意味をもつものであった。

　第二は、1960年法の第22651項[11]である。この条項において、「公立ジュニア・カレッジは第14学年までの、しかし、それを超えることはない教育を提供する」ことが明記された。すなわちコミュニティ・カレッジは、アメリカの教育階梯上、第13,14学年段階に位置する二年制の教育機関であって、第14学年より上の教育は決して行なわない旨、法律レベルで確定されたわけである。第14学年より上の教育や大学院における研究・教育機能は、州立カレッジやカリフォルニア大学の役割であって、コミュニティ・カレッジは二年制固有の機能領域に専念すべきことが明記されたのである。

このように、1960年法の二つの規定によって、コミュニティ・カレッジの学校体系上の位置が法文上明確にされたといえる。それは、約半世紀にも及ぶコミュニティ・カレッジの制度上の不明確さに漸く一応の終止符が打たれたことを意味する。では、何故1960年に至って、長年の曖昧さに一応のけりがつけられたのであろうか。1960年にコミュニティ・カレッジを二年制・高等教育として法規定させた力は何であったのか。次に、1960年法の背景のなかで、特にコミュニティ・カレッジの二つの規定と関わりがあると考えられる動因に焦点を絞って、検討する。

Ⅱ. 1960年法の背景 —二つのコミュニティ・カレッジ昇格運動—

中等後教育機関の昇格運動はアメリカ以外の国でも見られるが、カリフォルニア州では、第二次世界大戦後に最も活発な動きをみせた。1930年頃にも散発的には見られたが、より顕著になったのは大戦後のことである。カリフォルニア州における中等後教育機関の昇格運動としては、コミュニティ・カレッジのものだけでなく、州立カレッジの昇格運動も見落とすわけには行かない。州立カレッジの場合、州立カレッジ（State College）から州立大学（State University）への昇格を要求するものであった[12]。これもまた、1960年法の重要な背景をなす運動として無視できないものであるが、それは1960年法の州立カレッジに関する規定と直接的に結びつくもので、本稿の課題であるコミュニティ・カレッジの規定とは部分的な関わりを持つにとどまる。したがって、ここでは主にコミュニティ・カレッジの昇格運動を見ていく。

コミュニティ・カレッジの昇格運動と言った場合、厳密には次の二つの要求に分けて考えるべきだと考える。ひとつは、二年制から四年制カレッジへの昇格要求であり、もうひとつは、「中等教育の笠石」ではなく高等教育の一部としての評価を求める昇格要求である。それぞれの運動はいかなる人々のいかなるニーズに基づくものであったのだろうか。まず、二年制から四年制カレッジへの昇格要求から見ていこう。

(1) 二年制から四年制への昇格運動

　この種の昇格運動は、1920年代のカリフォルニア州の人口増加を背景に、早くは1930年代から一部の地方学区に見られた。しかし、より活発化したのは、1940年代後半以後のことである。その背景としては、州人口の急速な増加のみならず、科学技術の発展に伴う高等教育への需要の高まり、そしてGIビル（復員軍人法）という法律の制定を挙げることができるだろう。GIビルは、第二次世界大戦後、帰還した兵士たちの大学への復学を経済的にサポートしたものである。

　さて、四年制を求める人々の要求は、さらに細かく見ていくと三つに分けられよう。

　第一は、前期二年の課程のみならず後期二年の課程も自宅近くの学区で継続・修了させたいという学生の要求である。ゴットの調査[13]によれば、コミュニティ・カレッジ学生の82％の者が、もし四年制カレッジが身近にあれば四年制に通うであろうと答え、過半数の者が、しかし現実には、自宅通学の範囲内に四年制がないのでそれを断念したと答えている。

　第二は、コミュニティ住民の要求である。この中には、二年制よりは四年制の、より声価の高い機関を地元に所有したいという一般的願望も含まれる。しかし、より具体的なのは、コミュニティ・カレッジのために敢えて税金を払っている、納税者としての住民意識である。

　主に州税に依存する州立カレッジやカリフォルニア大学と違って、当時のコミュニティ・カレッジは、設立・運営経費の大半を学区の固定資産税に依拠していた。それは、一方では、コミュニティ・カレッジに対する地方統制（local control）の経済的基盤を成し、コミュニティ・カレッジへの地元の愛着を強めるものであった。しかし、他方、コミュニティ・カレッジは存在しても四年制カレッジの存在しない地域にあっては、コミュニティ・カレッジの卒業生が転学して他地域に流出する可能性も大きく、要するに、経費を地元で負担しても、必ずしもその成果が地元に還元されるわけではないことを意味した。かかる状況や重税感から、

地方税よりは州負担の大きい四年制カレッジを、地元に設置したいという要求[14]がうまれた。

　第三に、そうした地方学区に所在するコミュニティ・カレッジのスタッフに見られる昇格志向を指摘することができる。これは、短期大学よりも四年制カレッジ、四年制カレッジよりも四年制大学（university）の方が、格が上だという観念によるもので、特に教員の間に顕著に見出される。確固たる地位や威信を求めるコミュニティ・カレッジのスタッフの欲求[15]も、コミュニティ・カレッジを四年制に昇格させる運動の一部を成していたと考えられる。

　以上のような人々の要求に支えられて、コミュニティ・カレッジを四年制カレッジに上方拡張させる運動は、州議会に度々法案として持ち込まれた[16]のである。

(2) 中等教育から高等教育への昇格運動

　これに対して、コミュニティ・カレッジを中等教育から高等教育へと昇格させる運動はどういう人々の要求に根ざすものであったのか。コミュニティ・カレッジに勤務するスタッフの要求という面も考えられるが、この運動を組織的に進めた主体として、我々は全米ジュニア・カレッジ協会ならびにカリフォルニア州ジュニア・カレッジ協会に注目する必要があるだろう。全米ジュニア・カレッジ協会は1920年、そしてカリフォルニア州ジュニア・カレッジ協会は1930年に設立されたもので、後年ジュニア・カレッジ協会からコミュニティ・カレッジ協会へと呼称を変えるが、各地のコミュニティ・カレッジの組織的成長をめざすことを共通目的とする点では一貫している。

　ところで、今日のコミュニティ・カレッジの繁栄を知る者にとっては想像しにくいことであるが、1920年代のコミュニティ・カレッジには、高等教育どころか、制度としての存続すら危ぶまれる面がまだ残されていた。また、コミュニティ・カレッジをどう捉えるか、中等教育なのか高等教育なのか、についても統一見解があったわけではない。その後、

協会内部では次第にコミュニティ・カレッジを高等教育としてアピールしていく方向性がとられるようになるが、外部社会における認識とのズレは、容易に解消されるものではなかった。

認識のズレを浮き彫りにした例として、第二次世界大戦ならびに朝鮮戦争における大学生の兵役免除の問題[17]を挙げることができる。同じくカレッジと呼ばれながらも、第二次世界大戦時の徴兵に際し、州立カレッジやカリフォルニア大学など伝統的高等教育の学生の場合、希望すれば兵役免除や延期措置が可能であったのに対して、コミュニティ・カレッジの学生には同様の扱いがなされなかったのである。連邦政府がコミュニティ・カレッジを、伝統的高等教育と同一のレベルと見なしてはいなかったことが、明白に意識されたわけである。同様に、1950年の朝鮮戦争時の徴兵にあたっても、コミュニティ・カレッジの教育は高等教育レベルとしては認定されなかった。これらの差別的措置は、コミュニティ・カレッジ関係者の間に、コミュニティ・カレッジを正式に高等教育機関として認定して欲しいという要求を一層強めたと思われる[18]。

このように、コミュニティ・カレッジ集団の利益に資することを目的とする協会の要求が、中等教育から高等教育への昇格要求を支えたものと考えられるが、同協会は、二年制から四年制への昇格には否定的であった[19]。むしろ二年制固有の機能を強化し、コミュニティ・カレッジのシェアを拡大することが主な要求内容であったといえよう。

それでは、以上見てきた二つの昇格運動は、カリフォルニア州でどのように受け止められたのであろうか。支持されたのか、反対されたのか。また、いかなる集団の支持あるいは反対があったのか。それを次章で検討する。

Ⅲ．カリフォルニア州の高等教育マスター・プラン・1960年法における平等と卓越をめぐる調整

コミュニティ・カレッジの昇格運動に対する反応としては、カリフォ

ルニア大学と州議会のそれに着目したい。何故ならば、カリフォルニア大学は、1960年以前のカリフォルニア州において、コミュニティ・カレッジのあり方も含めた高等教育政策形成においてリーダーシップを発揮してきた主体だからであり、州議会は、コミュニティ・カレッジや州立カレッジの昇格を求める法案が持ちこまれ、審議される舞台だったからである。

(1) コミュニティ・カレッジの昇格運動に対するカリフォルニア大学の対応

　コミュニティ・カレッジの昇格運動が見られた1930年代から1950年代にかけて、カリフォルニア大学の総長を務めたのは、13代目にあたるロバート・スプラウル（Robert Sproul）である。1930年から1958年までの28年間に及ぶスプラウル時代のカリフォルニア大学は、研究大学として学問的卓越の理念を一層推し進めた時代であった。教授陣の質、学生の質、図書館や実験室等の質のいずれにおいても卓越した大学としての条件を整え、世界でも屈指の大学に成長した。

　その背景には、州からの補助金の潤沢さ、1930年・1940年代におけるヨーロッパの著名な科学者たちの亡命、創立当初から東部の大学よりも自然科学者たちを優遇してきた歴史[20]などの要因があったと考えられる。が、それだけでなく、カリフォルニア大学の場合、カリフォルニア大学自身の自治はもとより、カリフォルニア州の公教育政策の形成にも深く関与してきた点を見落とす訳にはいかない。そもそもカリフォルニア州におけるコミュニティ・カレッジの設立構想からして、かつてのカリフォルニア大学教育学部長A. F. ランゲに負う所が大きかったし、その後も高等教育に関する州の審議会などの場で、カリフォルニア大学の意向が強く反映される傾向が見られた。

　それでは、コミュニティ・カレッジの昇格運動をカリフォルニア大学はどう受け止めたのであろうか。

　まず、二年制から四年制への昇格運動に対して、スプラウル総長は否定的態度を隠さなかった。例えば、サクラメントに続いてフレズノ、レ

ディング、サン・ディエゴなどにおいてコミュニティ・カレッジの昇格運動が関心を集めているという報告に際して、彼はつぎのような見解を表明した。

　「カリフォルニア州は、これ以上四年制カレッジを必要としない。ハイ・スクール以上の教育を欲していても大学の要求する能力水準に達しない人々に対しては、州は、あくまでもジュニア・カレッジの増設によってその要求に応えるべきである。」[21]

　また、別の機会に「もし四年制カレッジを人口の中心地であれば何処にでも設置可、という態度で設置し続けていくとしたら、カリフォルニア州の教育制度は、必ずや凡庸と破産の恐れに直面するであろう」[22]という警告を発した。

　しかし、二年制である限りにおいては、コミュニティ・カレッジの存在を否定するどころか、むしろカリフォルニア大学の学問的卓越を実現する上で不可欠の存在として高く評価していた。「優れたジュニア・カレッジの発展がなかったならば、カリフォルニア大学は、現在のような高い入学基準や卒業基準を設け維持することは到底できなかったであろう」[23]というスプラウルの言葉が、単なる世辞でないことは、彼の経歴や、総長就任後の諸施策をみれば明らかである[24]。

　要するに、スプラウル総長期のカリフォルニア大学は、学問的卓越を守る観点から、二年制コミュニティ・カレッジの存在意義は積極的に評価しつつも、その四年制への昇格には、州立カレッジの州立大学化同様、断固反対の姿勢をとったのである。そして、この姿勢は次期総長クラーク・カー[25]によっても踏襲されることになる。

(2) 昇格運動に対する州議会の反応

　昇格運動に対する州議会の反応は、推進派と反対派にわけて考えられる。推進派の議員とは、自分の選挙区の住民のために昇格要求法案を持ちこむ議員たちであり、前章で述べた地域住民のさまざまな要求を代弁する議員をさすことは言うまでもない。

しかし、州議会の中には、カリフォルニア州の高等教育の無秩序な拡大に懸念を表明する議員たちもいた。その代表ともいえる人物が、1960年法（別名ドナホー法）の制定に尽力したドナホー下院議員である。彼女は、推進派の議員たちが「自分の」選挙区に土産話を持ち帰らねばと話しているのを耳にして、議員たちが「自分の」選挙区の利益ばかり追求し続けるならば、カリフォルニア州の高等教育は早晩トプシーのようになるだろうと警告し、いま必要なのは、「自分たちの州」にとって高等教育がどうあるべきかを考えることだと抗議した[26]。こうした見解は、ひとりドナホー議員だけのものでなく、真に必要かどうか判然としないままに四年制大学の増設を求める議員たちの活動に眉をひそめる議員たちがいた。

　このように昇格運動に対する州議会の反応は、推進派と反対派に分かれていたが、結局、反対派（慎重派）の意向が1959年の州議会下院協同決議第88号に反映されることになる。同決議は、ドナホー議員が下院の文教委員会議長に就任した1959年に、高等教育界に秩序を取り戻す方策として提出、可決されたものである。この決議に基づいて、有名な高等教育マスター・プラン（正式名称は「1960年から1975年に向けてのカリフォルニア州高等教育のマスター・プラン」）[27]が策定され、その主な勧告を法律化したものが1960年法なのである。

(3) 調整の産物としての二つのコミュニティ・カレッジ規定

　マスター・プランは、全11章、250頁近くに及ぶ総合的かつ緻密な答申である。しかし、ここでは本稿の課題に関わる部分のみ重点的にとりあげることにする。それは、コミュニティ・カレッジの制度特性を含む高等教育の「構造、機能、調整」の問題であり、これこそマスター・プランに最も期待された中心的テーマである。そこでは平等か卓越かという二者択一ではなく、平等も卓越も両立させるための「構造、機能、調整」の問題が探求されたのである。

　この問題を審議する指導的機関は、州政府でも州議会でもなく、カリ

フォルニア大学を代表するカリフォルニア大学理事会と、州立カレッジ、コミュニティ・カレッジを代表する州教育委員会（この時点では、州立カレッジもコミュニティ・カレッジも、カリフォルニア大学のように独自の理事会を持っていなかったのである―筆者註）の各代表から成る連絡委員会であった。その基底には、高等教育計画を不当な政治的干渉や議員間の政治的かけひきから守るためには、たとえそれがベストではないにせよ、高等教育組織の代表者たちが自ら協議を行い高等教育の方向づけを行なうのが良かろうとの、州議会代表や州知事の考えがあった。

　審議は、先ず、カリフォルニア大学、州立カレッジ、コミュニティ・カレッジそれぞれの代表が基本的要求を表明することから始まった。コミュニティ・カレッジの代表は二つの基本的要求を提出した。一つは、コミュニティ・カレッジの役割を高等教育として十分に評価することであり、いまひとつは、教育階梯の第13, 14学年レベルの教育に占めるコミュニティ・カレッジのシェアを拡大させることであった[28]。カリフォルニア大学の要求は、研究機能や博士レベルの大学院教育など、カリフォルニア大学にのみ許されてきた役割を今後ともカリフォルニア大学が中心になって担うことであり、カリフォルニア大学、州立カレッジ、コミュニティ・カレッジの機能分化を明確に規定することであった。これに州立カレッジの要求も加わって、相互調整は三つ巴の形になり、粘り強い調整の努力が続けられた。その結果、プランは、カリフォルニア大学、州立カレッジ、コミュニティ・カレッジのそれぞれに要求の一部を認め、一部を譲歩させる形で「微妙にバランスのとれた合意」[29]を生み出したといわれる。

　それでは、コミュニティ・カレッジが獲得した成果、譲歩した要求はいかなるものであったのだろうか。

　先ず、コミュニティ・カレッジは正式に高等教育の一員として認められることになった[30]。だからといって、これを契機として、コミュニティ・カレッジに四年制の大学に要求される質的変化が求められたわけではない。むしろ四年制と同化しないことを条件として、高等教育機関と

してのお墨付きが与えられたといえる。高等教育の確かな基準があって、それを満たすことを条件に高等教育の仲間入りを果たしたのではなく、伝統的高等教育とは別にコミュニティ・カレッジという新たな「高等教育」が正式に認められたのである。「高等教育の多様化」という構造が選択され、高等教育概念が拡張されたわけである。また、大学の前期課程にしめるコミュニティ・カレッジのシェア拡大要求は、完全な形では約束されなかった。コミュニティ・カレッジの要求は、前期課程をコミュニティ・カレッジが全面的に担うことであったが、カリフォルニア大学や州立カレッジは自前の前期課程を全面廃止することには同意しなかった。結局、前期課程の7割程度をコミュニティ・カレッジが担う方向で妥結した[31]。

かくしてマスター・プランでは、「二年制・高等教育」機関であるコミュニティ・カレッジを、すべてのハイ・スクール卒業生に開かれた、高等教育の平等保障の砦として、またカリフォルニア大学を高等教育の卓越実現の峰として、更にその中間に州立カレッジを配して、高等教育の多元構造化がはかられた。一年近い協議を経て得られたこの妥結案は、まもなく1960年法として法律化されることによって、一時的な妥協ではなく、長期的な基本政策としての力を獲得した。

おわりに

本稿は、カリフォルニア州のコミュニティ・カレッジを対象として、その学校体系上の位置付けの変化が法文上に現れた1960年法に焦点を絞り、何故コミュニティ・カレッジがこの時点で「二年制」の「高等教育」として認定されたのか、その背景を検討した。

先ず、「高等教育」として認定された背景に関しては、以下の点を明らかにした。コミュニティ・カレッジが高等教育として認定されるようになったのは、1960年以前のアメリカに確固たる高等教育の基準があって、その基準にコミュニティ・カレッジがようやく合致するに至ったから、

という理由によるものではない。また、コミュニティ・カレッジの制度特性を変えることを条件としての、高等教育への仲間入りでもない。むしろコミュニティ・カレッジは四年制の伝統的高等教育と同型にならないことを条件として、高等教育として認められたのである。その背景には、本論で明らかにしたような四年制の伝統的高等教育機関や州議会議員の思惑が存在した。様々な思惑の調整結果として、カリフォルニア大学に代表されるエリート型高等教育機関、州立カレッジに代表されるマス型高等教育機関に加えて、コミュニティ・カレッジに代表されるユニバーサル型高等教育機関が公的に認められたわけである。カリフォルニアでは、1960年にコミュニティ・カレッジを高等教育に内包することで、高等教育多様化の範囲が、ユニバーサル型高等教育機関を内包する段階にまで拡大したといえる[32]。

　次に、あくまでも「二年制」に留め置かれた意味に関しては、本稿は、次の点を明らかにした。カリフォルニア大学が、自らの学問的卓越を維持する上で、「四年制」ではなく「二年制」のコミュニティ・カレッジに積極的存在意義を見いだしていた事実である。研究大学（エリート型高等教育機関）にとって、コミュニティ・カレッジが「四年制」高等教育と同化することは、長期的には「卓越の府」（Center of Excellence）の崩壊さえもたらしかねない問題だと考えられた。なぜならコミュニティ・カレッジの「四年制」高等教育化は、州立カレッジの州立大学化と並んで、将来的には高等教育の平準化、構造の一元化を招く恐れを孕んでいたからである。それは、カリフォルニア大学として受け入れかねる平等要求であった。したがって、大学にとって、コミュニティ・カレッジが「二年制」のまま多数の学生の受け皿として機能してくれることは、学問的卓越性保持の観点から積極的意味を持つものであった。

　これらを総合すると、1960年法における二つのコミュニティ・カレッジ規定（「二年制」「高等教育」）は、コミュニティ・カレッジを高等教育の範疇に加えることでコミュニティ・カレッジに名目上の平等を与える一方、二年制に留め置くことによって、高等教育の一元化や実質的平等

を回避するという、政策的意図を反映したものと見ることができる。これを、本論のⅡで明らかにした2つの昇格運動と関係づけて整理するならば、中等教育から高等教育への昇格運動はその要求を一応満たされたわけであるが、二年制から四年制への昇格運動は、必ずしも要求を満たされたわけではないことが理解されよう。その満たされざる要求が、1960年代以降のカリフォルニア州高等教育の全体システムに対して、また、その一部をなすコミュニティ・カレッジのあり方に、いかなる影響を及ぼすことになるのかについては、稿を改めて検討する必要があろう。

註

(1)　中央教育審議会大学分科会将来構想部会「今後の高等教育の将来像の提示に向けた中間まとめ（本文、参考資料）」および「今後の高等教育の将来像の提示に向けた中間まとめ（概要）」（平成30年6月28日）参照。同答申は、リカレント教育の充実、多様な教員、多様な学生、多様な価値観が集まるキャンパス、高等教育機関の国際展開、などを提言しており、アメリカ型高等教育をロールモデルとして認識している印象を与える。

(2)　カリフォルニア州をとりあげる理由は、長期にわたり校数や学生数の面で全米最大のコミュニティ・カレッジを擁してきたことに留まらない。その国際的影響力の強さも選択の理由である。カリフォルニア州は、「高等教育のユニバーサル化」の先進州として、また平等価値のみならず高等教育の質の保持をも図ってきた州として、米国のみならずOECDなど国際機関においても評価が高いことは、OECD, Higher education in California, 1990を読めば明らかである。日本への影響という点でも、第2次世界大戦後の学制改革のみならず、1960年代にもニューヨーク州と並びカリフォルニア州の高等教育システムが参考事例として紹介されている（文部省大臣官房調査課『ニューヨーク州とカリフォルニア州における高等教育計画』1968年、参照）。近年では、大学入試センター主催の高等教育国際シンポジウム（2012/11/18）において、カリフォルニア大学バークレー校高等教育研究所上級研究員のDr. John Douglassとカリフォルニア州コミュニティ・カレッジ・システム総長Dr. Jack Scottがゲストスピーカーとして招かれた。

(3)　初出は、「カリフォルニア州コミュニティ・カレッジの理念」（『人文』人文学会論集第9号、鹿児島県立短期大学、1985年）であるが、かなり加筆修正されているので、ここでは三浦（1991）の第2章を紹介した。

(4)　コミュニティ・カレッジに関する複数の州法に関しては、Blocker, C. E., et al.,

the two-year college: a social synthesis, Prentice-Hall, 1965, p. 380参照。カリフォルニア州における複数の審議会報告については、拙稿「高等教育政策形式と審議会 ―カリフォルニア州マスター・プランの場合―」関西教育行政学会紀要『教育行財政研究』第15号、1988年、pp.141-153参照。

(5) Allen A. Witt, James L. Wattenbarger, James F. Gollattscheck, Joseph E. Suppiger, *America's Community Colleges: The 1st Century*, Community College Pr/Amer Assoc, 1997.

(6) 1907年法に関しては、拙稿「加州のジュニア・カレッジ制度創設における高等教育機会均等の理念」日本教育学会紀要『教育学研究』第51巻4号、1984年12月、pp.379-388参照。

(7) 1917年法、1921年法に関しては、拙稿「加州のCJC法（1917年・1921年）の展開過程における高等教育の平等と卓越の理念」日本教育行政学会紀要『日本教育行政学会年報・14』、1988年、pp.271-285参照。

(8) Donahoe Higher Education Act of 1960, Division 16.5 Higher Education, Chapter 1, 22500.

(9) Political code section 1720, *Statutes of California*, 1917, Chapter304 参照。

(10) 「曲がりなりにも」と述べた理由は、同法には、「公立ジュニア・カレッジは州の公立学校制度の一部であり続けるものとする」という規定（Donahoe Higher Education Act, op. cit., Chapter 4, 22650）もあるからである。

(11) Ibid., Chapter 4, 22651.

(12) John Aubrey Douglass, *The California Idea and American Higher Education: 1850 to the 1960 Master Plan*, Stanford Univ Pr; 2000, 第5章（pp. 135-163）参照。

(13) Gott, R. H., *Junior College into Four-Year College: Rationale and Results in Two Institutions*, University of California, Berkeley, 1968, p. 25. 学生の四年制大学志向については、Koos, L.V., How to democratize the junior college, *School Review*, Vol.52, May 1944, pp.271-284でも指摘されている。

(14) Coons, A. G., *Crisis in California Higher Education: Experience under the Master Plan and Problems of Coordination, 1959 to 1968*, Los Angels, The Ward Ritchie Press, 1968, p. 25, pp. 29-30参照。

(15) Martin, C. V., The Changing Function of the Public Junior College in California, *The Journal of Higher Education*, Vol. XXIX, Jan. 1958, p. 506. Horn, F. H., The Future of the Junior College, *the Educational Form*, Vol. XVII, Jan. 1953, p. 434. Harrington, JC, academic rank in the community college, *Junior College Journal* Vol. 35, March 1965, pp. 24-27.

(16) 法案の中には、州内のコミュニティ・カレッジすべてを四年制に昇格させる案も含まれていたといわれる（Horn, ibid., p. 432）。しかし、法案がいくら導入され

ても可決されるとは限らない。それどころか、実際に四年制に移行したコミュニティ・カレッジの数は、結果としての統計でみると、多いとはいえない。移行実態に関しては、Hultz, R. E. and Stickler, W. H., Vertical Extension of Academic Programs in Institutions of Higher Education, *Educational Record*, Vol. 46, Summer 1965, pp. 231-241及びEells, W. C. and Martorana, S. V., Do Junior Colleges Become Four-Year Colleges ?, *Higher Education*, Vol. 13, Feb. 1957, pp. 110-115 参照。

(17) California State Department of Education, *History of the Junior College Movement in California*, Oct.23, 1964, pp. 22-23.

(18) 全米ジュニア・カレッジ協会（The American Association of Junior Colleges）は、1925年にジュニア・カレッジはカレッジ・レベルの教育を提供する機関だと宣言していた（Martin, C. V., op. cit., p. 504参照）が、外部との認識にズレがあったと言えよう。カリフォルニア・ジュニア・カレッジ協会（California Junior College Association）は、この問題を審議する委員会を設け、ジュニア・カレッジがカレッジ・レベルの機関として公的に認定されるための行動を開始した。その結果、1950年には西部カレッジ協会（Western College Association）がジュニア・カレッジを資格認定することに同意し、1953年からそれが実施され始めた（California State Department of Education, op.cit., pp. 22-23.）。

(19) 例えばカリフォルニア・ジュニア・カレッジ協会は、ジュニア・カレッジが「その運営に当たって…大学の方を見上げる」ことを戒め、「其処に学ぶ選ばれた者ではない種々様々な凡ての学生が、この社会において役立つ一員になり、その社会の聡明な協力者になるためには如何に教育せられねばならないかを発見するために眼を外界に転じて、その地域社会と其の生活とを注視せねばならない」と述べた。(W.C.イールズ著、渡辺彰訳『ジュニア・カレッジ論―完成教育の必要』、目黒書店、1951年、295頁)

(20) Benveniste V. and Benson, C., *From Mass to Universal Education*, Martinus Nijhoff, 1976, p. 4参照。

(21) Stadtman, V. A., *The University of California 1868-1968*, New York, McGraw-Hill Book Company, Inc., 1970, p. 263.

(22) Ibid., p. 264.

(23) Blocker, C. E., et al., *the two-year college: a social synthesis*, Prentice-Hall, 1965, p. 380.

(24) 同総長は、総長就任前の1920年代にカリフォルニア大学の会計監督官として、州内各地のジュニア・カレッジを訪れ、そこの管理職や教員達とジュニア・カレッジのプログラムや年限の問題について話し合う経験を蓄積していたのであり、そうした蓄積をもとに、総長就任後は、ジュニア・カレッジの管理職のひとりを

カリフォルニア大学の入学部長に充てたり、ジュニア・カレッジ関係の独立した事務局をカリフォルニア大学内に設置したり、二年毎にカリフォルニア大学とジュニア・カレッジの代表者間の定期会合を開き単位互換や教育内容の相互調整に関する合意形成を行なったりして、ジュニア・カレッジとの関係作りに尽力した。(Ross,H., University Influence in the Genesis and Growth of Junior Colleges in California, *History of Education Quarterly*, Vol.3, No.1, 1963, p.149及び Hill,M.E., *The Junior College Movement in California, 1907-1948*, unpublished manuscript, University of California Education Library, p.65参照)

(25) クラーク・カー(Clark Kerr, 1911-2003)は、本論で後述するカリフォルニア州高等教育マスター・プランの策定者として、『大学の効用』(茅誠司監訳、東京大学出版会、1966年)の著者として、またカーネギー高等教育政策研究協議会会長(chairman of the Carnegie Council on Policy Studies in Higher Education, 1974-1979)を務めた人物として、アメリカはもとより日本でも広く知られ、アメリカ高等教育史に燦然と名を遺す人物のひとりといってよい。ここではカリフォルニア大学での彼の経歴について補足しておこう。カーは、1939年にカリフォルニア大学バークレー校で労働経済学の博士号を取得し、1945年からカリフォルニア大学に産業関係研究所を創設し初代所長を務め、1940年代後半から20数年間にわたり労働争議仲裁者として、名声を博した人物である。その争議解決の手腕は労使双方から高く評価されたといわれる(クラーク・カー著、嘉治元郎監訳『産業社会のゆくえ―収斂か拡散か』、東京大学出版会、1984年、277-278頁参照)。かかる価値の仲裁者としての力量は、カリフォルニア州高等教育マスター・プランにおける調整作業においても、大いに発揮されたと考えられる。また、彼が1957年にカリフォルニア大学理事会に提出したカリフォルニア大学バークレー校の学術計画書は、カリフォルニア大学への最適入学者数、学部と大学院との交流のあり方、入学政策、学生・教員比率のあり方、教員の採用方法、研究機能の拡大、用地の獲得等に関する13の勧告を含み、しかも各勧告が入念に政府文書や統計に裏付けられた秀逸なものであったといわれる(Stadtman, op. cit., p. 380参照)。この計画書を1954年から3年間にも及ぶ月日をかけて作成した経験も、マスター・プランの策定に際して、容易に反対者の反駁を許さぬ、大学問題に関するカーの卓越した知識の基礎を培ったものと考えられる。

また、こうして作成された1960年マスター・プランに関して、カーは後年、「マスター計画は高卒者の大学へのユニバーサル・アクセスを全米で初めて保証したのみならず、大学間の機能差別をも明確に打ち出した」ものとして改めて高く評価している。クラーク カー(著)、小原芳明・高橋靖直・加澤恒雄・今尾佳生(訳)『アメリカ高等教育の大変貌:1960-1980年』玉川大学出版部、1996年、15頁参照。
(26) Ibid., p. 389. かかる推進派と反対派の攻防に類する流れは、マスター・プラン

以前の3つの高等教育審議会報告—ストレイヤー報告（1948）、マコーネル報告（1955）、シマンズ・ホーリィ報告（1957）—にも看取されるが、これらの報告は法的拘束力を持たなかったため、1960年まで問題解決が持ち越されたのである。なお、ストレイヤー報告の正式名称は、*A Report of a Survey of the Needs of California in Higher Education*、マコーネル報告の正式名称は、*A Restudy of the Needs of California in Higher Education* 、シマンズ・ホーリィ報告の正式名称は、*A Study of the Need for Additional Centers of Public Higher Education in California.*

(27) The Master Plan Survey Team, *A Master Plan for Higher Education in California 1960-1975*, Sacramento: California State Department of Education, 1960.

(28) Ibid., p. 27.

(29) Ibid., p. 27.

(30) Ibid., pp. 2-3, pp. 199-202参照。

(31) Ibid., p. 63.

(32) ところで、マーチン・トロウ（Martin Trow, 1926-2007）の「高等教育システムの発展段階説」（本書の第8章でも論及）は、日本でも頻繁に引用される説であるが、この説の形成過程には、本論で扱ったカリフォルニア州の高等教育政策や高等教育の三分岐構造が影響を与えているのではないかと推察される。トロウの経歴を調べると、彼はまさに本論で扱った時期のカリフォルニア大学に在勤しており、しかも創設間もない「高等教育研究センター」（CSHE：Center for Studies in Higher Education）にも研究者として出入りしている。詳述すると、彼は1957年にカリフォルニア大学バークレー校の社会学講師に着任、1962年に准教授、1968年に教授に昇進し、翌年から1993年に退職するまで同校の公共政策大学院で教鞭をとり続けた。トロウが1957年に社会学講師に着任した翌年に、全米初の高等教育専門の研究センター（CSHE）がバークレー校に創設された。CSHEは、以後、アメリカのみならず日本も含めた高等教育研究者達の国際交流拠点となる。発足当初の1958年から同センターの高等教育研究に参加し始めたトロウは、1977年から1988年にかけては同センター所長をも務めている。トロウの経歴に関しては、以下を参照。(http://www.berkeley.edu/news/media/releases/2007/03/02_trow.shtml, 2018.8.31)

また、トロウの「高等教育システムの発展段階説」に関しては以下を参照。マーチン・トロウ（1976）『高学歴社会の大学: エリートからマスへ』天野郁夫・喜多村和之（翻訳）東京大学出版会。マーチン・トロウ（2000）『高度情報社会の大学: マスからユニバーサルへ』喜多村和之（翻訳）玉川大学出版部。

追記: カリフォルニア州の高等教育マスター・プランで規定されたコミュニティ・カレッジによる高等教育機会均等の理想は、その後、1978年の提案13号に見られる「納税者の反乱」や1980年代以後の授業料政策の変化によって動揺を余儀なくされた。さらに1990年代以降、カリフォルニア州財政の動向（1990年代前半の州財政の悪化や1990年代後半の州財政の好転）によっても良くも悪くも影響を被っている。1990年代前半の州財政の悪化がもたらしたコミュニティ・カレッジへの負の影響に関しては、浅田昇平（2007）「1990年代前半のカリフォルニア州におけるコミュニティカレッジを通しての高等教育の機会均等の実態に関する一考察」大阪大学教育学年報 (12), pp. 41-51が詳しい。

補論
高等教育政策形成と審議会
―カリフォルニア州高等教育マスター・プランの場合―

はじめに

　高等教育の大衆化と公費負担の増加により，大学を含む高等教育の問題がもはや一握りの人々の問題にとどまらず公共の問題となるにしたがって，また高等教育の構造が多元化するにしたがって，高等教育システム全体について多くの人々ならびに組織を納得させうる政策の必要性が高まる。

　アメリカ合衆国は，高等教育の大衆化と公費負担増を最も早く経験した国だけに，かかる政策面での試行にも，学ぶべき蓄積がある。とりわけカリフォルニア州は，合衆国諸州の中でも高等教育政策に関して抜きん出た存在である。例えば，J. B. コナント（James Bryant Conant）は，その著『教育政策の形成』（Shaping Educational Policy）の中で，初等・中等教育政策の代表事例としてのニュー・ヨーク州と並べて，高等教育政策の代表事例としてカリフォルニア州をとりあげている[1]。そのコナントが，カリフォルニア州の高等教育政策の精華として絶賛したのが，マスター・プラン（正式名称は『1960～1975年に向けてのカリフォルニア州高等教育のマスター・プラン』[2]）である。マスター・プランは，高等教育の大衆化，多様化，公費負担増などの状況下に策定された包括的かつ長期的な高等教育政策の先駆として，合衆国はもとより他国でも評価され参考にされた[3]。また，1975年以後のカリフォルニア州においてもなおその基本路線は継承されているといわれる。

　本稿は，同州がこのような長期的な教育政策を樹立しえた要因を，答申内容と審議方式の二つの面についてマスター・プランとそれ以前の審議事例を対比させることによって，明らかにしようと試みたものである。

　ところで，カリフォルニア州の公立高等教育システムの構造は、三層

制として有名である。その構成機関は、①誰もが入学可能な2年制のコミュニティ・カレッジ (California Community Colleges)、②成績上位3分の1 (33.3%) 以内の当該年度高校卒業者が入学可能な州立大学 (California State Universities)、成績上位8分の1 (12.5%) 以内の当該年度高校卒業者が入学可能なカリフォルニア大学 (Universities of California、以下UCと略) の3セグメントである。このうちカリフォルニア大学の呼称は創立当初より変わらないが、他の2つの機関は呼称に変化が見られる。そこで本稿では、呼称に変化のないカリフォルニア大学以外は、基本的に1960年以前の法的呼称にしたがい、コミュニティ・カレッジはジュニア・カレッジ (Junior Colleges、以下JCと略)、カリフォルニア州立大学はカリフォルニア州立カレッジ (California State Colleges、以下SCと略) と呼ぶこととする。

Ⅰ. マスター・プラン以前の高等教育政策形成に関する審議の成果と限界

ここでは、マスター・プランの意義を明らかにする前提作業として、マスター・プラン以前に出された代表的な高等教育審議会答申を三つとりあげて、その成果と限界を、答申内容と審議方法に分けて考察する。三つの審議会答申は、いずれも第二次大戦後に相次いで出されたものであり、審議が必要になった基本的背景は次の二点にまとめられよう。ひとつは、第二次大戦後のカリフォルニア州人口の飛躍的増加、学齢期の児童の全人口に占める割合の増加、GIビルによる復員軍人の高等教育入学増を背景として、大学新増設要求法案が州議会に波のように押し寄せたことである（即ち大衆化の波）。いまひとつは、州の三種類の公立高等教育機関 (JC, SC, UC) の間で機能重複の問題が生じてきたことである（即ち上昇志向、同形志向の波）。同形志向の波とは、具体的には、JCの一部が2年制からSCのような4年制カレッジへの昇格を、SCがUCのような博士号授与権を有する研究大学への昇格を求め始めたことである。

大戦後顕著になったこれら二つの現象は，高等教育における平等と卓越の両方をいかにして保障するかという理念上の問題のみならず，公立中心のカリフォルニア州高等教育において公費をむだなく適正に配分する見地からも州として早急に対処すべき懸案として問題解決を迫った。三つの審議会答申は、これらの問題にどう応えたのであろうか。

　第一の審議会答申，1948年のストレイヤー報告（正式名称は『カリフォルニアの高等教育ニーズに関する調査報告』[4]）は，高等教育大衆化の波については，主にJCの校数ならびに一校あたりの生徒数の増加によって，それを受けとめるべきだと勧告した。SCやUCの増設には慎重であった。特に，教育・研究面での卓越を求められるUCの規模には上限があり，その一線を越えることはUCの機能を維持・発展させる上で望ましくないとの仮説が支配していた。公立高等教育機関の同形志向の波については，UCはそれを否定し，三者固有の機能を明示し機能の分化を強く主張した[5]。すなわち，UCは最高度の研究に責任をもち，博士課程にまで及ぶ大学院教育や専門職教育を重点的に行なう高等教育機関として；SCは，教員養成を中心機能とする，修士までの学位授与権をもつ高等教育機関として；JCは，4年制大学への編入準備教育，職業教育と一般教育からなる完成教育，成人教育等を総合的に提供する2年制の「高等教育」機関として；明確に分化されるべきだという主張である。

　これらの答申内容は，新設や昇格の運動を規制したり，公立高等教育における分業の原則を明確にするなどの方向で一定の成功を収めたといわれる。しかしながら，その成功は永くは続かず，1950年代初めには早くも新たな処方箋が必要とされるに至った。

　そこで登場するのが第二の審議会答申であるマコーネル報告（正式名称は『カリフォルニアの高等教育ニーズに関する調査の再検討』[6]）である。1953年にまとめられた同報告の勧告は多岐にわたるが，先述した二つの問題に対する考え方にはストレイヤー報告と若干異なる面がある。機能分化の原則にはストレイヤー報告同様肯定的であり，JC，SC，UCの職業教育に関しても"technical"，"occupational"，"professional"と区別

した用語で表現している[7]。しかし，UCやSCの新設にはなお慎重な姿勢を見せつつも，UCの規模の拡大にはその機能特性からくる上限があるとするストレイヤー報告の見解に疑問を呈し，もっと引き上げ可能だと述べている。この他，JCなど非伝統的な高等教育機関の声も一層反映されるような高等教育調整機構のあり方等にも言及し，全体としてマコーネル報告はストレイヤー報告よりもややSCやJC寄りの内容である。しかし，その効力となるとストレイヤー報告と大差ないことが数年にして明らかになる。

そこで1956年に出されたのが第三の審議会答申、シマンズ・ホーリィ研究（正式名称は『カリフォルニアの高等教育施設の拡充に関する調査報告』[8]）である。これは，カレッジ新設の問題を重点的に扱った報告である。というのも，マコーネル報告の提言も空しく，1955年の州議会にはUCの分校追加を求める法案が1件とSCの新設を求める法案や決議が14件も殺到したからである[9]。かかる根強いUCやSC新設要求に対して，この報告は抑制的ではなく，むしろ要求を不可避のものと捉え肯定する見解を示した。但し，どの要求にも一律に首肯するわけではなく，新設の優先順位リストを発表することで混乱を回避しようとした。

しかし，この提言も，1957年の州議会で尊重された形跡はある[10]ものの，その後優先順位リストを無視した法案提出が行なわれ，問題は一層混迷の度合を深めた。こうして，州は，公費依存の大きい公立高等教育システムに関して州民や高等教育機関を納得させうる，長期的視野に立った基本計画の必要性を痛感するに至った。そこで登場するのがマスター・プランであるが，その検討に入る前に，三つの答申がマスター・プランに対して如何なる成果と限界を残したのかを整理しておこう。

先ず，答申内容から検討する。答申内容面での成果としては，ストレイヤー報告に明示された公立高等教育の三層制の原則，マコーネル報告に見られた高等教育管理・調整機構に関する改革提言，及びシマンズ・ホーリィ研究に示された高等教育施設拡充に関する優先順位のリストアップなどの考えを挙げることができよう。これらはマスター・プランに

よって一層精緻化されることになるわけだが，考えの芽を提供したのは，これらの答申内容であった。しかし，これらの勧告のいずれもが，その中に孕まれた政治性を解決しきれないという限界を残していた。具体的には，高等教育の役割分担を決める際にどの機関の要求を受け容れどの要求を却下するのか，新設地を決める際にどの地域の高等教育要求を他に優先させるのか，高等教育調整機構にどの組織の声をいかに反映させるのかといった問題の政治性が十分に解決しきれなかったのである。

　次に審議方式面での成果に言及する。審議方式面での成果としては，審議報告のいずれもが，州教育委員会とUC理事会代表からなる連絡委員会（the Liaison Committee of the State Board of Education and the Regents of the University of California）の指導の下に作成されたという点をあげることができる。連絡委員会は，1945年に州教育委員会とUC理事会がカリフォルニア州の高等教育政策を協議するために自発的に創設した委員会である[11]。ここで州教育委員会は，固有の理事会を持たないSCとJCの声を代弁した。したがって連絡委員会は不十分ながらも公立高等教育の自立的協議機関であったといえよう。この審議機構には州議会からも高い信頼が寄せられ，この機構はマスター・プランでも継承されることになる。しかし，連絡委員会には次のような限界もあった[12]。第一に，連絡委員会の理想は，その成員が帰属集団に拘束されずに高等教育のあり方を協議することであったにも拘わらず，現実には帰属集団の利害を代表しがちであったこと。第二に，そうした現実の中にあってUC，SC，JCの利害が必ずしも対等に連絡委員会に代表されていなかったこと。換言すれば，昔から固有の理事会を持つ自治的なUCと，州教育委員会に間接的に利害を代表されるにすぎないSC，JCとの間の格差の存在であり，マコーネル報告によれば特にJCの利害が十分反映されなかったといわれる。第三に，連絡委員会の建議は何ら法的拘束力を持たなかったために，答申の効力が極めて限られていたこと。この点は，三つの審議報告のいずれもがせいぜい一時的な成功しか収めえなかったことからも明らかであろう。

以上のように，マスター・プラン以前の高等教育政策形成には，内容面，手続き面で既に見るべきものが含まれていた一方，審議内容の政治的性格から来る不安定さを克服しうる程の答申や審議方式を編み出しえなかったという限界があった。マスター・プランではそれがいかに克服されたのか。以下，答申内容（Ⅱ）と審議方式（Ⅲ）に分けて考察しよう。

Ⅱ．マスター・プランの答申内容

　マスター・プランの答申内容は多岐にわたる[13]。しかし，その概要は既に邦語でも紹介されている[14]ので，ここでは，マスター・プラン以前から持ち越された懸案に焦点を絞って，それがいかなる妥協をみたのかを明らかにする。

(1) 公立高等教育の機能分化の問題

　マスター・プラン策定に最も期待されたことのひとつは，公立高等教育機関の機能が容易に分化されず，ともすれば機能の重複に向かう傾向を解消することにあった。もとより機能の分化に関してはストレイヤー報告やマコーネル報告の勧告に既に盛り込まれていた。しかし，その実現がならなかったのは何故か。マスター・プランはその理由として，それらの勧告における機能分化要求がUCにより一方的に出されていたこと，換言すればUCが一方的にSCやJCに枠を課そうという意志が顕著であったこと，を指摘する[15]。

　かかる分析に基づいてマスター・プランでは，UC，SC，JCの声が対等に反映されるような審議機構（Ⅲ参照）を整え，「各機関すべてにとって受け入れ可能な」一種の「協約」を生むための当事者間の交渉を長期にわたって重ねた[16]。作業は，各機関のニーズや欲求を率直に認め合い，それらの間に優先順位をつけることから始まった。各機関から出された基本的要求は以下の通りである[17]。

①JCは，その役割の十分な評価，ならびに第13，14学年レベルの教育に占めるJCの比重を低下させないこと，を求めた。
②SCは，UCなみの自治を保障するSC固有の理事会創設，研究領域への進出，修士以上の大学院教育の認可を求めた。
③UCは，研究，大学院や専門職教育におけるUC独自の役割を今後も危機に陥れることのないよう十分な配慮を求めた。

これらの要求の相互調整はそう簡単には運ばなかった[18]。しかし，粘り強い交渉が異なる主体の間で重ねられた結果，プランは，UC，SC，JCのそれぞれに何らかの利益をもたらすと共に何らかの譲歩を要求することで「三者の間で微妙にバランスのとれた合意[19]」を生み出した。その結果[20]は以下のように要約できよう。

①JCは，高等教育としての正式な地位，第13，14学年の教育における中心的役割が法的に認められた。しかし，決して第14学年以上の教育を提供しない旨が明記された。
②SCは，博士号（但しUCとの合同博士号）の授与権限，教授の研究活動の条件つき認可，SC固有の理事会設置が認められた。しかし，UCと同等の憲法上の法的地位は獲得できなかった。
③UCは，研究と博士号授与の機能が擁護された。しかし，SCの要求に若干の譲歩（例えば、合同博士号の容認）を強いられた。

このようにマスター・プランでは各機関の機能の明示のみならず禁止事項まで明記することによって，従来に比べ機能分化の原則が一層明確にされたといえる。

(2) 管理・調整機構の問題

管理機構については，UC理事会に相当するSC固有の理事会設置が認められた。審議の過程では，UCとSCを包括的に管理する理事会の構想や，UC，SC，JCすべてに統制的権限を持つ大理事会（super-board over the governing boards）の構想も出された。しかし，前者については，UCとSCの機能分化が損なわれる恐れがあること，単一の理事会に権限を

集中させることになること等の理由から廃案となった。後者についても，州議法によって保障されているUCの自治[21]を脅かすものであるという理由から廃案になった[22]。尚，JCの管理機構についてはマスター・プランの時点では，従来通り，州教育委員会の一般的な監督の下に各地方（学区）のJC理事会が独自に管理を行なうことが確認された[23]。

　この他，プランのすべての当事者達が常設の高等教育調整機関[24]の創設に同意した。それは，12名の委員から成り，UC, SC, JC, 私立大学それぞれ均等な3名ずつの代表[25]という構成であった。その機能は，統計の収集，プランの合意事項に各機関が従っているかどうかの監視，機能の分化や適切な施設利用が行われているか否かを見張る「番犬」の役割などである。これによって答申の実効性を高めようとしたわけである。

(3) 高等教育の拡大，適正配置の問題[26]

　先ず，高等教育の拡大（機関の新設，規模の増大）に関しては，「現状に基づく推計[27]」によって1975年までに必要とされる施設の需要予測を行ない，かかる需要を満たすための新増設計画が勧告された。具体的勧告内容は，①JCの新設22校，②SCの既に認可された4校の新設促進と，2校の新設，③UCの既に認可された3校の分校新設促進，④UCB（カリフォルニア大学バークレー校）とUCLA（カリフォルニア大学ロサンジェルス校）における在学者数が間もなくその最大許容量（27,500人）を超すことが予想されるため，超過人員を他校，新設校，JC等に移すべきであること，などである[28]。これらから明らかなように，マスター・プランではストレイヤー報告同様，高等教育大衆化の受け皿としてJCを重視しその大幅な新設を提言している。SCやUCに関しては，学士前期課程よりも学士後期課程，大学院に重点を移行させるべきだという考えである[29]。

　次に，高等教育を新設するにあたって州内のどの地域に新設すべきかという適正配置の問題はどうであろうか。22校の新設が決められたJCの場合，「州経済地域」[30]（State Economic Areas）を単位として，それら

の地域における公立ハイ・スクール卒業者数とJC入学者数（いずれも現状及び将来予測）の対比を基準にして新設優先地域が決定された[31]。2校の新設が決められたSCの場合もJC同様「州経済地域」ごとにハイ・スクール卒業者数と既存SCの収容力を対比させ，また学生の通学の便も配慮して新設地が決定された[32]。要するに，マスター・プランでは，個別地域の主観的要求を充足させることよりも，むしろ州全体で資格のある学生が最大限進学できることを重視する形で高等教育機関新設の優先地域が決定されたといえよう。

　以上から明らかなように，マスター・プランの答申内容はかつての審議会報告の着想を下敷きにしながらも各個別利害の要求を十分斟酌した緻密かつ堅固なものになっている。答申内容だけ見てもそう簡単に反論を許さぬものにまで深められたわけである。しかもマスター・プランでは，それが更に審議方式面での改善に裏打ちされている点が重要である。

III．マスター・プランの審議方式

　マスター・プランの審議方式は，過去の審議事例の限界を克服する，次のような二段階方式を採る。第一段階は，各高等教育機関の代表が自主的に利害調整ならびに高等教育全体のあり方を討議し答申を出す実質審議の段階。そこでの審議方針及び主な審議内容はIIで検討した通りである。第二段階は，先の自主協議によって得られた妥結事項を一時的な妥協ではなく長期的な基本政策として州議会が法制化する段階。この二段階方式によって，基本的に高等教育界の自主協議を最大限尊重しながら，同時にマスター・プラン以前に見られた高等教育政策の不安定さを克服する堅固な基盤を与えようとしたわけである。以下では，この二つの段階をもう少し詳しくみてゆこう。

(1) 高等教育界代表による自主的審議段階

　ここでは主にマスター・プランの審議機構に言及するが，その前に，

かかる高等教育界の自主性を尊重した審議方式が最初から自明であったわけではないことに触れる必要がある。

　実は，誰がプラン策定を主導するかについては次のような紆余曲折がみられた[33]。当初は，ある程度の過去の実績もかわれて今回も連絡委員会を通した高等教育界の自主協議が，ドナホー議員をはじめとする州議会のリーダー達によって期待された。ところが1959年3月の合同会議（州議会，州教委，UC理事会代表が出席）でSCやUCの新設問題をめぐって州教育委員会とUC理事会の対立が表面化した。ここで高等教育の計画・調整に高等教育界があたるのか，それとも州議会があたるのかが改めて問い直されたのである。4月の合同会議での結論は，高等教育計画を不当な政治的干渉や議員間の政治的かけひきから守るためには，やはり政治的に独立した高等教育機関自身に委ねることが望ましいというものであった。しかし，そこに至る過程では「もしUC理事会と州教育委員会が州の高等教育問題に協力してとりくめないのであれば，……その時は他の構造的可能性を考慮せざるをえない[34]」というブラウン州知事の警告も発せられた。そうした紆余曲折を経たことは，図らずも，高等教育システムを構成する異なる機関に小異を捨てて大同に就かせる気運を高めたものと考えられる。

　こうして州議会の正式の諮問[35]をうけた連絡委員会は，図3-1に示されるような審議機構を漸次整えていった。

　かかる審議機構[37]の中で，連絡委員会は審議の最高責任を有し全体の中枢をなす機関である。同委員会のリーダーを務めたのが，クラーク・カー（Clark Kerr）UC総長とロイ・シンプソン（Roy Simpson）州教育長の二人で，彼らはプラン策定の全過程で総指揮官ともいえる役割を果たした。マスター・プラン調査班は，連絡委員会の下でプラン策定の実質的作業を行なう機関で，6つの分科会から成る専門委員会の補佐をうけて少なくとも月に一度報告書の提出を義務づけられた。合同諮問委員会は，カーとシンプソンの提唱により創設されたもので，特に，プラン最大の懸案である公立高等教育の機能分化や全体の構造に関して重点的検

図3-1. マスター・プラン策定のための審議機構[36]

カリフォルニア州高等教育マスター・プラン（1960年）

討を行ない連絡委員会を補助することが求められた。

　この他，連絡委員会の会合には必要により関係議員，州財務局，州法制局代表等が招聘されたが，それはあくまでも諮問的立場での出席であり，この段階での審議はあくまでも高等教育システム代表により行なわれる事が徹底された。しかも，各委員会の構成メンバーを見れば明らかなように，かつての審議方式の限界を克服する意味で，各高等教育機関の代表が均等に参加することが保障された。

　かかる審議機構で1年近くにわたって調査や議論が重ねられた末，正式の報告書が1960年2月1日に連絡委員会代表カーとシンプソンの連名で州議会に提出された[38]。ここから審議の舞台は州議会へと移行する。

(2) 州議会による法制化の段階

　1960年2月にブラウン知事は，報告書の中で法制化が要求されている項目について適当な法的措置をとるよう，特別議会（special session）を召集した[39]。報告書作成に携ったUC理事会，州教育委員会の代表，カー総長，マスター・プラン調査班代表らにも発言の機会が与えられ，彼らは，プランが原文通り可決されること，わけてもプランの数箇所に込められた妥協の微妙なバランスが壊されることのないよう強く求めた。

　これを受けて，公立高等教育機関の機能の分化，SC固有の理事会の設置，各高等教育機関3名ずつの代表からなる高等教育調整協議会の創設等に関して教育法改正の措置がとられた。また，カレッジの新設に関しては知事による承認を得た。このように，基本的な項目はほとんどすべて法制化される運びとなった[40]。

　しかしながら，すべてがプラン策定者の意向通りに進んだわけではなかった。というのは，上述した教育法改正項目は，報告書においては法律レベルではなく憲法レベルで改正規定されることが求められていた項目だったからである。それが一括して法レベルでの改正にとどめられたことは，利害調整に特別骨を折ったカー総長を残念がらせた。しかし，ミラー上院議員をはじめとする議会の多数意見は，まだ現実によって試

されてもいない計画を憲法で規定し容易に変更しえないものに固定することは問題であり，今後の高等教育の発展を，議会における民衆の代表者達の手の届かぬ領域に置くべきではないという論旨であった[41]。

これは，裏を返せば，マスター・プランの勧告の有効性が今後の現実によって証明されさえすれば憲法修正のチャンスもあると解釈されることで，カー総長を納得させた。

このような若干の修正は加えられたものの，州議会の態度は全体として高等教育界の自由な協議の結果を尊重し，その答申に一定の法的拘束力を与えることを自らの役割と心得るものだったといえよう。かくして，マスター・プランの主要部分を法制化する上院議会法案33号は，上院で36対1，下院では満場一致で可決され[42]，1960年4月26日には知事による署名もなされ，ドナホー（Donahoe）法[43]として正式に発布されたのである。

おわりに

マスター・プランという，場当たり的でない長期的かつ包括的な高等教育計画[44]がカリフォルニア州で樹立され，現在もなおその基本路線が保たれている要因を，本稿の分析からまとめると以下のようである。

第一に，問題の当事者たる高等教育機関代表がプラン策定に積極的に参加したことによりプランの長期的実効性が高められたことである。もっとも，高等教育界を構成する成員間に利害対立がある場合，その協議の難航は必至であるが，マスター・プランの場合，ⅰ）高等教育界内部で対立解消が不可能な場合外部統制もありうると警告されたことで内部の結束が固められこと，ⅱ）調整困難な課題をまとめうる理論と実践力を備えたリーダー（マスタープランの場合、クラーク・カー）が存在したこと，により困難が乗り越えられた。

第二に，高等教育の伝統的機関と非伝統的機関の声がより対等に反映される審議機構に改善されたことで，政治性を孕む問題について強者か

ら弱者へ一方的に要求が課されるのではなく，成員間で「協約」が産み出され，全当事者の納得の度合が高められたことである。

　第三に，「協約」にある程度の[45]法的拘束力が付与されたことで答申の効力が強められたことである。その際，高等教育の問題に関しては当事者たる高等教育界に審議をゆだね，その答申を尊重する気風が州議会のリーダー達にある一方，高等教育界もその期待に応えるべく腐心するという相互の信頼関係がマスター・プランではみられたこと[46]を見落とすわけにはいかない。

　第四に，マスター・プランは無から生じたものではなく，過去の審議の成果と限界を踏まえた集大成であり，過去の不完全審議と問題の大きさが総決算への意気ごみを強めたことである。

　とはいえ，マスター・プランで問題がすべて解決されたわけではない。確かに，マスター・プランによって州の高等教育の基本構造や方向がかなり確定されたといえる。しかし，プランでは比較的良い面が目立った高等教育の自主協議の伝統は，その後，ともすれば高等教育界の独善に堕する恐れを免れえないでいる。この問題及びその対処の動向については別稿で独立した検討を行なう必要がある。

〈付記〉　本小論は，昭和62年度文部省科学研究費（奨励研究Ａ － 特別研究員）の交付をうけた研究成果の一部である。

註

(1) James Bryant Conant, *Shaping Educational Policy*, McGraw-Hill Book Company, 1964, p. 81.
(2) The Master Plan Survey Team, *A Master Plan for Higher Education in California*, 1960-1975, Sacramento : California State Department of Education, 1960.
(3) ノース・カロライナ，ジョージア，テキサス等，合衆国内の他州のみならず英国やOECDでも高く評価された。(A. G. Coons, *Crisis in California Higher Education Experience Under the Master Plan and Problems of Coordination, 1959 to 1968*, Los Angeles, The Ward Ritchie Press, 1968, p. 86.)

(4) M. E. Deutsch, A. A. Douglass, and G. D. Strayer, *A Report of a Survey of the Needs of California in Higher Education*, Berkeley : University of California Press, 1948.
(5) H. A. Spindt, Relations of the Junior Colleges and the University of California, *Junior College Journal* Vol. XXVI, Jan., 1956, p. 6及びVerne A. Stadtman, *The University of California* 1868 – 1968, McGraw-Hill Book Company, 1970, pp. 262-263参照。
(6) T. R. McConnell, T. C. Holy, and H. H. Semans, *A Restudy of the Needs of California in Higher Education*, Sacramento : California State Department of Education, 1955.
(7) The Master Plan Survey Team, op. cit., p. 35.
(8) H. H. Semans and T. C. Holy, *A Study of Need for Additional Centers of Public Higher Education in California*, Sacramento : California State Department of Education, 1957.
(9) The Master Plan Survey Team, op. cit., p. 18.
(10) Ibid. 1957年の州議会で新設を承認されたSC4校のうち3校(Alameda, Stanislaus, North Bay Area)は、優先順位リストの上位7校に含まれており、1957年のUC理事会で承認されたUC分校3校(Southeast Los Angeles – Orange County, South Central Coast, San Diego)は、分校新設優先区域の上位3者であった。尚、この提言は1957年11月発行のカリフォルニア州納税者協会機関紙でも支持された。(California Taxpayer's Association, *Tax Digest*, Nov. 1957)
(11) The Master Plan Survey Team, op. cit., pp. 18-19. 連絡委員会は自発的(voluntary)に創設されたものなので、委員会を構成する州教育委員会とUC理事会のいずれか、あるいは双方の提起によって自発的に機能が停止されうる。その構成は、UCの方が、UC理事会代表4名とUC総長1名からなる5名、州教育委員会の方が、州教育委員会代表4名と州教育委員長1名からなる5名で、UC総長と州教育長が交替で議長を務めた。(L. A. Glenny, *Autonomy of Public College, The Challenge of Coordination*, McGraw-Hill Book Company, Inc., 1959, p. 31.)
(12) The Master Plan Survey Team, op. cit., pp. 19-20.
(13) 内容の広範さは、その目次からも察せられよう。全11章は以下の通り。第一章：諸勧告、第二章：調査のための組織及び計画、第三章：構造、機能、調整、第四章：学生(量の問題)、第五章：学生(質の問題)、第六章：施設の収容能力と地域のニーズ、第七章：教員の需要と供給、第八章：成人教育、第九章：高等教育経費、第十章：公立高等教育を支えるカリフォルニア州の財政力、第十一章：カリフォルニア州におけるプラン実施の財政的可能性。(Ibid., pp. xiii-xiv.)
(14) 上掲の全章をとりあげているわけでもないし、とりあげた章が全訳されている

わけでもないが，概要ということであれば，文部省大臣官房調査課，『ニューヨーク州とカリフォルニア州における高等教育計画』(『教育調査第75集』，昭和43年6月) が参考になろう。

(15) The Master Plan Survey Team, op. cit., p. 35.

(16) Ibid., p. 27.

(17) Ibid.

(18) 特に博士号 (Ph. D.) レベルの教育の提供をめぐってSCとUCの論が対立し調整が難航したといわれる。この問題に関するSC代表の論点は, ⅰ) 今日ではSCもPh. D.教育をおこなえるだけの条件を備えていること, ⅱ) 全米規模のPh. D. 不足の問題を早急に解決する上でもSCがPh. D. 教育を行なう必要があること, であった。これに対してUC代表の論点は, ⅰ) Ph. D. 教育や研究活動は多大の経費を要するもので, もし州に2つのuniversity systemが生じ, それぞれがかかる資源を求めるならば, カリフォルニア州はひとつの優秀なuniversityのかわりに2つ以上の陳腐なuniversityをもつばかりという情ない状態に陥る恐れがあること, ⅱ) 現在のPh. D. への需要の高まりは永続しないという証拠があり, Ph. D. への需要が下降し始める時期にはUCや一部私学だけで十分にPh. D. 育成に対応できることであった。この論争の収拾は容易ではなかったが, 結局, クラーク・カーUC総長によって合同博士号プログラムの創設が提案され, SC代表もこれに同意することで問題が落着した。(Verne A. Stadman, op. cit., p. 393.)

(19) "a delicately balanced consensus among the three segments"(The Master Plan Survey Team, op. cit., p. 27.)

(20) Ibid., pp. 2-3, pp. 199-202参照。

(21) 合衆国の大学の法的地位については, 高木英明「アメリカの大学の法的地位について-『大学の自由』の観点から-」,『山口大学教育学部研究論叢』第17巻第3部, 1968年, 133～144頁が詳しい。

(22) The Master Plan Survey Team, op. cit., pp. 32-33.

(23) Ibid., p. 29. しかし, JCに関しても1967年には州レベルのコミュニティ・カレッジ理事会 (the Board of Governors of the California Community Colleges) が発足する。州教育委員会に替わって州レベルでコミュニティ・カレッジ (JCの別名) を管理し, あるいはその声を代表する固有の理事会がコミュニティ・カレッジについても設置されたわけである。詳細は, 拙稿「コミュニティ・カレッジに対する地方統制 (local control) の変容」(『教育行財政研究』第13号, 昭和61年7月, 101～102頁) 参照。

(24) Ibid., pp. 38-40参照。その機構図（p. 40）は以下の通り。

図3-2. 高 等 教 育 調 整 機 構

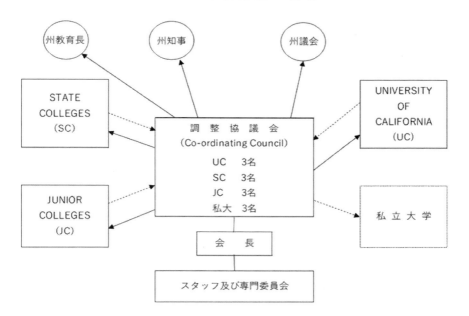

(25) UC及びSCは，それぞれのCEO（Chief Executive Officerの略称）と，理事会に指名された2名の理事からなる3名をその代表とする。JCは，①州教育委員会のメンバーあるいはCEO，②地方学区理事会代表，③地方JC管理職（administrators）代表，各1名からなる3名をその代表とする。私立大学代表は，私立高等教育協会に相談した上でUCとSCのCEOの合意を得て決定される。（Ibid., p. 3参照。）
(26) Ibid., pp. 82-114参照。
(27) 過去における在学者数の増加傾向が1975年まで継続するという仮定に基づいて行なう推計。つまり，過去の実績傾向に基づいて行なう推計。
(28) Ibid., pp. 111-114.
(29) 具体的には1975年までに，SC，UCの前期課程学生5万人をJCに移行させることが提言された。（Ibid., p. 59）
(30) 合衆国国勢調査局の定める経済地域区分。
(31) Ibid., pp. 104-106.
(32) Ibid., pp. 106-107.
(33) Verne A. Stadtman, op. cit., pp. 388-391 参照

(34) Ibid., p. 390.
(35) 下院協同決議第88号（Assembly Concurrent Resolution No. 88）によって州議会は連絡委員会に対して「……今後10年間及びそれ以後の州のニーズに応ずるよう，JC，SC，UC及びその他の高等教育機関における施設，カリキュラム，水準の発展，拡充，統合を目指したマスター・プランを用意すること……」を要請した。(The Master Plan Survey Team, op. cit., p. 1)
(36) Ibid., p. 25.
(37) その詳細は，Ibid., pp. 21-26参照。
(38) Ibid., p. ⅲ．
(39) Ibid., p. ⅹⅰ．
(40) Ibid., pp. 197-206参照。
(41) Verne A. Stadtman, op. cit., p. 397.
(42) Ibid.
(43) Ibid., p.398. ドナホー法は，1959年に下院教育小委員会（Assembly Education Committee）議長としてマスター・プラン策定に一議員としての努力をはるかにこえた誠意を注ぎながら，惜しくも1960年4月4日にその結実を見ずして逝去したドロシー・ドナホー（Dorothy Donahoe）議員への謝意を込めて同僚議員達によって命名されたものである。(The Master Plan Survey Team, op. cit., p. ⅱ参照。)
(44) マスター・プランについて，その策定に尽力したクラーク・カーは「カリフォルニア州高等教育史における一里塚」と評し，ブラウン州知事は「カリフォルニア州における青年教育に資する諸計画の中でも最も意義あるステップ」だと賞した。(Verne A. Stadtman, op. cit., p. 394, p. 397.)
(45) この場合の「ある程度の」とは，憲法レベルまでは及ばなかったが法律レベルでの改正は実施されたという意味で記した。
(46) かかる州議会の気風及び州議会と高等教育界との関係が，カリフォルニア州においてどれほど普遍的なものであったか否かについては，機会を改めて検討する必要がある。

追記：　本稿（初出）を発表したのは1988年のことである。その後、この分野の研究は次のような進展をみせた。まず、2000年にカリフォルニア州の高等教育マスター・プラン研究の集大成ともいえる次の著書が出版された。John Aubrey Douglass (2000), *The California Idea and American Higher Education: 1850 to the 1960 Master Plan*, Stanford University Press. 次に、同著の著者であるジョン・オーブリー・ダグラス氏が2012年に東京で開催されたシンポジウム「グローバル化時代に大学入学者選抜の未来を考える～日本の21世紀ビジョンと高等教育マスタープランの策定～」においてゲストス

ピーカーとして来日講演をおこなった。その講演では、1960年以降のカリフォルニアが直面した問題点も語られた。同州のマスター・プラン体制がかつてない危機に瀕していることは次の著書でも指摘される。Simon Marginson (2016), *The Dream Is Over: The Crisis of Clark Kerr's California Idea of Higher Education*, University of California Press. それでもなお21世紀の日本においても、マスター・プランは依然として日本人識者の視界から消えてはいないようである。それを裏付ける例として、2023年に出版された次の著書をあげることができよう。ジョン・オーブリー・ダグラス（2023）『カリフォルニア州高等教育マスタープラン－アメリカ大学モデルの創出1850-1960』（荒井克弘／田中義郎監訳）玉川大学出版部。

第4章
1960年以後のコミュニティ・カレッジの変化
―制度上の位置づけ, 学生, 教育プログラムを中心に―

はじめに

　コミュニティ・カレッジ（Community College, 以下CCと略）は, 過去100年以上にわたって, 機能, 管理・運営方式, 制度上の位置づけ等において, 伝統的な高等教育機関よりも遥かにダイナミックな展開を見せてきた。同時代の社会から一定の距離をおく大学に比べ, CCは, より直接的に時代や社会の波を受け, それを折々の制度特性に反映させてきたからである。

　わけてもカリフォルニア州のCCは, 常に他州のCCをリードしてきたばかりでなく, その足跡を辿る上で必要な史料を数多く残しているため, そうした変動の様子をとらえるのに格好の事例である。

　小論では, カリフォルニア州におけるCCの1960年以後の変化を, Ⅰ. 制度上の位置づけ, Ⅱ. 学生, Ⅲ. 教育プログラムに大別して紹介する。

Ⅰ. 制度上の位置づけ

　カリフォルニア州のCCは, 1960年の高等教育マスター・プランおよびドナホー高等教育法によって,「二年制」の「高等教育」機関として, その地位を正式に認められた。それ以前のCCは, 年限も流動的であれば,「中等教育」か「高等教育」かも判然としなかった。1960年という年は, CCの曖昧な位置づけに, 曲がりなりにもピリオドが打たれた重要な年である。「高等教育」としてのCCの歴史は, カリフォルニア州法においてはこの時に始まったともいえる。

　1960年以後も, 基本的には,「二年制」「高等教育」機関としてのCCの位置づけは変わっていない。しかし,「二年制」,「高等教育」のそれぞ

れについて，次のような変化を指摘することができる。

　先ず，「二年制」という"制度の年限"とは裏腹に，CCの"就学年限"は，後述する学生層の変化にも影響され，必ずしも二年間とはいえなくなっている。二年間（=4 semesters）で所定の単位を取得する学生は相対的に減少し，かわって，三年以上かけて卒業する者，最初から卒業を目的とせず，短期間にCCを出たり入ったりする学生（多くは成人学生）[1]が増加した。こうした現実の変化を踏まえて，CCは実際には，もはや二年制ではないと指摘する向きもあるほどである[2]。

　「高等教育」という位置づけと関わる変化としては，主にCCの行財政的特性の変化[3]を指摘できる。第一に，州レベルで，1967年にCC固有の理事会（the Board of Governors of the California Community Colleges）が創設された。それ以前は，「高等教育」機関の中でCCのみ，初等・中等教育同様，州教育委員会によって管理されていた。1960年法による位置づけを契機に，カリフォルニア大学理事会（the Board of Regents of the University of California）やカリフォルニア州立カレッジ理事会（the Board of Trustees of the California State Colleges）に倣って，CCにも独自の理事会を設置する運動が盛り上がり，ついに1967年，それが実現したのである。それに伴い，州高等教育調整協議会（the Coordinating Council for Higher Education）へのCCの代表も，カリフォルニア大学やカリフォルニア州立カレッジ同様，CC固有の理事会からの代表3名がおくられるようになった。

　第二に，地方レベルでも，CCの独立学区（independent district）や独立の理事会（independent board of trustees）が増加し，初等・中等教育からの独立が進行した。1960年は，CCを擁した57学区のうち30がCC独立学区，残る27はハイ・スクール学区または初等・中等統一学区であった。それが1964年には，66学区のうち56が独立学区となった。更に1968年になると，ハイ・スクール学区は皆無となり，統一学区が7学区残るのみで，後はすべて独立学区によって管理されるところとなった。

　第一，第二の変化を要約すると，CCは，1960年以後管理運営組織面で

K-12からの分離・独立を遂げ，次第に伝統的高等教育機関の管理方式に近づく傾向にあるといえる。加えて，財政面でも，1978年の「提案13号」の成立を契機として，従来の地方依存型から新たに州依存型へと転換したことにより，旧来から州依存型であった伝統的高等教育機関と，州費をめぐって競合する新たなアクターとなった。

Ⅱ．学生

　1960年代初期のCCが，ハイ・スクールを卒業したばかりの若い青年達を主な対象としていたのに対して，それ以後のCCの学生顧客はより多様化した。CPECの討議資料[4]は，CCにおける学生顧客の多様性の高まりを，やや単純化しすぎるきらいはあるにしても，三つの図を用いてわかりやすく説明している。

　それによれば，マスター・プランが策定されて間もない1960年代初期（図4-1-A）においてCCの学生の大多数を占めていたのは，「ハイ・スクールを卒業して間もない若年層の白人で，学位や免状，4年制大学への編入に必要なプログラムにフル・タイムで入学している」ような学生達（図中 Traditional Community College Students。尚，近年の資料の多くは Junior Collegeの替りに Community Collegeという呼称を用いている）であった。それ以外の学生達，すなわち図4-1-Aに見られるカーブの下端の一方は，潜在力は否定できないにしても未だ学力面でカレッジ教育に向けた準備が十分になされているとはいえない学生達（図中 Poorly Prepared Students）であり，もう一方は，カレッジ教育に向けた準備が十分になされているパート・タイムの成人学生達（図中 Part-Time Well Prepared Students）であった。

　それが1970年代中頃（図4-1-B）になると，一方で教育的かつ経済的に恵まれない学生達（その多くは少数民族出身で補習プログラムを要する学生）の増加が見られ，他方で，21歳以上の，入学目的が多様で短期就学型の成人学生の増加が見られるようになる。しかし，この時期にはま

だ，これらの非伝統的な学生集団が伝統的な学生集団を圧倒する懸念を，関係者に表明させるほどの変容ではなかった。

ところが，1980年代（図4-1-C）には，一方で発達に遅れのある人々，英語の話せない少数民族や難民，失業者，低い社会階層の人々，教育的に深刻な障害をかかえる人々の入学増が，他方では既に大学修学経験のある成人達のCCへの入学増がさらに高まり，かかる学生の変容に伴って生じるCCの使命の変容に疑問を呈するむきも出始めるほどになった。

1960年以後20年間におけるCCの学生顧客の変化の概略は以上のようであるが，ここで注意しておかなければならないのは，1960年代の多数派を形成していた学生達も，絶対数では必ずしも減少しているわけではないということである。ただ他の集団との対比で見た場合に，彼らの占める割合が相対的に減少したことは確かである。つまり，伝統的な学生集団を一方で維持しながら，それに加えて成人，女性，社会・経済的に恵まれない人々，心身に障害をもつ人々，あるいはパート・タイム学生の割合を高め，全体として学生の多様化が進んできたのが，マスター・プラン以後20年間におけるCCの学生像の変容である。

Ⅲ．教育プログラム

かかる学生の多様化を，学生がCCに何を求めて入学しているのかという点と併せて明らかにした調査[5]も，発表された。やや長きにわたるが，学生及びそのニーズの多様化の中身をより具体的に理解する上で有効だと考えられるので，以下，表4-1として掲げる。

学生のニーズに応じた教育を尊重するCCにおいては，かかるCC学生の多様化は，教育内容の再編と多様化を惹起する。事実，近年のCCの教育プログラムは，伝統的な三機能（4年制大学への進学準備教育，職業教育，一般教育）[6]のみならず，コミュニティ・サービス，第二言語としての英語，短期の職業訓練，各種の趣味的プログラム，補習教育等々，多様な課程を提供するようになった[7]。その様子は，多種多様な，時に

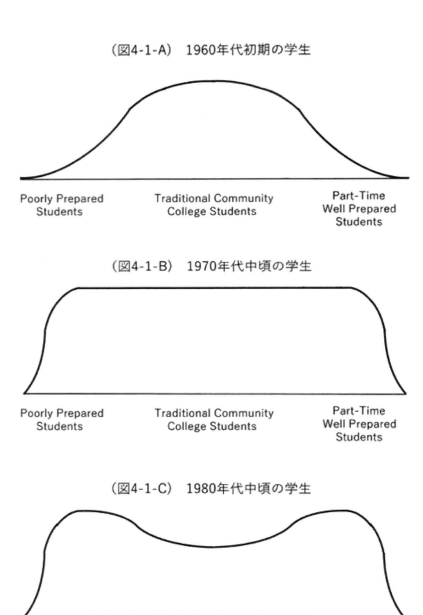

表4-1. 学生及びニーズの多様化

<転学型>		
①フル・タイム転学型	ハイ・スクール在学中から大学進学適正はあった（がJCに入学した）学生、あるいはハイ・スクール在学中は未だ大学進学適正に合致していなかった学生。	10.6%
②パート・タイム転学型	①の学生よりも高齢で、夜間通学者が多く、8クラス以上に在籍していることは稀	7.7%
③鍛錬されていない転学型	転学を希望してはいるが、その達成可能性の低い学生。低学力あるいは自己訓練の姿勢に欠ける場合が多い。	9.3%
④職業・技術分野の転学型	高度な職業分野の一連の課程に入学し修了していることを除けば、①あるいは②に包含される学生。	7.7%
⑤カレッジ対抗運動選手型	カレッジ入学の動機が運動競技にあることを除けば、③と同じ。	0.7%
⑥財政援助獲得型	財政援助を得るために入学していることを除けば、③と同じ。	0.3%
⑦便宜主義者型	主な academic affiliation は Senior College にあるが、便宜上、JCでいくつかのプログラムをとっている学生。	0.7%
<職業志向型>		
⑧プログラム修了型	職業プログラムに入学し、それを修了する意思のある学生。	5.7%
⑨求職型	半熟練職（semi-skilled job）を得るのに十分なだけの学習を目的として、在籍している学生。	13.5%
⑩職能向上型	在籍している課程領域で既に職を得ているが、現職の技能を向上させたり、新たな補助的技能を習得するために在学している学生。	12.3%
⑪転職型	転職あるいは副職による増収を希望して、新しい職業・技術を学ぼうとしている学生。	3.3%
⑫ライセンス維持者	常日頃からライセンスを維持・向上させる必要のある職業に就いている学生。	0.7%
<各種の関心充足型>		
⑬余暇技能型	趣味を追求する意味で、各種技能を学びたいと考えている学生。職業的なもの、各種スポーツ、演芸等。	12.4%
⑭教育志向型	ある程度学問的な課程に在籍していなければ、漠然たる不満や罪の意識を感じる学生	6.3%
⑮芸術・教養型	芸術・音楽鑑賞などの文化的経験を求める学生	1.0%
⑯自己開発、模索型	先ず自分自身について学び、そこから潜在的就職、進学等の経路を開拓するつもりでJCに在学する学生。	4.0%
⑰基礎技能型	基礎技能を向上させるために在学している学生、その多くは、英語学習を必要とする最近の移民。	2.9%
⑱水平転学型	大学以外の機関の職業教育プログラムに転学する前に、JCで予備学習を行っている学生。	0.8%

は数十種にも及ぶ料理が長いテーブルの上に並べられ，各人がその中から自分の好みにあったものを選んで味得し，あるいは食べ残して次の皿に移る情景を彷彿させるのであろうか，スモーガスボード（smorgasbord）というスカンジナビア料理の前菜にたとえられることもある。

＊　　　＊　　　＊

　上述した，CCの学生や教育プログラムの多様化，拡張の様子は，しばしば「すべての人にすべてのものを」（"All things to all people"）というスローガンで要約される。確かに，1960年から20年間のCCは，大量かつ多様な学生を受け入れるために，そのジャバラを拡げに拡げた観がある。しかし，1983年前後から，振り子の反対方向への揺り戻しが始まった。それは，『危機に立つ国家』（Nation at Risk）に象徴される，最近の米国における教育の質の見直しの気運と無関係ではない。そうした全米レベルでの運動に加えて，州財政の逼迫による公教育の見直しという要因もある。かくして，際限なく拡張されてきたCCのプログラムも，今や厳しくチェックされる局面を迎えた[8]。この振り子の動きは始まったばかりであり，それがどの程度まで進むのか，見定めるには暫しの時間を要する。

〈付記〉　本小論は，昭和63年度文部省科学研究費（奨励研究A－特別研究員）の交付をうけた研究成果の一部である。

註

(1) 下表に示されるように，年齢が高くなるほど履修単位数が少なくなる傾向がある。

表4-2. 単位履修数別CC学生の年齢構成（1982年秋）

単位履修数	20歳未満	20〜24歳	25〜29歳	30歳以上
12単位（フルタイム学生）	38.8	36.7	11.7	12.9
6〜11.9単位	19.8	31.5	18.7	30.0
6単位未満	9.2	20.8	18.8	51.2
単位非取得	10.0	17.6	14.8	57.6
合計	18.9	26.9	16.7	37.5

Source: The Senate Office of Research, *The Neglected Branch – California Community College*, Jan., p. 2.

(2) California Postsecondary Education Commission（略称CPEC）, *Missions and Functions of the California Community Colleges*, Commission Report 81-14, May 1981, p. 3 参照。

(3) 詳しくは，拙稿「コミュニティ・カレッジに対する地方統制（local control）の変容」，関西教育行政学会『教育行財政研究』第13号，昭和61年，105〜107頁，110頁参照。

(4) CPEC, op. cit., pp. 15-16.

(5) M. S. Sheldon and C. L. Grafton, "Everything you always wanted to know about California community college students and thought you already did.", *California Higher Education*, Vol. 1, Number 3, Nov. 1982, pp. 14-16.

(6) The Master Plan Survey Team, *A Master Plan for Higher Education in California 1960-1975*, California State Dept. of Education, 1960, p. 2.

(7) 詳しくは，The Senate office of Research, op. cit., pp. 9-18参照。

(8) 詳細は，Commission for the Review of the Master Plan for Higher Education, *Background Papers: The Challenge of Change – A Reassessment of the California Community Colleges*, Sacramento, California, March 1986, pp. 35-83参照。

追記： 本稿（初出）を発表したのは1988年のことである。その後の注目すべき変化のひとつとして、コミュニティ・カレッジにおける学士号授与という新たな政策動向をあげることができる。この動向に関しては、「第Ⅰ部の構成と総括」で触れた。

第5章
コミュニティ・カレッジに対するローカル・コントロールの伝統と変容

はじめに

　コミュニティ・カレッジ（Community College, 以下CCと略）は, それが所在する地域の人々にとって極めて身近な「高等教育」機関, 生涯学習機関として知られる。それは, ひとつにはCCが, その所在する地域社会（ローカル・コミュニティ）の人々へのサービス重視, つまり地域の青年・成人の教育ニーズや地域の産業ニーズに応えることを使命としていること（CCの使命的特性）によるが, そればかりでなく, CCが地方学区（住民）のイニシアティブと財政支援によって設置・維持される面が少なくないこと（CCの行財政的特性）にもよる。そして, この二つの特性は, アメリカ（特にカリフォルニア州）においては別個に存在するものではなく, 相互に密接な関係をもつものであった[1]。すなわち, 地域の何らかの教育ニーズを住民が認識し, CCの創設とそのための一部費用負担を住民が決議し, 更に, 住民の教育ニーズをCCのプログラムに反映させるために住民の代表がCCのあり方を決定し遂行していくといった関係である。

　こうした使命及び行財政の両面に見られるCCの地域性は, 例えばカリフォルニア州のようなCCの歴史の長い州では, CCがまだジュニア・カレッジ（Junior College, 以下JCと略）と呼ばれていた時代（20世紀初頭から中葉にかけて）から, ある程度備わっていたものである。第1章で述べたようにジュニア・カレッジ創設の背景には地域的な機会均等の理念が働いていたし, まだジュニア・カレッジという呼称が一般的であった1940年代においても, その本質は「地域社会の機関」（community institution）だという認識が共有されていた[2]。

　ところが, 1960年代以後, このようなCCの地域性を特徴づけていた一方の柱が揺らぎ始めている。つまり, CCの使命がますます地域の広範

なニーズに対応する方向で拡張してきた[3]のに対して，CCの行財政は，次第に従来のローカル・コントロール（local control）からステート・コントロール（state control）へと移行しつつあるといわれる。それは，主に，1960年代後半以後州レベルでのCC管理組織が拡充してきたこと，加えて1970年代後半から財政面においても州の補助金の占める割合が増大したことなどから，そう判断される[4]。

しかしながら，半世紀以上もの歴史をもつ，CCに対するローカル・コントロールの伝統がここ10年ばかりのうちにそれほど容易に弱体化するものであろうか。もし弱まっているとすれば，一体ローカル・コントロールのいかなる側面が，いかなる要因の下に弱まってきたのであろうか。こうした変容の内実を理解するためには，従来の事実認識を更に堀り下げてみる必要がある。より端的には，CCに対するローカル・コントロールの伝統はいかなる側面から構成されていたのか，近年の変化として州レベルでのCC管理組織が拡充してきたというがそれは何故なのか，また何故財政面での地方住民による支持が最近になって減少してきたのか，全体としてローカル・コントロールのいかなる側面がどのように変化したのか，あるいは変化しなかったのか——これらの点にまで考察を進める必要があろう。

本稿は，かかる研究領域において代表事例のひとつとみなされるカリフォルニア州の場合に絞って，CCに対するローカル・コントロールとその変容の内実を明らかにしたい。そのために，本論では，同州でCCの行財政的特性が変化し始めたといわれる1960年代後半以前の状態（I）とそれ以後の動態（II）を，先に挙げた一連の疑問を解明する観点から検討する。なお，事態をより広い見地から把握するために他州の事例についても適宜「註」で補足する。

I．コミュニティ・カレッジに対するローカル・コントロール[5]の伝統

(1) コミュニティ・カレッジ管理における住民自治

　CC管理における住民自治とは，CCの設置，維持が主として地域住民の意志と能力に基づいて処理されることを意味する。カリフォルニア州の場合，以下の三つの側面からそれを具体的にうかがうことができる。

　a. 住民によるCC（学区）創設の意志決定

　一般にCCの創設過程は以下のように概括される。

1) ある地域で住民有志が自分達の住んでいる地域にCCを創設することを思い立つ。
2) 発起人は協力者を募り，また地元の教育委員会に相談して，事前に学生数の予測，財政基盤の見込み等を調べると共に，地元の新聞等を通じて他の住民にCC創設の宣伝を行なう。
3) その地域の有権者の一定数以上がCC創設の請願書に署名した場合，地元の教育長がそれを州の教育委員会に提出する。
4) それが受理された場合，今度は地元有権者全員に対して，CC設立の賛否を問う選挙が行なわれる。
5) その結果住民の合意が判明すると，選挙管理委員会がCC学区の成立を宣言する。
6) ひきつづき，CCを管理する住民代表（CC学区理事）の選挙が行なわれる。こうして成立した理事会は，CC開設に必要な財政基盤の確保（地方財産税率の決定，学校債の発行等），及びスタッフの募集・選任を行なう。
7) それから開校までの期間は，地元の新聞等を通じて，新校舎のデザイン，新任の学長やスタッフの経歴及び彼らの抱負，開設予定のプログラム等の紹介が住民に対して適宜行なわれる。

このようにCC創設は，ある地域のひとりないしは少数の発起人の行動に始まり，次第に当該地域の住民の合意をとりつけながら，最終的には全体の多数決によって決定される。こうしたCC（JC）創設の手続きは，カリフォルニア州で3番目のJC法である1921年法において、先行するJC法（1907年法や1917年法）よりも遥かに詳細に規定された。それによれば，当時，JC創設を請願する場合，当該地域の有権者500名以上の署名が必要とされていたこと，また最終的な住民投票では有権者全体の過半数が「JC学区賛成」の票を寄せる必要があったこと，などが具体的に理解される[6]。住民自らが関与するこうした一連のプロセスを経る中で，より多くの地域住民がCCについての理解を深め，CC設置者としての責任をも感じていったものと察せられる。

とはいえ，住民によるCC設置・運営の意志さえあれば，まったく自由にCCの設立が認められたというわけではない。CCの創設に際しては，地域住民の意志ばかりでなく，一定程度の経費負担能力も必要条件とされた。つまり，ある程度以上の財力を有する学区でなければCCを設立する資格がないと考えられた。CCの創設を無条件に認めれば，教育条件の整わない劣悪なCCが林立する恐れがあるからである。学区の財力は通常，課税評価額（an assessed valuation）によって示されることから，CCを創設できる学区の資格要件として「課税評価額が少くとも○○ドル以上でなければならない」という規定がCC（JC）法の中に見られる[7]。表5-1は，初期のJC法が呈示した額を例示したものである。

表5-1.[8]　JC法に規定された課税評価額（1907～1943）

1907年法…規定なし	1931年法…300万ドル以上
1917年法…300万ドル以上	1937年法…500万ドル以上
1921年法…1,000万ドル以上	1943年法…500万ドル以上
1929年法…2,500万ドル以上	

しかし，以上の課税評価額基準は，多くの地域の人々のCC創設要求を抑圧するほどのレベルで設定されることは戒められた。例えば，1929年法の示した基準額（2,500万ドル）はその意味で当時大きな批判を受け[9]，1931年には再び1917年法のレベル（300万ドル）に戻っている。また，より多くの地域が（つまり貧困な地域も）要求を満足させられるように州補助金がもっと増額されるべきだという意見もしばしば出された[10]。したがって，CCの創設は近年まで比較的多くの学区で自由に行なわれてきたといえる。

b. 住民によるCC財政負担

　CCの設置資格として地方の財力が一定程度問われたことからも察せられるように，CCの設置・維持経費は主に地方学区住民によって負担されていた。具体的には，1973年に至るまでCC財源全体の中で地方財産税収入の占める割合は6割以上，州補助金収入のそれは2〜3割程度にすぎなかった。

　1921年法は，こうしたCC（JC）の財源について詳しく規定している[11]。それによれば，先ず，住民の選挙によって成立したJC理事会が毎年「JCを維持する上で必要とされる金額の見積もり」を事前に行なう。次に，それに見合う形で「学区のすべての課税可能な財産について特別税を徴収する」。こうして集められた「JC学区基金」がJC（CC）の主要財源となる。他方，「学区に配分される州の補助金は，教職員の給与を支払う目的にのみ用いられる」ことになっていた。

　住民によるCC財政負担の方式としては，地方税の他に学校債（school bond）の負担も行なわれた。但し，学校債発行の可否を決定するのも住民である。したがって，住民が経済的に余裕のない場合，あるいは学校債発行の必要を認めない場合には，住民投票の結果，学校債の発行は拒否されるのである。

　CCを自分達の学区に設置することを決定することは，住民達にとって，上述のような経費負担を伴うものであった。そして通常，CC学区の

住民達は初等・中等学校段階の学区住民でもあることから，CC創設を決めることによって，それまでは初等・中等段階の教育税負担だけで済んでいたものが，新たにCCのための教育税まで負担することになるわけであった。

それでもカリフォルニア州民は合衆国内でも比較的富裕で公教育に対する関心も高かったため，1960年以前の段階では，地方税負担の増加や学校債の発行にも比較的積極的に応じていたといわれる[12]。CCは自分達のカレッジであるという住民達の意識[13]は，彼らが単に設立の意志決定を自ら行なうだけでなく，上述のように必要経費の過半を自己負担して設立・維持に参加することによって，より一層強められたものと考えられる。

c. 住民代表によるCC管理―CC地方理事会及び各種の市民諮問委員会

住民がCC創設の意志決定を自ら行ない，CC設置・維持のための中心的な財政負担者になることで住民達のCCへの思い入れや誇りが醸成されるにしても，一般市民は，CCを日常的に管理・運営することはできない。そこで，住民を代表してCCを管理する地方理事会[14] (local governing board) メンバーが住民の中から選出される。これは，公立の初等・中等学校が，住民の代表から成る地方教育委員会 (local school boards) によって管理されるのと同様である。

理事会は5人または7人の理事から成り，任期は4年（但し1921年法当時は任期3年）。毎月定期的な会合を聞いて学区のCCのあり方に関する協議を行なう。1学区-1カレッジの場合 (single-college district) には1（学区）理事会が1カレッジを管理するが，学区内に複数のCCを擁している場合 (multicampus district or multiunit district)[15] には1理事会が複数のカレッジを同時に管理する。一般に後者よりも前者の方が地域に密着した管理が可能だと解されるが，いずれにしても，理想的には理事会はCCと地域社会との間の架け橋として，地域社会の教育ニーズをカレッジ政策に反映させる機関として期待された[16]。この地方理事会については

(2)で更に詳しく述べる。

　住民代表から成る組織としては，地方理事会の他に，各種市民諮問委員会（Citizen Advisory Committee）もある。これは，CCの運営や政策決定に直接関与するわけではないが，学長の委嘱で主にCCのカリキュラム開発に地域住民が知恵を貸す装置として働く。特に，商業科，工業科，家政科などの職業教育課程のカリキュラム編成に同諮問委員は有効な助言を行なうことが期待される。

(2) コミュニティ・カレッジに対するローカル・コントロールの慣行とその背景——州と地方の関係

　CCの学区理事会が学区住民の代理としてCCの管理・運営にあたることは既に述べた。しかしながら，学区のCC理事会は法的には州の行政機関としての性格も持っている。つまり，合衆国憲法修正第10条により公教育の権限と責任は州にあるとされ，その責任を中心的に担う行政機関として州教育委員会，そして地方教育委員会（CCに関しては，地方CC学区理事会，ハイ・スクール学区理事会，あるいは統一学区理事会—註5参照）がある。したがって，CCに対するローカル・コントロールといっても，絶対的な型があるわけではなく，原理的にはステート・コントロールとローカル・コントロールの組み合わせ方，あるいは程度の問題ということになる。

　ところが実態に目を移すと，1960年代あたりまではCC管理における州の存在はカリフォルニアではかなり希薄なものだったと考えられる。法制上「地方理事会は州の法律が規定する限りの活動しか行えない」にもかかわらず，「学区住民は自分達の理事会が地方教育プログラムについてこうあるべきだと思うことは何でも行なうことができるものと一般に思いこんでいた」ふしがある[17]。そして人々がそう思いこんでも不思議ではないほどに，初等・中等学校及びCCの管理にあたって地方学区理事会が果たした役割は，実際に大きかったのである。

　例えば，CCに関する基本計画の策定（学区の方針の決定），人事（学

長及びスタッフの採用・解雇），カリキュラム（教材の採択，プログラム構想），財政（学区予算の採択，学費の採択，学区のための不動産及び動産の取得と処分）等の権限は地方理事会に属し，州教育委員会は，CCの設置・運営のための最低基準の設定と，CCに対する一般的監督を行なう程度であった[18]。

しかも，1966年以前では，CCを独立して管理する機関が州には無く，これも，地方学区の自由を許容する要因となっていた。つまり，公立の初等・中等学校の管理を主要任務としていた州教育委員会が片手間にCCの管理も兼任した[19]ため，州教育委員会は実質上CC管理の大部分を地方理事会に委ねざるをえなかったのである。

要するに，法制上はともかく，実際には，CCにおいてローカル・コントロールの慣行が強かったといえる。その背景には，CC学区の自由に対して州が比較的寛容であったこと，CCに対するステート・コントロールのニーズや関心が微弱であったこと，また州レベルの教育行政機関自体まだ十分に発達していなかったこと等の行政的要因，並びに，当時のアメリカ人にはまだ保持されていた草の根民主主義の理念と彼らの行動力があったものと考えられる。

II. 1960年代以後におけるローカル・コントロールの変容

(1) 1960年代以後の二つの変化—現象面

a. 州管理組織の拡充[20]

かつてはCCを州レベルで独立して監督する機関が無かったこともあって，CCの実質的管理権は地方理事会に在った。ところが，そのような地方理事会の自由を限定する州レベルでの管理組織の拡充が二件、1960年以後に生じてくる。

その第一は，1967年の州CC理事会（the Board of Governors of the California Community Colleges）の成立である[21]。すなわち，州教育委員会に替わってCCを独立して管理する州機関（state agency）が登場し

たのである。それは，知事によって任命される15人の素人市民から成る（但し，その中にはCCの学生代表，テニュアを有するCC教員代表が1名ずつ含まれる）。任期は4年。その主な権限は以下の通りである。

- CC学区の創設及び再編成の承認。
- 各CC学区における教育及び施設・設備に関する基本計画の検討と承認。
- 最低限の教育基準の設定。

　このような権限を有する州理事会の発足によって地方学区及び地方理事会はどのような影響を被ったのであろうか。ひとつには，CCの創設に際して州理事会による助言や認可を受けなければならなくなったことであり，いまひとつには，各CCの教育計画と授業科目のすべてにわたり州理事会による検討と承認を受けなければならなくなったことである。後者については，学区は，州理事会が承認しない教育計画や授業科目については州補助金を取得できないとされている。

　第二は，州高等教育調整機関の発足である。これは，調整機能だけで管理機能は持たない機関であるが，近年の州の役割増大を裏付けるもうひとつの事例である。カリフォルニア州では1960年に「高等教育調整協議会」(Coordinating Council for Higher Education, 略称 CCHE) として発足したが，1974年以後は権限を少し強めて「カリフォルニア中等後教育委員会」(California Postsecondary Education Commission, 略称 CPEC) と改称された。委員会を構成するのは，州の各高等教育セクター代表（計8名），一般市民代表（12名），営利教育関係者代表（1名），職業・技術教育部門代表（2名）を含む計23名のメンバーであり，うち6名は知事により任命されている。その主な権限は以下の通りである[22]。

- CCを含む州の各高等教育機関に対して，それぞれのプログラムや基本計画の進展状況に関するデータを，短期と長期の両方，「委員会によ

って特定された形式で」提出することを要求。
- 高等教育の効果を評価する基準の開発。
- 各高等教育機関によって持ち込まれる新しいプログラム申請の検討。

　このように州の高等教育全体を対象とした調整機関が発展する中で，CCのあり方は，以前にも増して州の高等教育システム全体の政策動向によって左右されかねないものになってきたといえる。
　それでは，以上のような州機関の拡充はいかにして生じてきたのか。その要因を理解するためには，一旦，視野をCCからカリフォルニア州の高等教育制度全体にまで広げる必要がある。特に，1960年に同州で策定された高等教育基本計画（A Master Plan for Higher Education in California, 1960 - 1975. 以下，マスター・プランと略）前後の状況を念頭におくべきであろう。
　伝統的に，カリフォルニア州の高等教育制度は，CCも含めて，人々の要求に従って比較的自由に創設することができた。その結果，1950年代になると州立カレッジ（State College, 略称 SC）やCCの「無秩序な乱立」の様相が濃くなった。それに対して州知事や州議会，及びカリフォルニア大学（University of California, 略称UC）関係者らが中心になって，高等教育制度全体の「秩序ある発展」を目指して高等教育の長期マスター・プランを策定する気運が生まれた[23]。その施策は多岐にわたるが，そのひとつとして，先に述べた州高等教育調整機関の創設がなされた。マスター・プランの審議段階では，UC，SC，CCに対して統制的権限をもつ「大理事会」（superboard of governors）の構想も出されたが，各高等教育機関が，それによって自分達の自治権を犠牲にすることを拒んだため，実際には，「大理事会」に比べると非常に統制力の弱いCCHEが成立した[24]。とはいえ1974年からは，「大理事会」ほどではないにせよCCHEよりは統制力のあるCPECが登場した。このような流れから，州高等教育調整機構の成立・発展の背景に，高等教育の自由に対する州の姿勢の変化を看取することができる。

なお，州レベルのCC理事会発足の背景については，文脈上，(2) - aで論及することにする。

b. CC財源に占める州補助金の割合の増加

この点に関しては，先ず，1954年から1981年までのCCの財源別収入割合を示した表5-2に注目する必要がある。

表5-2[25]　財源別CC収入の割合（1954-55～1981-82）

年度	連邦	州	地方	その他
1954-55	0.7%	31.3%	55.4%	12.6%
1959-60	0.9%	22.5%	64.2%	12.4%
1964-65	2.3%	25.0%	63.5%	9.2%
1969-70	5.7%	30.4%	61.3%	2.6%
1974-75	6.5%	42.9%	48.8%	1.8%
1979-80	7.8%	69.0%	23.0%	0.2%
1981-82	6.4%	65.2%	28.2%	0.2%

表から明らかなように，CC財源全体に占める地方税収入の割合は，1969年から1974年の間に61.3％から48.8％に，更に1979年には23.0％にまで低下している。それとは対照的に州補助金の割合は，30.4％（1969）→ 42.9％（1974）→ 69.0％（1979）と，地方税収入の減少を補うような形で伸びている。

1969年から1974年にかけての変化は，州補助金の割合を42％にまで引き上げることを定めた1973年法によるものと解される。その背景には，①地方学区間の財力格差を是正する意図，②1960年以後のCCの飛躍的成長（学生数の急増，プログラムの多様化）が地方税収入だけでは支えきれぬ程のものになったこと，という二つの要因があった[26]。ともあれ，1973年法の場合，州補助金よりも地方税収入の割合が依然として大きかったので，次に述べる提案13号（1978年）レベルの脅威を地方に与える

ことはなかった。

　1978年の「提案13号」（Proposition 13[27]）は，俗に「納税者の反乱」（taxpayer's revolt）とも呼ばれるように，納税者達が財産税の57％近い引き下げを求めた州憲法改正案である。地方財産税を主要財源とする教育税をそれまで第一の財源にしてきたCC（及び公立学校）にとって，この反乱の与えた影響は極めて大きいものであった。これを契機として州と地方の負担割合がすっかり逆転してしまったからである。州補助金の増大を直ちにステート・コントロールの増大に結びつけて考えることはできないにしても，この1978年の事件の前後では，ステート・コントロールに対する地方の危機感に大きな違いが見られた。州管理組織の拡充だけでなくCC財政の州への依存度が高まったことによって，州と地方の間の緊張がさらに強まったといえる。1960年代から少しずつ変化していた州と地方の関係が1970年代末に至って誰の目にも明らかな変化として映るようになったわけである。

　かかる情勢の変化に際して，地方CC理事（trustees），管理職（administrators），教員（faculty），地方学区住民，及び州機関の，ローカル・コントロールに対する意識はどのように変化したのであろうか。ローカル・コントロールの内実を理解するためには，現象面での変化のみならず，こうした関係者の意識をも問わなければ十分でないだろう。

(2) ローカル・コントロールに対する関係者の意識
a. 地方CC理事，管理職，及び教員

　先ず，州レベルでのCC理事会の発足が，実は地方CC理事，管理職，及び教員らの要求に基づいていたことについて言及しておかなければならない。彼らがCC理事会の創設を求めたというのは，これまでの文脈からみると矛盾しているようにも考えられるからである。そして実際のところ，CC関係者はCCの州理事会発足に際して次のようなジレンマに陥っていた。

　彼らは一方で，マスター・プラン（及びその大半を法律化したドナホ

一高等教育法）によってCCが正式に高等教育の一部として認められたのを機に，伝統的高等教育機関であるUCやSCの理事会に匹敵するような州理事会の創設を望むようになった。というのも，1960年以前のCCは，中等後教育ではあっても高等教育として正式に位置づけられてはおらず，管理方式もUCなどと異なり，初等・中等学校と同様州教育委員会によって管理されていたからである。1967年の州CC理事会発足の背景には，高等教育の1セクターとして独自のスポークスマンを州レベルに設けたいという彼らの要求が秘められていた[28]。換言すれば，州理事会を発足させることによって，州レベルの行政においてUCやSCなどの高等教育と対等な立場を確立しようとしたわけである[29]。

　しかし，CCを州レベルで代表する理事会の発足を求めた地方CC理事，管理職及び教員の心は，同時にその発足を危惧する矛盾をはらんでいた。というのは，州のCC理事会が発足することで，以前のように自由なCCのローカル・コントロールができなくなりはしないかという不安もあったからである[30]。CCのローカル・コントロールは護持したいものの，州レベルでCCを代表する理事会も発足させたいという彼らの意識の二重性は，とりあえず後者の要求を先行させ，前者については，発足後の州理事会の動静を注視する姿勢をとることで結着したといえる。そして，後述するように，初期の州CC理事会は，こうした地方CC関係者の期待にかなり応えるものであった。

　ところが，1978年の地方から州への財政基盤の移行に伴って，州機関と地方機関の「幸福な」関係は崩れ，州機関がローカル・コントロールにとっての脅威と化してきたのである[31]。それに伴って，1970年代後半からCC地方行政関係者の間ではローカル・コントロールを回復させる方向での発言や運動も活発化している[32]。そして，その基底には，地域社会への奉仕というCCの使命を最も迅速かつ柔軟に遂行しうるのは，各地方学区自らによる統制方式であるというローカル・コントロールの理念がある[33]。

b. 地域住民

　ローカル・コントロールに対して大きなインパクトを与えた「提案13号」は，財産税の大幅引下げを求めたものであった。しかし，提案13号を境にしてローカル・コントロールの美点に対するカリフォルニア州民の意識が全面的に変化したとみるのは正しくない。提案13号の引き金になったのは，なによりも1960年代後半から徐々に蓄積されてきていた人々の重税感である。税負担を少しでも軽減したいという納税者の切実な要求の中では，それが結果的にCCにおけるローカル・コントロールの衰退さえ招きかねないということまでは予測されていなかったのである。（それが証拠に）1960年代中頃まではカリフォルニア州民の多くは公教育の発展に寛容で，例えばCCの入学者増に伴う増税や起債を訴える地方理事会の求めにもかなり積極的に応じていたのである。ところが，1960年代後半のベトナム戦争が人々に与えた無力感，インフレや景気の後退，福祉予算の増大に伴う財産税の増税などは，彼らの寛容さを自己防衛意識へと変えてしまった(34)。その結果，結果的にローカル・コントロールを弱めかねない条件を自ら作り出してしまったのである。

　このように，地方住民による財政面でのバック・アップの後退は，ローカル・コントロールに対する理念後退の結果というよりは，むしろ時勢の変化に伴う苦渋の選択という側面があったことも無視できない。地方自治に対する理念やそれを実施に移す行動力が地方住民の間にまだ残っていることの証左は，例えば，1978年以後のCC創設においてもなお顕著な住民の自発性（local initiative）(35)，依然として住民によって公選される地方理事会，及び住民代表から成る市民諮問委員会の活動の継続のうちに見い出すことができる。

c. 州CC理事会及びCPEC

　S. W. ブロスマン（州CC理事会の元事務局長，現在はサンディエゴCC学区の管理者）の述べるところによれば，地方CC管理者達の当初の懸念にもかかわらず「初期の州CC理事会は注意深くカリフォルニア州の

地方管理システムを擁護し」、「CCの特質（genius）が地方コミュニティとの関係及び反応の敏感さにあることを十分認識していた」が、「今日では、州機関の意図はそれほど明確でなく、そのため地方理事会の間には州機関に対する懸念が再燃している」[36]という。

これは、地方 CC関係者の目に映った最近の州機関の姿勢の変化であるが、CPECの 1983年の報告書は、興味深いことに、CCに対するローカル・コントロールに関しては関係者の間で次のようなコンセンサスが成立していると述べる[37]。

> CCの統制は地方が強力に行なうべきだということに関しては、一般的コンセンサスが在る。何故ならコミュニティの教育要求に応えるための詳細な優先項目を開発するのに相応しい地位にあるのは、州レベルの機関ないしは調整委員会よりも、カレッジのスタッフ、及び地方で公選された理事会だからである。

このようにCCの統制は地方が行なう方が望ましいという理念に関する限り、地方のみならず現在の州機関も基本的に同意している。しかし、CPECは、今後州と地方の間でCCのプログラムの優先項目について見解の相違が生じた場合、何らかの調整機構が必要となるかもしれない旨を、次のように併記する[38]。

> 州は明らかに、州の目的が満たされ、州の資金が州の最優先する教育活動を支持するために用いられることに関心を抱いている。州と地方の優先項目の間の緊張は、それらの優先項目が互いに明確に述べられ、それらの差異を調停する正規のメカニズムが存在しさえすれば解決される。

つまり、CCに対するローカル・コントロールをある程度尊重しながらも、今後は、かつて地方が自由に CCを統制していたような状態ではなく、州と地方の意向の調整が不可欠になるであろうことを示唆している。これと同様の見解は州CC理事会によっても表明されている[39]。

(3) 総括

Ⅰでも触れたように，法制上は1960年以前から，CCの二面性，CC地方理事会の二面性は明らかであった。つまり，CCは地域に密着した公教育機関であると同時にカリフォルニア州の公教育制度の一環であり，地方理事会は地方住民の代理機関であると同時に州の教育行政機関としての性格をも併せ持っていた。ただ1960年以前はCCの統制主体としての州の存在感が地方のそれに比べると遥かに薄く，実際には，そうした二面性が表面化する状況になかっただけのことである。ところが1960年代以後，州がそれまでの自由放任的態度を改め始めたこと，その中で地方CC関係者も州レベルでのCCのスポークスマンを設ける必要が出てきたこと，加えて人々の重税感が高まり財政面での地方住民負担が減少せざるをえなくなったこと，などの要因に促されて，従来は潜在的でしかなかった二面性が遂に緊張感をともなって表面化してきたものといえよう。

CCに対するローカル・コントロールの理念や伝統の一部はなお関係者の間に残っているものの，かつてローカル・コントロール (local control) が実質上ひとり歩きをしていた時代は去り，今ではローカル・コントロールとステート・コントロールの均衡 (balancing state and local control) が苦慮される時代に入ったといえる。

今後，両者の力関係や相互調整がいかなる展開を見せるのか，また，そうした「行財政面でのCCの特性」の変容が，「CCの使命的特性」にいかなる影響を及ぼすのか[40]。これらについては，1980年代後半以後の，まさにこれからの動向に注目すべきであろう。

註

(1) アメリカにおいても，CCが州機関によって全面的に管理されている場合－マサチューセッツ州など12州－や，CCが大学の管轄下に置かれている場合－ハワイ州など9州－もある。(Leland L. Medsker and Dale Tillery, *Breaking the Access Barriers*, McGraw-Hill Book Company, 1971, p. 108, p. 116.)

(2) 拙稿「加州のジュニア・カレッジ制度創設における高等教育機会均等の理念」(『教育学研究』第51巻第4号，昭和59年12月）のⅢ (pp. 384-385) およびW. C.

Eells, *Why Junior College Terminal Education?*, AAJC, 1941, p.1参照。
(3) 従来，主に地域の青年達に対して，第13，14学年段階の職業教育，4年制大学への進学準備教育，一般教育を総合的に提供していたのに加えて，近年では更に地域の成人や障害者を対象とした継続教育，成人教育，障害者教育，コミュニティ・サーヴィス等にまで機能を大幅に拡張させている。CCにおけるコミュニティ・サーヴィス機能の発展については，佐藤暢男「コミュニティと高等教育－米国の場合－」(『宇都宮大学教養部研究報告』第10号第1部，1977年) pp. 17-30が詳しい。
(4) Arthur M. Cohen and Associates, *College Responses to Community Demands*, Jossey-Bass Publishers, 1977, Chapter One (pp. 1-11), 及び *THE NEWS : A Publication of the California Association of Community Colleges*, Vol. 28, No. 2, February / March 1983, p. 2 参照。
(5) CCに対するローカル・コントロールとは，CCを地方学区 (local school district) が主体的に管理すること；すなわち地方学区住民がCCの統制に強く関わることを意味する。この場合の地方学区は，現在ではCC学区 (community college district) を意味するといってよいが，少し前まではハイ・スクール学区や統一学区 (unified school district) によるCC (JC) の管理も見られた。例えば，1956-57年にJCを管理していた53学区の内，JC学区は 23 (43%) で，残る18 (34%) はハイ・スクール学区，12 (23%) は統一学区であった。(B. R. Clark, *The Open Door College*, McGraw-Hill Book Company Inc, 1960, p. 20)
(6) *Statutes of California*, 1921, Chapter 495, Section 3参照。
(7) この他，CC法の中には，CC創設にあたって一定数以上のADA (Average Daily Attendance) がなければならないことも規定されている。
(8) 表1は，以下の法律を参照して筆者が作成したものである。*Statutes of California*, 1907 (Chapter 69), 1917 (Chapter 304), 1921 (Chapter 495), 1931 (Chapter 1142), 1937 (Chap. V., Article Ⅰ, 3351), 1943 (Chap. 17, Article 5, 8812)。1929年法については，Floyd S. Hayden, The Junior College as Capstone of the Local School System, *Junior College Journal*, Vol. XVII, January 1947, p. 176 参照。
(9) Hayden, ibid.
(10) R. Palinchack, *The Evolution of the Community College*, The Scarecrow Press, Inc., 1973, p. 79及びBureau of publications, State Dept. of Education, *A History of the California State Department of Education 1900-1967*, p. 38.
(11) *Statutes of California*, 1921, Chap. 495, Sec. 12-14.
(12) Sidney W. Brossman and Myron Roberts, *The California Community Colleges*, Field Educational Publications, Incorporated, 1973, p. 69.
(13) Dale Tillery と Leland L. Medsker は「住民達のカレッジへの一体感 (the emotional involvement)」と「カレッジの『所有権』("ownership") を持っている

のは自分達だという彼らの誇り」を，ローカル・コントロールの美点として挙げている。(Medsker and Tillery, op. cit., p. 107)
(14) governing board は管理委員会と訳すこともできよう。わが国では，初等・中等学校レベルの管理委員会を教育委員会と訳し，大学レベル（高等教育レベル）の管理委員会を理事会と訳すのが一般的であるが，本来両者は，学外の素人市民代表から成る管理委員会という点では共通するものであり，同じ理念の上に立つものであるといえよう。しかし本稿では，一応通例に従って理事会と訳出した。
(15) Arthur M. Cohen and Florence B. Brawer, *The American Community College*, Jossey-Bass Publishers, 1982, pp. 97-101参照。
(16) Ibid., p. 108.
(17) Charles J. Falk, *The Development and Organization of Education in California*, Harcourt, Brace & World, Inc. 1968, p. 72.
(18) Richard H. Simpson, *The Neglected Branch : California Community Colleges*, Senate Office of Research, Jan. 1984, p. 45, 及び The Master Plan Survey Team, *A Master Plan for Higher Education in California*, 1960-1975, California State Dept. of Education, 1960, p. 2参照。
(19) John Lombardi, California's New State Board, *Junior College Journal* Vol. 38, March 1968, p. 28.
(20) 1960年以来，約半数の州が州レベルのCC理事会を設置しており，州の中等後教育調整システムの整備も各州で進められている。(Cohen and Associates, op. cit., p. 1)
(21) 以下の概要はSimpson, op. cit., p. 48を参照。なお，理事会の名称が the Board of Governors of the California <u>Community College</u>と，JCではなくCCになっているのは，"Junior"の語感が劣等性を含むことから，他の高等教育との対等性を主張する意味で改称が行なわれたといわれる。(Lombardi, op. cit., p. 28.)
(22) Cohen and Associates, op. cit., p. 3.
(23) ジェイムズ・A・パーキンス編，原一雄監訳『明日の高等教育』，研究社，昭和51年，p. 35.
(24) Ibid., p. 38.
(25) Simpson, op. cit., p. 70.
(26) Sidney W. Brossman, Fiscal and operational autonomy in California community colleges, *New Directions for Community Colleges* No. 23, 1978, p. 21.
(27) 「提案13号」のCCへの影響を検討したものとして，Frederick C. Kintzer, Proposition 13 : Implications for Community Colleges, *Topical Paper* No. 72, August 1980, 36pp.がある。
(28) Lombardi, op. cit., pp. 27-28.
(29) 地方レベルでも，ハイ・スクール学区や統一学区理事会によるCC管理は次第

に減少し，1981-82年度の *California Community Colleges Directory* (Chancellor's Offices, pp. 11-21)に掲載されたCC（108校）は，すべてCC学区（79学区）によって管理されている．

(30) Lombardi, op. cit., p. 28.
(31) 地方CC理事，管理職，教員，学生を対象とした1979年のアンケート（1980年代のカリフォルニアCCにとっての危急の問題を問うたもの）では，回答者が州と地方の適切な役割分担を最大の課題だと考えていたことが解る．(T. A. Rose, *Critical Issues for the California Community Colleges in the 1980's*, California Community and Junior College Association, p. 11)
(32) 例えば，提案13号以前の状態を取り戻すために，ローカル・コントロールに関する全州的な世論調査を行ない，それに基づいてローカル・コントロール回復の戦略を立てようと提案する向きもある．(*Ad Com : the Newsletter of the Association of California Community College Administrators*, May 1983, p. 1)
(33) Brossman, op. cit., p. 19, p. 22, Cohen and Associates, op. cit., p. 10, 及びMedsker and Tillery, op. cit., p. 106参照．
(34) Brossman and Roberts, op. cit., p. 70.
(35) カリフォルニア州の一地方紙*Berkeley Gazette*（1983年2月22日）は "High-desert people build a college" の見出しで，二人の老婦人の発起と住民の協力の結果，「提案13号」によって一時着工が遅れたものの，遂にCoachella Valley CC学区にCopper Mountain Collegeが建設されるに至った過程を鮮やかに伝えている．
(36) Brossman, op. cit., p. 17, p. 19.
(37) California Postsecondary Education Commission (CPEC), *Principles for Community College Finance*, March 21, 1983, p. 6.
(38) Ibid.
(39) 三浦嘉久，「カリフォルニア州コミュニティ・カレッジの理念」，鹿児島県立短期大学人文学会論集『人文』第9号，1985年，p. 10。
(40) 既に，コミュニティ・サーヴィス・プログラム削減などの影響が出始めている．(Kintzer, op. cit., p. 6, p. 7.)

追記：　本稿（初出）を発表したのは1986年のことである．その後の動向（行財政面）に関しては，以下の著書も参照．小泉和重（2017）『現代カリフォルニア州財政と直接民主主義：「納税者の反乱」は何をもたらしたのか』ミネルヴァ書房．中世古貴彦(2024)『アメリカ高等教育のガバナンス改革：カリフォルニア大学の自律と統制をめぐる葛藤』九州大学出版会．

第Ⅱ部

コミュニティ・カレッジ論史

第Ⅱ部の構成と総括

　第Ⅱ部では、コミュニティ・カレッジに関する代表的論者を時系列でとりあげるとともに、彼らの論を分類する枠組みを仮説的に提示した。
　第6章では、「ジュニア・カレッジの父」と呼ばれることもあるシカゴ大学初代学長のW.R.ハーパーをとりあげた。ハーパーは、ジュニア・カレッジという呼称の産みの親である。今日に至るまで110年以上にわたってアメリカにおけるコミュニティ・カレッジの発展を主導してきたのはカリフォルニア州であるが、草創期に限れば、全米初のジュニア・カレッジ構想が打ち出された場所は中西部諸州であった。ミシガン大学のタッパン学長、ミネソタ大学のフォーウェル学長、シカゴ大学のハーパー学長など、中西部の大学改革運動のリーダー達がジュニア・カレッジ着想の主要なアクターであった。なかでもハーパーは、着想を着想だけに終わらせず、部分的ながら制度化にも成功するとともに、中西部だけでなくカリフォルニア州など他州にも影響を及ぼした存在として抜きん出ている。しかし、ハーパーのジュニア・カレッジ論の主軸は、他の大学改革運動のリーダー同様、"真の大学"（true university）の創設とそのための質の高い進学準備教育機関の構想にあり、今日のコミュニティ・カレッジのように多様な教育を多様な若者や成人に提供する総合型（comprehensive）の教育機関ではなかった。
　より今日の型に近いジュニア・カレッジ論を展開したのは、「カリフォルニア・ジュニア・カレッジ理念の父」と呼ばれるカリフォルニア大学バークレー校のランゲ教育学部長である。第7章では、ランゲのジュニア・カレッジ論とその基底にある理念を検討した。彼は、タッパン、フォーウェル、ハーパーに見られた大学進学準備教育中心のジュニア・カレッジ構想を一定程度継承しながらも、ハーパー等においては二次的（あるいは不完全）にしか現れていなかったジュニア・カレッジにおける多数者向けの完成教育機能を、進学準備教育機能と対等に位置づけて提唱した点で、コミュニティ・カレッジ論史において独自の位置を占める。

その論の背景には当時の進歩主義運動の影響もあって、「多数者と少数者の間の公平な扱い」および「最大限可能な機会の完成」など平等主義的理念を見出すことができる。とはいえ、ランゲのジュニア・カレッジ論においては、平等主義的理念だけでなく能力主義的理念も垣間見え、本論では同一人物のなかに宿る2つの理念の相克にも光をあてた。

　第6、第7章では個々の人物に焦点を当てて分析したが、第8章では、アメリカ型高等教育概念の史的研究の観点からジュニア・カレッジ（コミュニティ・カレッジ）中等教育論の系譜を明らかにしようと試みた。その第一の流れは、当時の高等教育界で最先端だとみなされたドイツの研究大学を模範とし、アメリカの大学を改革しようと腐心した進歩的大学改革者達の一群である。第6章でとりあげたタッパン、フォーウェル、ハーパー等は、ここに含まれる。第二の流れは、主にユニバーサルな青年教育の視点でまとめられた、中等教育改革の一環としてのジュニア・カレッジ（コミュニティ・カレッジ）中等教育論である。ここにはNEA（全米教育協会）とAASA（アメリカ学校管理者協会）によって任命された「教育政策委員会」が1944年に公表した報告書『すべてのアメリカ青年のための教育』と、シカゴ大学教育学部教授で中等教育の専門家でもあったL.V.クース等のジュニア・カレッジ論が含まれる。第7章で扱ったランゲは、両方の流れに属する論者として位置づけられる。

　第9章では、L.V.クース同様AAJC（アメリカ・ジュニア・カレッジ協会）のリーダーでありながらも、クースとは異なる見解を主張したW.C.イールズをとりあげた。クース等の6-4-4制に位置づく4年制ジュニア・カレッジ論、ジュニア・カレッジ中等教育論に対して、イールズは、6-3-3-2制に位置づく2年制ジュニア・カレッジ論、ジュニア・カレッジ高等教育論を唱えた。イールズは、スタンフォード大学の教育学部教授等を経てCIE教育課高等教育顧問として戦後改革期の日本で短期大学創設の立役者となった人物でもある。その意味で、第9章は、第2次世界大戦後の日本に導入された6-3-3-2制に位置づく2年制ジュニア・カレッジ論、ジュニア・カレッジ高等教育論の起源（ルーツ）の解明にもなっている。加えて、本章で

は、ランゲによって展開されたジュニア・カレッジ完成教育論が、イールズによってどのように継承されたかについての追跡にもなっている。イールズを介して戦後改革期の日本に紹介されたジュニア・カレッジ完成教育論は、高度経済成長期の日本において主に「女子の完成教育機関」としての短期大学という形で実を結んだ。完成教育プログラムが学生に忌避され容易に定着しなかったアメリカ（第Ⅲ部第1章で詳述）とは対照的に、日本ではジェンダー的要因も絡み独自の発展をとげることとなった。日米の違い[1]が鮮明に現れた局面のひとつである。

　以上、第6章から第9章までは、ジュニア・カレッジ（コミュニティ・カレッジ）の制度設計に関与した論者を中心にとりあげた。主に中西部やカリフォルニア州の大学学長（第6章、第8章）や大学教育学部[2]教授（第7章、第8章、第9章）がオピニオンリーダーとして制度の創設、発展を牽引していたことが分かる。1920年代以降は、1920年に発足したアメリカ・ジュニア・カレッジ協会（現在の呼称はアメリカ・コミュニティ・カレッジ協会）のリーダー達[3]（第8章、第9章）がこれに加わる。これらの理論的指導者に加えて各地域の教育指導者（教育長、ハイ・スクール校長、教員組合指導者など）や州議会の議員による後押しもあって、コミュニティ・カレッジは1960年までにはアメリカ高等教育の基礎部門として、アメリカ高等教育民主化の旗手として大きな期待を集めるようになった。しかし、このあたりからコミュニティ・カレッジの制度設計に関する論者だけでなく、コミュニティ・カレッジを社会学的分析の対象とする論者も登場し始める。

　第10、第11章では、そのような社会学的分析の代表的論者を2人とりあげた。まず第10章でとりあげたバートン・クラークは社会学者のフィリップ・セルズニック[4]門下で、徹底した事例分析によってコミュニティ・カレッジが現実にいかに機能しているか、いかなる役割を担っているかを冷静に描出した。彼が1960年に描いたコミュニティ・カレッジのクーリング・アウト機能は、その後の論者にも影響を与える。とはいえ、同じクーリング・アウト機能を扱っても、それへのアプローチの仕方は論

者によって異なる。

　第10章のバートン・クラーク（1960）が対象から距離を置く外部観察者にとどまるのに対して、第11章のジェローム・カラベル（1972）は、現実社会においてコミュニティ・カレッジが差別や格差の是正に向かうどころか、それを助長するものとして機能していると痛烈に批判する姿勢を打ち出した。カラベルの批判の鮮やかさは、彼の追随者を生むほどであったが、残念なことに批判の先の展望を提示することには必ずしも成功していない。カラベル（1972）における提案は、クラーク（1980）が指摘するように、現存する社会主義諸国の実態を見る限りでは説得力に欠ける。また、カラベル（1989）における提案は、結局のところジョン・デューイの哲学にまで回帰するのだがデューイを超える論点までは提示されていない。

　第12章で取り上げたズワーリングは、カラベルに追随する論者のひとりであるが、カラベルの「外的視点」に影響を受けつつも、コミュニティ・カレッジ教員という「内的視点」をもつ当事者の立場から問題解決の方策を模索する点に特色がある。学生達をクーリング・アウトするのではなくヒーティング・アップするための実践や、きめ細かなエンパワメント方策の数々に見るべきものがある。また、コミュニティ・カレッジにおける成人学生の増加を背景として、1980年代、1990年代のズワーリングの論文では、生涯学習機関、リカレント教育機関としてのコミュニティ・カレッジの役割に関する論評も加わり、人生100年時代といわれる現代において示唆に富む。

　これらの論の流れを整理する目的で、筆者はさしあたり次のような仮説的類型を提示した[5]。

Ⅰ）minority transfer only：少数者のための進学準備教育のみを行なうジュニア・カレッジ（コミュニティ・カレッジ）

Ⅱ）minority transfer and majority terminal：少数者のための進学準備教育と多数者のための完成教育とを併せ行なうジュニア・カレッジ（コミュニティ・カレッジ）

Ⅲ) majority terminal only：多数者のための完成教育のみを行なうジュニア・カレッジ（コミュニティ・カレッジ）
Ⅳ) majority transfer：多数者のための進学準備教育を行なうジュニア・カレッジ（コミュニティ・カレッジ）

　この4類型に即して先述の論史を再整理すると次のようにまとめられる。まず、類型Ⅰを代表する論者としては、第6章と第7章で論及したミシガン大学のタッパン学長をあげることができよう。タッパンの脳裏には常に、彼が理想とするドイツ（プロイセン）の大学や大学進学準備教育を徹底しておこなうギムナジウム（Gymnasium）の存在があった[6]。タッパンはギムナジウムの機能的同等物をアメリカに創るために、少数の大学進学エリートを対象とした高度の進学準備教育を行なうⅠ型ジュニア・カレッジを構想した。それに対して、類型Ⅱの萌芽は二つに分けて考えられる。つまり、その提唱が付随的（あるいは不完全）ながらも進学準備教育以外の可能性にも若干触れているという意味では、ハーパーのジュニア・カレッジ構想（第1章参照）を類型Ⅱの最初とみることができる。しかしながら、多数者のための完成教育課程を少数者のための進学準備教育と同等に積極的に位置づけ、両者の関係を自覚的に考察した最初の代表的論者としてはランゲ（第7章参照）の名を挙げなければならないだろう。このように捉えると、タッパンにおいて最も純粋に表現されていたⅠ型のジュニア・カレッジ（コミュニティ・カレッジ）論が、ハーパーの過渡的ジュニア・カレッジ（コミュニティ・カレッジ）論を経て、ランゲに代表されるⅡ型のジュニア・カレッジ（コミュニティ・カレッジ）論へと移行していく一連の流れが浮かび上がる。

　ランゲに先行する論者が少数者や大学のニーズほど熱心には多数者のニーズに意を致さなかったのに比べると、ランゲの考えるジュニア・カレッジ（コミュニティ・カレッジ）論は多数者のニーズを少数者のニーズと同じくらい尊重し、それに適合した教育を十全に提供することによって高等教育における平等を一歩進めたものであった。とはいえ、ラン

ゲの平等主義は大学の卓越を守るための能力主義との調和をめざす多元的平等主義であるがゆえの葛藤を内包するものであった。

　II型のジュニア・カレッジ（コミュニティ・カレッジ）論は、その後W.C.イールズをはじめとするジュニア・カレッジ（コミュニティ・カレッジ）運動の全米指導者達に継承される。しかし理念重視のランゲに比べると、イールズの論（第9章参照）は同時代の社会的要請に応えることをより重視するものであった。ランゲにおいては、多数者の権利やニーズへの配慮、民主主義国家発展の基盤づくりへの想い、大学教育の質を守る志向が理念的に語られる傾向が強いのに対して、イールズの論においては当時の産業社会の要請への配慮、若年失業問題、全米レベルでのジュニア・カレッジ（コミュニティ・カレッジ）の組織的成長に向けての戦略的思考が強く見られた。1920年代末から1940年代にかけてのアメリカは、社会的・経済的変動下にあり、イールズの論はそうした実社会のニーズに応える姿勢が濃厚だったといえる。

　しかしながら、イールズがよかれと考える多数者のニーズと現実の多数者が欲求するそれとの間には乖離があった。ジュニア・カレッジ（コミュニティ・カレッジ）運動の指導者達の思惑や社会的要請と実際の学生達の要望との間には落差（ズレ）があったということである。このズレを埋めるための方策としてイールズが期待したのが、ジュニア・カレッジ（コミュニティ・カレッジ）における学生の進路指導、すなわちガイダンス機能である。

　ジュニア・カレッジ（コミュニティ・カレッジ）におけるガイダンス機能は、1960年にB.R.クラークによって「クーリング・アウト機能」と呼ばれ注目を集めることになる（第10章参照）。1960年代以降コミュニティ・カレッジがめざましい量的成長をとげるにつれ、II型のコミュニティ・カレッジは、「III型に近いII型のコミュニティ・カレッジ」へと変容をとげていく。その点を鋭く指摘したのがJ.カラベル（第11章参照）やズワーリング（第12章参照）である。彼らは平等主義の観点から「III型に近いII型のコミュニティ・カレッジ」を強く批判したわけである。と

はいえ、問題の解消は容易ではなく、カラベルの論稿は批判の鮮やかさに比べると解決案において見劣りがする。むしろ批判者としてはカラベルの追随者にとどまったズワーリングの方が、解決案の提示においてはカラベルよりも具体的で見るべきものがある。また、「第Ⅰ部の構成と総括」でも触れたように、1970年代以降のコミュニティ・カレッジにおける成人学生、リカレント型学習者の増加や、コミュニティ・カレッジにおける学士号授与をめぐる最近の動向は、Ⅲ型における完成教育概念とは異なる方向性の萌芽であり、引き続き追跡と考察が求められる。

なお、本書で今回とりあげた論者以外にも、とりあげるべき論者は複数存在する。彼らの論に関しては、機会をあらためて検討する予定である。

註

(1) アメリカと比較した場合の日本の短期大学の特徴としては、長い間「女子の完成教育機関」としての性格が顕著であったことだけでなく、私立の比率が高く公立短期大学が極めて少なかったこと、現在も地域住民等による公的サポートが少ないこと、成人学生が極めて少ないことなどを挙げることもできよう。しかしながら、近年では短期大学の四年制化、公立大学化、共学化の傾向も見いだされるようになってきた。平成期以降の変化に関しては、中田晃（2020）『可能性としての公立大学政策―なぜ平成期に公立大学は急増したのか』（学校経理研究会）参照。また、日本にける短期大学への公的サポートの少なさ、成人学生の少なさは四年制大学についてもいえることで、その改善が求められる。矢野眞和（2011）『「習慣病」になったニッポンの大学―18歳主義・卒業主義・親負担主義からの解放』（日本図書センター）は、この点を一般向けに分かりやすく説いた著書である。

(2) 20世紀に全米の教育学部の中でリーダー的役割を担ったのは、研究大学の教育学部である。当時のモデル校として、コロンビア大学、ハーバード大学、カリフォルニア大学バークレー校、スタンフォード大学、シカゴ大学、ミシガン大学等の名前が挙げられる。拙稿（1995）「ED SCHOOL : a brief for professional education」『教育行財政研究』第22号（関西教育行政学会）（研究ノート）、pp.35-39参照。

(3) イールズ（第9章）は、スタンフォード大学教育学部教授を1938年に辞した後、1939年から1945年にかけてアメリカ・ジュニア・カレッジ協会事務局長兼ジュニア・カレッジ・ジャーナル初代編集長として活動した。クース（第8章）は、シカゴ大学教育学部教授を勤めながら協会の「ジュニア・カレッジ完成教育委員会」に名を連ねるとともに、ジュニア・カレッジ・ジャーナル編集長の職も3年という

期限付きでイールズから継承した。
(4) フィリップ・セルズニックは、『法と社会の変動理論（岩波現代選書）』（六本佳平訳、1981年岩波書店刊）の著者としても知られる。同著で提示される3つの法類型（「抑圧的法」、「自律的法」、「応答的法」）は、社会における法のあり方を考える上で示唆深い。
(5) 第7章で提示した4類型と基本的に同じであるが、ここでは現在の一般的呼称であるコミュニティ・カレッジという用語も加えて表記した。
(6) タッパンの脳裏に焼き付いていた学校体系図に近いものを視覚化すると、図Ⅱ-1のようになるであろう。図Ⅱ-1は1920年に刊行されたアメリカの教育史家E.P.カバレー（Ellwood P. Cubberley）の大著『教育の歴史』（*The History of Education*）に示された20世紀初頭のドイツ（プロイセン）の学校体系図である。当時のドイツでは、少数のエリートを対象とした大学とその下に置かれた進学準備中心の中等教育機関（ギムナジウム）がひとつの系統をなし、それとは別に大衆のための学校系統が交わることなく存在する、複線型の学校体系であった。

それに対してアメリカ民主主義の当時の理想を体現した学校体系図が、図Ⅱ-2に示される単線型のアメリカの「教育の梯子」である。

図Ⅱ-2は、カバレーの著書が公表された1910年以前にアメリカで比較的多くのコミュニティで採用されていた8-4制の学校体系（小学校とハイスクール）に4年制カレッジを上乗せした「教育の梯子」を描いたものである。しかし、1910年以降8-4制を改革する声が高まり、1910年頃にジュニア・ハイスクールを制度化するコミュニティも現れ、1910年から1930年にかけて8-4制から6-3-3制へ移行するコミュニティの増加傾向が認められるようになった。中央政府の権力を制限し州や地方に多くの権力と自治を与えるアメリカでは、学校体系は全国一律ではなく、コミュニティごとに異なるニーズに即して異なる型（8-4-4制、6-4-4制、6-3-3-2制等々）が主に地方の教育委員会によって選択される。ただし、学制の区切り方はともかく、階級社会を反映した複線型の学校体系には一般的に抵抗感が強く、カバレーの著書においても、図Ⅱ-1と図Ⅱ-2を比較対照することによってアメリカの「教育の梯子（単線型のアメリカ学校体系）」に見られる民主的性格を視覚的に強調している。

図Ⅱ-1 ドイツ（プロイセン）の学校体系

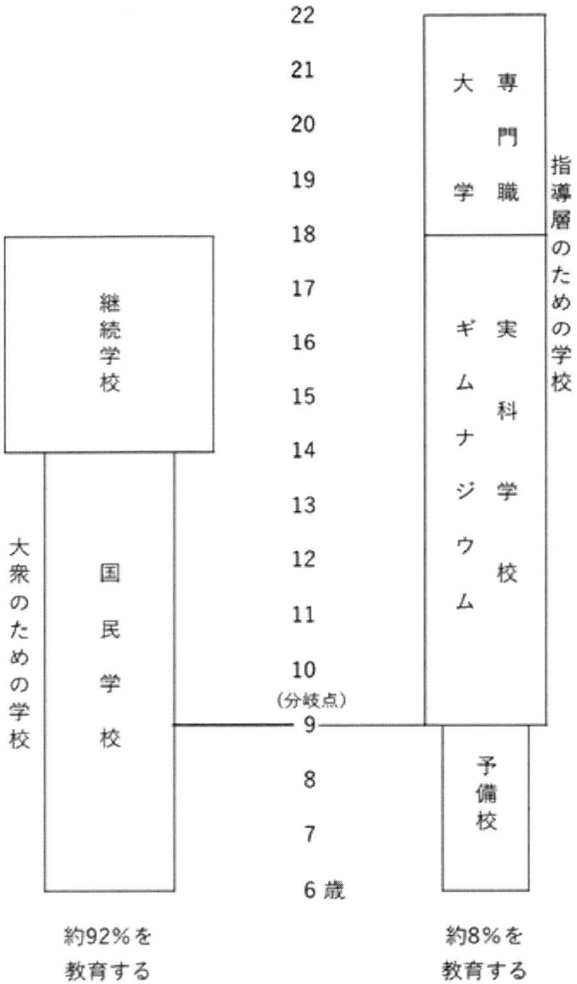

```
              22  ┌─────────┐
              21  │ 大  専  │
              20  │ 学  門  │ 指
              19  │     職  │ 導
              18  ├─────────┤ 層
              17  │ ギ  実  │ の
┌─────────┐   16  │ ム  科  │ た
│ 継      │   15  │ ナ  学  │ め
│ 続      │   14  │ ジ  校  │ の
│ 学      │   13  │ ウ      │ 学
│ 校      │   12  │ ム      │ 校
│         │   11  │         │
│         │   10  │         │
│         │  (分岐点)       │
大         │    9 ├─────────┤
衆│         │    8 │ 予      │
の│ 国      │    7 │ 備      │
た│ 民      │    6 │ 校      │
め│ 学      │ 歳  └─────────┘
の│ 校      │
学│         │
校│         │
└─────────┘

約92%を         約8%を
教育する         教育する
```

出典：Cubberley (1920), *The History of Education*,
Mifflin, p. 577, FIG.173

図Ⅱ-2 アメリカの教育階梯

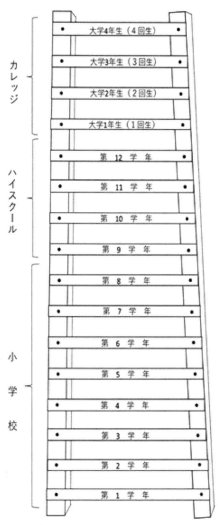

出典：Cubberley (1920), The History of Education, Mifflin, p. 708, FIG.209

第6章
W. R. ハーパーのジュニア・カレッジ構想
―米国コミュニティ・カレッジ史におけるハーパーの位置づけと評価―

序

　全米で1000校以上のコミュニティ・カレッジが加盟する「アメリカ・コミュニティ・カレッジ協会」(American Association of Community Colleges：略称AACC)は、2001年に、コミュニティ・カレッジ創設100周年を祝った[1]。2001年で100周年というのは、コミュニティ・カレッジの始まりを、1901年のジョリエット・ジュニア・カレッジ（Joliet Junior College）の創設だと認識してのことである。米国最古のコミュニティ・カレッジとみなされるジョリエット・ジュニア・カレッジは、その歴史を意識してか、途中で改称することもなく今もなおジュニア・カレッジという名称[2]を使い続けている。

　このジュニア・カレッジという呼称の産みの親であり、ジョリエット・ジュニア・カレッジ誕生の立役者としても知られるのが、シカゴ大学初代学長ウィリアム・レイニー・ハーパー（William Rainey Harper, 1856-1906）[3]である。ハーパーとシカゴ大学に関しては日本でもアメリカ大学史の文献を踏まえて潮木守一が、その著作（潮木2001）の第6章で次のような紹介を行なっている。まずハーパーについては、「並はずれた計画力・企画力・実行力の持主」、「これまでやられたことのないことをやることに、異常なほどの情熱をもった人物」、「学者ではあったが、それ以上に並はずれた企業家」であったことを、数々の逸話とともに明らかにしている（潮木 2001, pp.226-228）。また、アメリカ大学史におけるシカゴ大学の新機軸については、次のように述べている（潮木 2001, pp.220-223）。同大学の新機軸は、「高等教育の活動として考えられるものを、すべて一つの大学のなかに取り込もうとした点にあった。それはいうなれば、高等教育の一大コンツェルンともいうべきもので、そこにはカレッ

ジ教育、大学院教育、専門職業教育、地域社会へのサービス活動、大学出版部を拠点とする出版活動など、すべての活動が盛り込まれていた。つまりそれは一種の高等教育の総合デパートのような観を呈していた」。

このように潮木はシカゴ大学やハーパーの特徴を要約するが、残念ながらジュニア・カレッジに関する記述は、そこには含まれていない。「高等教育の総合デパート」を構成するジュニア・カレッジのフロアーだけが潮木の著作から欠落しているのである。したがって、その欠落をうめるためには、ジュニア・カレッジ（コミュニティ・カレッジ）に関する歴史を扱った文献に目を向ける必要がある。初期のジュニア・カレッジの歴史を理解するうえで画期的な書物（landmark book）といえるのが、クース（1925）とイールズ（1931）の2冊である[4]。クースはハーパー学長について、ジュニア・カレッジ案の普及に関して誰よりも「粘り強く影響力の大きい（persistent and influential）」人物だったと述べる（Koos 1925, p. 238）。但し、何をもってそう言えるのかは論述されていない。イールズ（戦後改革期の日本にジュニア・カレッジを紹介した人物。本書の第9章参照）は、ハーパーが「ジュニア・カレッジの父」（"father of the junior college"）と呼ばれることもあったと記述する（Eells 1931, p.47）。また、ハーパーの施策についてもクースより詳細な説明を行なっている。しかし、誰が最初にハーパーを「ジュニア・カレッジの父」と呼び始めたのかは不明であるし、何をもってハーパーがそう評価されるのかも明らかではない。

したがって本稿では、そうした不明な点を解明する目的で、ジュニア・カレッジに関するハーパーの構想とその制度化の過程に光をあてる。その上で、1世紀以上におよぶコミュニティ・カレッジの歴史においてハーパーとはいかなる存在だったのか、再評価してみたい。そのために、第1章では、なぜ彼がジュニア・カレッジを構想したのか、その意図を明らかにし、第2章では、構想を構想に終わらせず、どのように具体的な制度として形にしていったのか、ハーパーの行動の軌跡と成果を追跡する。

Ⅰ. ハーパーのジュニア・カレッジ構想の意図

(1) 大学改革(「大学」問題の解決)

「今必要とされるのはカレッジ (college) ではなく大学 (university)、それも最高の秩序を持った大学である」。シカゴ大学学長の任に就く3年前(1888年)の12月に、ハーパーはその同僚であったグッドスピード (Goodspeed) 宛の書簡の中でこう述べている (Goodspeed 1928, p.86)。19世紀後半のアメリカに大学が存在しなかったわけではないが、ハーパーの認識によれば、研究及び高度の専門教育活動を行なう、ドイツの大学に比肩しうるほどの大学は、少数の例外を除いて殆ど存在しなかったのである。そこでハーパーは、アメリカの「大学」を真の大学に改良するために、とりわけ、以下に述べる大学の下級2学年と小規模なカレッジの改革を構想したのであった。

①大学の下級2学年(学士課程前期)

ハーパーの考えでは、大学の学士課程 (undergraduate) の下級2学年(Ⅱでのべるが、ハーパーはこの2年間を上級2学年と区別してジュニア・カレッジと命名)に於ける教育は、大学における教育というよりもむしろハイ・スクールやアカデミーにおける中等教育に近いものであった。ハーパーの言葉を引用すれば、「大学の下級2学年における教育はそれ以前の教育と変わるところがない。教育内容に関して然り、教育方法に関して然り」(Harper, et al 1903, p.81) であった。ここでハーパーが問題視したのは、大学の下級2学年の教育と、第3学年以降の「自由 (free) で、専門分化された (specialized) 研究活動や専門的職業教育」(Palinchak 1973, p.59) という2つの異質な教育が同一の大学の中に併存し、それによって、専門的な教育研究活動に集中して注ぐべき(であるとハーパーが考えた)大学のエネルギーが、分散してしまうことであった。「高等教育分野において、大学下級2学年とそれ以降の教育方法の間に存在する混乱ほど、大きな誤謬はない」(Harper, et al 1903, p.81) と、ハーパーは

述べている。

　また、学生の側の知的成熟度の面から見ても、「平均的学生について言えば、大学の教育を理解しそれについてゆけるようになるのは、第2学年の終わり以降である」（Harper, et al 1903, p.81）という判断を示し、「それ故、大学の真の入口は第3学年からである」（Storr 1966, p.127）と言明している。

　そこでハーパーは、大学の下級2学年を大学本体から切り離し、中等教育段階に接続することを提唱した。それによって、大学の下級2学年がその実質的水準に正直な教育段階でより徹底した教育を行ないうると共に、大学がそのエネルギーの総てを研究及び専門的職業教育に投入しうると考えたからである。

②小規模な4年制（宗派立）カレッジ
　大学学士課程と同様4年制ではあるが、研究大学と違って大学院を持たない小規模なカレッジについては、ハーパーは以下のような理由からその非大学性を批判する。第一に、「小規模なカレッジの教育内容程度のことは、今日、ハイ・スクールによって成されており、科学的設備はハイ・スクールの方が優っている場合さえある」（Harper 1905, pp.363-364）と述べて、その教育内容水準の低さを指摘し、更に、「蔵書数が1000冊を下回り、科学設備が1000ドルを要しない程度のものであり、せいぜい4000ドルの建築物を擁するにすぎない小規模なカレッジには、大学の仕事は成し得ない。このような大学が、現在アメリカには100校以上もある」（Harper 1905, p.377）と述べ、教育内容ばかりでなく、教育資源の面から見ても、小規模なカレッジは大学の名に値しないという評価を、ハーパーは下しているのである。

　しかも、そればかりでなくかかる大学の多くは、「それを運営維持していく上で必要な財源上の問題は不問に付したまま、ひたすら宗教的要因に基づく、宗教家達の大学設立願望によって生まれた」（Reynolds 1965, p.4）宗派立カレッジであったため、設立後間もなく経営難に陥り、19世

紀後半ともなると専門教育重視という時代の趨勢も作用して、その存立さえ危ぶまれるに至った。

かかる状態に対するハーパーの提案は、当時のアメリカ社会で流行していたスペンサーの「社会ダーウィニズム」の影響を受けてのことだと思われるが、「適者生存」という社会進化論的な言語表現が目立つ。すなわち、劣弱かつ小規模なカレッジの一部は、大学に負け戦をいどむかわりに強力な2年制大学へと再生をはかるべきだというものであった。それによって、「表面的な4年制の大学教育が消滅し、その水準に正直な大学のみが後に残る」と共に、「現在、小規模なカレッジで表面的な高等教育をすることに浪費されている資金を、教育階梯上それより下の段階で徹底した教育をするために使用しうる」からであり、更には「高等教育に適した資質をもつ学生が、いたずらに小規模なカレッジに入学する途から免れ、その才に相応しい大学に入学することが確実となる」と考えられたからである（Harper 1905, p.381）。

(2) ハイ・スクール後の教育機会の拡大

ハーパーのジュニア・カレッジ制度化の意図としては、もうひとつ別の側面、即ち、ハイ・スクールのジュニア・カレッジへの発展による教育機会の拡大が指摘される。ハイ・スクールの成立時期は19世紀前半であるから、ハーパーがジュニア・カレッジを創設しようとした19世紀後半においては、それは未だ制度的に十分確立されたものではなかった。例えば、その教育年数に関していうならば、理想的なハイ・スクールの教育年数は4年間であるとされ、実際に19世紀も後半になると多くの州が4年制の課程を設置したのであるが、未だ4年制への移行途上にある地域も存在し、依然としてそれは流動的であった。とはいえ、ハーパーによれば、その発展の方向は定まっていたと言えよう。つまり、彼の考えでは、当時のハイ・スクールは着実にその入学要件を整備し、教育設備を充実させ、教育年数を増加させる方向にあったのである。中には、教育内容において大学の下級2学年と大差ない水準にまで達しているものも存

在していたことは、既に述べた通りである。

　そこでハーパーは、この成長を更に進めて、つまりハイ・スクールの教育年数をもう1、2年延長してジュニア・カレッジ段階にまで押し上げることを企図したわけである。それは、ハーパー自身「現在は、ハイ・スクール卒業生の僅か10％しか大学に進学しないが、もしハイ・スクールが2年追加の教育を提供するようになれば、4年間のハイ・スクールを修了する学生のうち、少なくとも40％の者が更に2年、現行の大学の2年次（the sophomore year）まで学業を続けることができるようになるだろう」（Harper 1905, p.383）と述べているところからも察せられる通り、それによってハイ・スクール後の教育機会が更に拡大すると考えられたからである。しかもこの場合、設立者の側から見れば、既存のハイ・スクール施設の利用によるものであるから「最小限の経費で」（Harper 1905, p.383）ジュニア・カレッジ段階の教育が拡大する筈であった。また、学生の側から見れば、優秀でありながらも経済的あるいは地理的理由により4年制大学に一気に進学することの難しかった層が、ハイ・スクールの卒後課程のジュニア・カレッジ化によって、より高い段階の教育を受ける可能性が高まるというメリットも期待されたのである。

(3) 大学予備門的教育機関の確立

　更に、ジュニア・カレッジ制度化におけるハーパーの意図を明らかにする上で見落とすことができない点として、彼がジュニア・カレッジに大学予備門的教育機能を持たせようとしていたことがあげられる。

　小論の冒頭に引用したハーパーの言葉からも察せられるように、彼の心を第一に捕捉していたのは、なによりもアメリカの地に「かつてない規模の偉大な大学」（Storr 1966, p.55）を設立することであり、「大学こそがハーパーの一生であった」（Brickman and Lehrer 1966, p.33）。実際、彼は、初代学長の任に就いたシカゴ大学を真の大学にするべく、教育資源の充実、優秀な教授陣の招聘に東奔西走している。しかし、大学はそれだけで成り立つものではない。「研究を第一とし教育は第二とす

る」(Brown and Mayhew 1965, p.32) 大学院中心の大学を機能させるためには、教授と伍してゆけるほどの優秀な学生達が其処に集められる必要があった。そのためにはドイツのギムナジウムのような、大学予備門的中等教育機関の設立が俟たれた。だが、かかる要請に応えるべきであると考えられたハイ・スクールやアカデミーは、その成長がハーパーによって高く評価されつつあったとは言うものの、依然、それのみでは予備門的教育機関として不十分だと考えられた (Harper 1905, p.379)。加えて、大学の下級2学年の教育が、その不十分さを補うどころか、不足を助長さえしていたことは既に述べた通りである。かくして、大学に優秀な人材を送る真の大学予備門的教育機関の編成が必要となり、それをハーパーは、中等教育機関との接続を強めつつ、無駄に重複することのないジュニア・カレッジの設立によって解決しようとしたのである。

　以上、ジュニア・カレッジ制度化におけるハーパーの意図として、大学改革(「大学」問題の解決)、ハイ・スクール後の教育機会の拡大、大学の予備門的教育機関の確立(中等教育改革論)、という3つの意図の存在を明らかにした。しかし、彼の大学改革論と中等教育改革論の核になるアイデアは、必ずしもハーパーが先駆というわけではない。まず、大学改革論に関しては、ハーパーよりも半世紀近く前に、アメリカの「大学」をドイツ化して研究中心の真の大学へとドイツ化する取り組みを行なったミシガン大学初代学長タッパンの名前をあげることができる。また、中等教育改革を含めた学制改革論に関しては、ハーパーよりも30年近く前に、ハーパーの学制改革構想にも影響を与えたといわれるミネソタ大学初代学長フォーウェルのミネソタ・プランをあげることができる (Gerber 1971, p.52)[5]。

　それではハーパーの新機軸はどこに見出されるのか。それは、タッパンやフォーウェル等によって既にアイデアは出されていたものの、制度化の軌道にまでは乗せられていなかったものに実際の形を与え、それ以降の制度のダイナミズムを惹き起こす契機を与えたことではないかと考えられる。オリジナル・アイデアからの創造ではないにせよ、ジュニア・

カレッジという新しい組織をアメリカの大地に出現させたこと、大学関係者のみならず中等教育関係者の志にも影響を与え行動変容の契機を与えたこと、ではないかと考えられる。次章では、そのようなハーパーによるジュニア・カレッジの可視化（命名と制度化）の経緯を検討する。

Ⅱ．ハーパーによるジュニア・カレッジの可視化と普及活動

(1) アイデアの可視化①：シカゴ大学内部でのジュニア・カレッジの命名と制度化

ジュニア・カレッジの可視化はシカゴ大学内部での組織改革から始まった。シカゴ大学は私立の大学であるから、私立の大学内ジュニア・カレッジの誕生といってもよいだろう。大学内ジュニア・カレッジの制度化は、学士課程を二分する改革から始まった。実は、学士課程を二分すべきだという主張を最も早期に行なったといわれるのは、先述したタッパンであった。続いてミネソタ大学初代学長のフォーウェルも同様の主張を行なった。しかし両者の構想は、彼らの在任中には実現されることなく終わった（Eells 1931, pp.45-47）。それどころか、タッパンの場合は大学改革のほぼ全般にわたって学内外からの批判をうけ、1863年には学長職から解雇されるという憂き目にも遭っている。この場合の学内外からの批判とは、教授たちからの批判、理事会からの批判、教会や宗派立カレッジからの批判、農民からの批判、マスコミからの批判、政界や禁酒運動家たちからの批判など、多岐にわたる（ホフスタッター 1980, pp324-325、伊藤 1999, pp.423-459、ルドルフ 2003, p.228）。

それに対してハーパーの場合は、1892年にシカゴ大学の学士課程を下級2学年（the lower divisions）と上級2学年（the upper divisions）に二分し、前者をアカデミック・カレッジ（Academic College）、後者をユニバーシティ・カレッジ（University College）と呼ぶことを実行することができた。1895年には、下級2学年と上級2学年の名称変更が行なわれ、下級2学年の呼称はアカデミック・カレッジからジュニア・カレッジに、

上級2学年の呼称はユニバーシティ・カレッジからシニア・カレッジ（Senior College）に変更されることになった（Eells 1931, p.47）。今日まで残るジュニア・カレッジという呼称の誕生である。名称変更の理由に関しては今のところ必ずしも明らかではなく、「より適切な用語がないから」（Harper 1905, p.378）というハーパーの言葉が残されている程度である。とはいえジュニア・カレッジという名称は、公立2年制カレッジに関してコミュニティ・カレッジと呼ばれることが多くなった今でも、私立の2年制カレッジや一部の公立2年制カレッジにおいて残存している。その意味でコミュニティ・カレッジ史においてハーパーの名は、今も名付け親として残っている。更に、1899年になると、ハーパーは改革をさらに一歩進めて、ジュニア・カレッジで所定の課程を修了した学生に対して授与される学位として、準学士（the associate's degree）を創設した（Eells 1931, p.47）。この準学士という学位も現在まで続くハーパーのレガシーである。

　このように、1891年にイェール大学教授職を辞し35歳の若さでシカゴ大学初代学長に就任したハーパーは、まずは、シカゴ大学内部にジュニア・カレッジを発足させることに成功したわけである。

(2) アイデアの可視化②：アメリカ初の公立ジュニア・カレッジの制度化
　前章でも述べたように、研究中心のドイツ型大学をアメリカで実現するためには、ドイツのギムナジウムのような、大学予備門的中等教育機関の設立が求められた。大学予備門的中等教育機関の試みはシカゴ大学よりも早期にミシガン大学で、タッパンの後継学長によって一時期試行されたことがある。1895年までに、ミシガンのイーストサイド・ハイスクールがカレッジ級のラテン語、代数（学）、三角法、英語、歴史の授業を1年間の課程で行なっており、1897年までには、それらを履修した8人の学生がミシガン大学に入学した後、3年で大学を卒業した。しかし、この試みは長く続かずに終わった（Eells 1931, p.53）。

　また、それよりも早期に、ミネソタ大学のフォーウェル学長は、1869

年の学長就任演説でミネソタ州の教育制度全般に関する計画をほのめかした。その計画は「ミネソタ・プラン」と呼ばれ、1875年にはNEA（全米教育協会）でその詳細が発表された。そこでは小規模4年制カレッジ（主に宗派立カレッジ）の2年制化など、前章で述べたハーパーの意図と同様の見解が見られる。また、ミネソタ州の教育制度を、初等教育、中等教育、大学から成る3段階制に整える構想も発表された。この場合の中等教育は、「中等あるいはカレッジ段階」（secondary or college level）と表現されており、大学の学士課程前期はいずれ中等教育機関に代替してもらう構想が示された。しかし、この構想も部分的にしか受け入れられず、1885年に学長が交代するとともに廃案となった（Gerber 1971, pp.52-53）。

　ハーパーは、タッパンやフォーウェル等が実現できなかった構想を、持続性をもったシステムとして実現することに挑戦した。そのために、シカゴ大学と提携関係や協力関係を結ぶ教育機関を募り良好な関係を築くための「提携委員会」（the Board of Affiliations）を設けた（Witt [et al.] 1997, p.20）。1849年、イリノイ州ジョリエット市に創立されていたジョリエット・ハイスクールは、そのような構想に積極的に反応した教育機関のひとつである。同校では、ハーパー学長の友人でハーパー同様バプティストでもあったJ.スタンリー・ブラウン（Brown, Stanley）が、1893年に校長に任命されていた。ハーパーのジュニア・カレッジ構想の支持者でもあったブラウンは、シカゴ大学と提携関係を結び、ハーパーが設置した「提携委員会」のリーダーまで務めた（Witt [et al.] 1997, p.21）。

　ブラウンは1899年にはジョリエット市の選挙民によって教育長にも選出された。1900年12月に開かれたジョリエット市教育委員会で、ブラウンはジョリエットで卒業後課程（ジュニア・カレッジ）を提供するつもりであることを発表し、1901年にはジョリエット・ジュニア・カレッジのために建て増しされた校舎が開かれた（Witt [et al.] 1997, p.21）。ブラウンは、ジョリエット・ジュニア・カレッジの創設に関して、それはひとえに、先見の明のあるハーパー学長のおかげだと述べた（Eells 1931, p.55)。かくして米国発の公立ジュニア・カレッジが、6年制ハイスクール（4年制ハイスクールに2年間の卒後課程を上乗せ）の制度化という形で誕生した。

(3) アイデアの普及活動①：中西部諸州におけるジュニア・カレッジの制度化

　以上述べたジュニア・カレッジの制度化は、まずはハーパーのお膝元であるイリノイ州において実現されたものである。タッパンやフォーウェル等が実現できなかった持続性をもったシステムの実現を、身近な所から成し遂げた点が評価される。しかし、ハーパーは、イリノイ州におけるジュニア・カレッジの実現だけでは満足しなかった。同様の試みをイリノイ州以外にも広げるために、ハーパーはほぼ毎年、中西部のハイスクールやカレッジ等の代表をシカゴ大学に招いて教育制度について議論する会合を設けた。1902年に開催された、シカゴ大学と提携関係にあるハイスクールやアカデミーの会議の席上では、ハーパー学長は、下は小学校から上はカレッジまで包括する学校制度改編案を発表した。以下のような4つの改革案の発議である（Harper 1903, p.1）。

　1　初等学校の第8学年の課程を中等学校の課程に連結する。
　2　中等学校の課程を延長してカレッジの最初の2年間まで包摂する。
　3　上記の措置により生まれる7年間の中等学校課程を6年に縮減する。
　4　最良クラスの生徒については、上記課程の5年修了も可能にする。

　要するに、8年制の初等教育を6年制に短縮し、4年制の中等教育を上方と下方に引き伸ばして、6年制の初等教育と6年制の中等教育からなる教育制度再編案を提出したわけである。ハーパーは、この改革案を審議するための委員会創設も提案した。委員会は3つの分科会（初等、中等、カレッジ教育）に分けられ、審議結果を1903年の会合に持ち寄った。その結果をみると、6年制ハイスクール案は中等教育分科会において肯定的に受け止められたことが分かる。翌1904年の会議では、中等教育分科会で座長を務めたスタンリー・ブラウンによって、イリノイ州以外の中西部

諸州（インディアナ州、ミシガン州、ミズーリ州など）でもハイスクールの6年制化計画が、ある程度進行していることが報告された。(Eells 1931, p.55)。

　このように6年制ハイスクールはイリノイ州以外の中西部諸州に広がる兆しが見え始めた。このまま進めば、中西部がジュニア・カレッジの先進地になっていたかもしれない。しかし、中西部は1906年に、ハーパーというジュニア・カレッジ拡張案の比類なきリーダーを失ってしまった。当時はまだ不治の病と恐れられた癌によってハーパーは49歳の若さで逝去した。余命宣告をうければ意気消沈する人も多いなか、ハーパーは、1年前から癌であることを知りながら最後まで大学改革と学制改革を前に推し進めようと邁進した。道半ばで早逝したハーパーに匹敵するほどのリーダーが、中西部ではすぐに現れなかったこともあり、コミュニティ・カレッジ史の主要舞台は1907年以降、中西部からカリフォルニア州へと移動する。

(4) アイデアの普及活動②：カリフォルニア州におけるジュニア・カレッジの制度化

　1907年という時点は、米国初のジュニア・カレッジ（コミュニティ・カレッジ）に関する法律がカリフォルニア州で制定された年である。カリフォルニア州は1907年以降、法制面でも理念やカリキュラムの面でも他州をリードする存在になった。カリフォルニア州でジュニア・カレッジ（コミュニティ・カレッジ）運動を中心になって牽引したのが、スタンフォード大学のジョーダン学長とカリフォルニア大学のランゲ教育学部長である。2人がどのようにカリフォルニア州のジュニア・カレッジ運動に関わったのかに関しては、第1章や第7章で扱っているので、ここではハーパーとカリフォルニア州との接点に限定して論述する。

　ハーパーは、ジュニア・カレッジ構想を広く知らせるために様々な機会を利用したといわれる。例えば、アメリカ大学協会（Association of American Universities: AAU）は1900年に創設された研究重視の大学院

大学の全米的な団体であるが、ハーパーはAAUの創始者のひとりであった。そのような団体で講演をおこなうことによって、研究を重視する大学の学長達にジュニア・カレッジ概念の周知をはかることができた。また、国内の教育指導者達をシカゴ大学に招いてジュニア・カレッジを紹介することもあったという（Witt [et al.] 1997, p.30）。こうした機会を通した学長レベルでの交流は、スタンフォード大学のジョーダン学長とハーパー学長との間では特に盛んに行われたようである。ハーパーが1891年にイェール大学教授職を離れ35歳の若さでシカゴ大学初代学長に就任したのとほぼ同時期に、ジョーダンは、中西部のインディアナ大学学長職を離れ1891年に開学されたばかりのスタンフォード大学学長に就任している。2人は比較的年齢も近く大学改革にも前向きで、2人ともAAUの創始者であった。また、ハイスクールとの緊密な関係樹立にも熱心であった。

　2人の関係を裏付ける史料も残されている。例えば1902年の合衆国教育長官への報告において、ハーパー学長は、「スタンフォード大学のジョーダン学長は私に、小規模カレッジのジュニア・カレッジ化は、間違いなくこの年の重要な動きのひとつであると示唆した」と語ったという（Eells 1931, pp.61-62）。また、シカゴ大学アーカイブ所蔵のハーパーの書簡を分析したWattenbarger／Witt（1995）によれば、ハーパーとジョーダンは1890年代からの親しい友人で、1893年から1905年にかけて書簡をやりとりしていたという。書簡のやりとりだけでなく互いのキャンパスを相互に訪問していたことも明らかにされている。ジョーダンは一度ならずシカゴ大学を訪問しているし、ハーパーもジョーダンのキャンパスを1899年に訪問したといわれる。当時全米に広がり始めたアメリカン・フットボールの大学間対抗試合における交流もあったようである（Geiger 2015, p.375）。

　このように「ハーパー学長→カリフォルニア州への流れ」は、ハーパーとジョーダンとのコネクションによるところが少なくないと考えられるが、それだけに限定されるものでもない。それは、Wattenbarger／

Witt（1995）が見出した1900年3月3日付の書簡草稿によって窺い知れる。この書簡草稿のなかで、ハーパーは既にカリフォルニア州の3校の小規模カレッジのジュニア・カレッジ化に向けて活動していると明言している。また、準学士構想についても、ハーパーはスタンフォード大学のジョーダン学長やカリフォルニア大学のウィーラー学長と議論していると語っている。ここから、「ハーパー学長→カリフォルニア州への流れ」にはウィーラー学長[6]を介したものもありえたことや、ハーパーみずからカリフォルニア州における小規模カレッジ数校に働きかけていた可能性もあることが読み取れる。

(5) アイデアの普及活動③：『スクール・レビュー』の創刊を通した広報活動

　ジュニア・カレッジを全米に周知する方法としては、1896年に創刊された中等教育専門誌『スクール・レビュー』（The School Review）の存在も無視できない。ハーパーがシカゴ大学という「高等教育の総合デパート」のなかに大学出版部を設けたことは、「はじめに」でも述べた通りである。大学出版部は、学会や社会に対して大学の研究成果を広める重要な拠点であったが、シカゴ大学出版部は学術書だけでなく専門分野別のジャーナルも数多く出版し始めた。『スクール・レビュー』はそのような専門ジャーナルのひとつであり、ジュニア・カレッジに関する研究論文を発表する機会を提供することによって、ジュニア・カレッジ運動を後押しする機能も果たした。また、巣立って間もないジュニア・カレッジの最新ニュースや提携委員会からの会議報告などの情報提供もおこなった。1896年に『スクール・レビュー』は「北部中央カレッジ・中等学校協会」の公式ジャーナルにもなり、同協会がシカゴ大学で1903年に開いた年次総会では、シカゴ大学は6年制ハイスクールを広げる好機として総会を利用したといわれる（Witt [et al.] 1997, p.30）。

　後世のコミュニティ・カレッジ研究者も、初期のジュニア・カレッジについて研究する際には、『スクール・レビュー』に掲載された論文に依

拠する場合が多い。1930年にジュニア・カレッジに特化した専門誌『ジュニア・カレッジ・ジャーナル』(The Junior College Journal) がスタンフォード大学出版会で創刊されるまでは、ジュニア・カレッジに関する論文の収録数は『スクール・レビュー』が最も多く、70編を上回るほどであった（Eells 1931, p.810）。

以上見てきたように、ハーパーは、史上最初のジュニア・カレッジの制度化をイリノイ州で行なったのみならず、中西部諸州やカリフォルニア州をはじめ全米規模での制度の普及に向けても、亡くなる前まで活動を続けたのである。

結

全体を総括しよう。本稿の前半（Ⅰ）では、ジュニア・カレッジ制度化におけるハーパーの意図として、(1)「大学」問題の解決、(2)ハイ・スクール後の教育機会の拡大、(3)大学の予備門的教育機関の確立という3つの意図の存在を明らかにした。ハーパーはジュニア・カレッジを制度化するにあたって、この中のいずれに最も意を致したのであろうか。危機に瀕した小規模なカレッジを救済することか。あるいはハイ・スクール後の教育機会を均等化することか。ハーパー自身がこの点に関して明言しているわけではないから、自然、複数の解釈が成り立ちうる。しかし、19世紀後半から20世紀初めにかけてのアメリカ、とりわけ進歩的な大学の学長達が何を最も強く希求していたかを考える時、次のような解釈がより妥当性を持つのではないかと考える。つまり、ハーパーにとって最も重要な、そして緊急性を持った課題は、アメリカにその名に相応しい大学を設立することだったのであり、ジュニア・カレッジは、その実現を助ける上で不可欠、ないしは設立した方が望ましい機関だと考えられ、制度化されたものである。

本稿で個別に述べてきた(1)〜(3)の意図も、この視角から改めて捉え直すことが可能である。(1) - ①で述べた大学の下級2学年の大学本体から

の分離によっては、大学がそのエネルギーを学問研究に集中して注ぐことが可能になるばかりでなく、分離された下級2学年は、中等教育との協働の下、優秀な人材を大学に用意することが期待された。(1)－②の小規模カレッジのジュニア・カレッジ化によっては、優秀な教授や学生が徒に小規模なカレッジに分散しないばかりか、同カレッジが大学に秀れた人材を提供するようになることが期待された。そして(2)の、ハイ・スクールのジュニア・カレッジ化によっては、従来の体系では埋もれざるをえなかった才能ある若者をも大学に招く可能性が高まることが期待された。(3)の大学予備門的教育機関の確立については、それが大学の発展に不可欠であることは言うまでもないだろう。従って、ジュニア・カレッジ制度化におけるハーパーの意図は、複合的でありながらも、主要には研究大学の設立・発展を補助することに在ったと言えよう。

だとすればハーパーのジュニア・カレッジ構想は、ミシガン大学のタッパン学長を起点とするジュニア・カレッジ像（少数の知的エリート向けの進学準備教育のみを行なうジュニア・カレッジ）に近いものだったといえる。そこで生じる疑問は、なぜタッパンではなくハーパーが「ジュニア・カレッジの父」と見做されたのかという点である。タッパンではなくハーパーが評価される点はどこに求められるのであろうか。

第一に考えられるのは、構想の実現力である。本論の後半（Ⅱ）で述べたように、タッパンやフォーウェルは構想を実現できなかったが、ハーパーはアイデアの可視化（ジュニア・カレッジの命名と制度化）に成功した。アイデアの実現には尋常でない情熱とエネルギーを要することを考えれば、初めてモデルケースを目に見える形で提示できたということは評価されて然るべきであろう。

第二に、周囲への影響力である。ハーパーは、構想の実現をイリノイ州だけでなく中西部諸州やカリフォルニア州、さらには全米レベルにまで広げるべく尽力した。ハーパー自身は早逝によって、ジュニア・カレッジが全米レベルにまで普及する様子を目にすることはできなかったものの、そのための種をまいたことは評価されて然るべきであろう。（尚、

ハーパーのまいた種がジョーダンやランゲを介してカリフォルニア州でどのように芽吹き花を咲かせることになるのかは本書の第Ⅰ部－第1章で論述した）。

　第三に、ハーパーのジュニア・カレッジ構想が複合的で、将来的に発展する契機を含んでいた点である。ハーパーの構想は、タッパンの考えるジュニア・カレッジ像（少数の知的エリート向けに進学準備教育のみを行なうジュニア・カレッジ）を継承する一方、次世代のジュニア・カレッジ像（少数の知的エリート向けの進学準備教育と多数者のための完成教育とを併せ行なうジュニア・カレッジ）につながる側面も含み持っていた。タッパンがドイツ近代大学の理念（研究至上主義、精神の貴族主義等）に傾倒するあまり周囲との軋轢に苦しんだのに対して、ハーパーの場合、タッパンほどドイツ一辺倒ではなく、「ショトーカ活動」（世紀転換期のアメリカで人気が高かった成人教育運動）などアメリカ的な大衆教育にも関心を寄せており、ドイツの学問的卓越性をアメリカ的風土に適合させることにも長けていたように思われる。そのような複眼的思考によって現在まで続く持続可能な制度の構築へとバトンを渡すことができたのではないかと考えられる。

　ハーパーからのバトンを受け取った主要人物はスタンフォード大学学長のジョーダンであり、カリフォルニア大学学長のウィーラーや教育学部長のランゲである。特にランゲは、ハーパーやジョーダンのジュニア・カレッジ構想においては十分に展開されずに終わった次世代のジュニア・カレッジ（少数の知的エリート向けの進学準備教育と多数者のための完成教育とを併せ行なうジュニア・カレッジ）構想の立役者となった。ランゲは、ジュニア・カレッジを大学への準備教育だけを行なうものとは考えず、学校教育の完成段階としても構想した。また、青年だけではなく地域の成人へのサービスまで包摂した幅広い教育をカリフォルニア州の多くのコミュニティで実現させようと試みた。ランゲのジュニア・カレッジ構想と支持理念については次章で検討する。

註

(1) 創設100周年を記念して刊行されたのが、American Association of Community Colleges (2001)。

(2) ジョリエット・ジュニア・カレッジは、現在まで続く最古の公立2年制カレッジとして、コミュニティ・カレッジという呼称が普及した現在も、なおジュニア・カレッジの名を留めている。https://jjc.edu/about-jjc/history 参照（2024年3月10日）。

(3) ハーパーの経歴に関しては、Goodspeed (1928) が詳しい。それによれば、ハーパーは1856年にオハイオ州ニュー・コンコードで、商店を営む両親のもとに生まれた。貧しいながらも極めて信心深く教育熱心な家庭で育てられ、幼児期から知的好奇心が強く、3歳から本を読むことができた。14歳でニュー・コンコードにあるバプティスト系のマスキンガム・カレッジで学士号を取得。その後、家業を数年間手伝った後、1874年にイェール大学の大学院で博士号を取得（セム語の研究）。1883年以降はショトーカ（夏季大学講座）活動に参加し、ヘブライ語のコースを担当。ショトーカは、セオドア・ルーズベルト大統領によって「アメリカにおける最もアメリカ的なもの（the most American thing in America）」と評された大衆教育活動で、ハーパーは、この活動を1898年まで継続した。1886年にイェール大学のセム語教授に任命されたハーパーは、同大学で5年間教えた後、熱心なバプティストで大富豪のJ・D・ロックフェラーの求めに応じて1891年にシカゴ大学の初代学長に就任。既に高い評価を得ていた教育者、研究者の道から、まったく未経験の大学管理者の道に移ることには若干悩んだ形跡が認められるものの、ハーパーは、大学管理者としても手腕を発揮した。ロックフェラーの潤沢な資金援助もあって、ハーパーは、哲学、教育学分野のジョン・デューイをはじめ、あらゆる分野の「大物教授」をシカゴ大学に惹きつけ、理想の研究大学づくりに邁進した。

(4) この他、Brick (1964)、Gallagher (1968)、Goodwin (1971)、Brint/Karabel (1989)、Witt [et al.] (1995)、Beach (2010)、Kisker/Cohen/Brawer (2023) 参照。

(5) タッパン（Henry P. Tappan, 1805-1881）に関しては、Gallagher (1968) 参照。フォーウェル（William Watts Folwell, 1833-1929）に関しては、Gerber (1971) およびPalinchak (1969) 参照。

(6) ベンジャミン・アイド・ウィーラー（Benjamin Ide Wheeler）は、1899年から1919までの20年間にわたり、カリフォルニア大学バークレー校の学長を務めた。ランゲの上司にあたるが、ランゲ同様、ドイツ留学経験があり、大学制度改革、教育制度改革に前向きであった。また、ランゲ同様、カリフォルニア州における進歩主義運動（1900年から1920年まで続いた教育や社会の改革運動。カリフォルニアではハイラム・ジョンソン知事が就任した1911年にピークを迎えたといわれる）の支持者であった。ジョーダンやランゲがカリフォルニア州におけるジュニア・カレッジ運動のリーダーだったとすれば、ウィーラー学長はそのサポーター

であったといえよう。なお、カリフォルニア州における進歩主義運動に関しては、Douglass（2000, pp. 81-134）参照。

文献一覧

伊藤敏雄（1999）『米国近代大学史研究―ミシガン大学を事例として』風間書房
潮木守一（2001）『アメリカの大学』講談社
リチャード・ホフスタッター（1980）『学問の自由の歴史1　カレッジの時代』井門富二夫、藤田文子訳、東京大学出版会
American Association of Community Colleges(2001), *America's Community Colleges – A Century of Innovation.*, Community College Press
Beach, J.M. (2010), *Gateway to Opportunity? : A History of the Community College in the United States*, Stylus Pub
Brick, Michael (1964), *Forum and Focus for the Junior College Movement: The American Association of Junior Colleges*, Columbia University Press
Brickman, W. W. and Lehrer, S. (1966), *John Dewey: Master Educator*, Atherton Press.
Brint, Steven / Karabel, Jerome (1989), *The Diverted Dream: Community Colleges and the Promise of Educational Opportunity in America, 1900-1985*, Oxford University Press
Brown, H. S. and Mayhew, L. B. (1965), *American Higher Education*, The Center for Applied Research in Education, Inc.
Douglass, John Aubrey (2000), *The California Idea and American Higher Education: 1850 to the 1960 Master Plan*, Stanford University Press
Eells, W. C. (1931), *The Junior College*, Houghton Mifflin Company
Gallagher, Edward Arthur (1968), *From Tappan to Lange: Evolution of the Public Junior College Idea,* unpublished Ph.D. dissertation, University of Michigan
Geiger, Roger L. (2014), *The History of American Higher Education: Learning and Culture from the Founding to World War II*, Princeton Univ. Press
Gerber, Daniel R. (1971) "William Watts Folwell and the Idea of the Junior College", The *Junior College Journal*, Vol. 41, No. 6, pp.50-53
Goodspeed, T. W. (1928), *William Rainey Harper*, The University of Chicago Press
Goodwin, Gregory Lang (1971), *The Historical Development of the Community - Junior College Ideology: An Analysis and Interpretation of the Writings of Selected Community - Junior College National Leaders from 1890 to 1970*, Ph. D. Dissertation, University of Illinois at Urbana-Champaign

Harper, W. R. et al. (1903), *Present College Questions*, New York D. Appleton and Company

Harper, W. R. (1905), *The Trend in Higher Education*, The University of Chicago Press

Kisker, Carrie B./Cohen, Arthur M./Brawer, Florence B. (2023), *The American Community College*, Jossey Bass Higher and Adult Education, Jossey-Bass

Koos, Leonard V. (1925), *The Junior College Movement*, Ginn and Company

Palinchak, Robert S. (1969), *Folwell, Tappan and Harper - Early Proponents of the Two-Year College*, ERIC Number: ED045066

Palinchak, R. (1973), *The Evolution of the Community College*, The Scarecrow Press, Inc.

Ratcliff, James L. (1986), "Should We Forget William Rainey Harper?", *Community College Review*, v13 n4, pp. 12-19

Ratcliff, James L. (1995), "The Excitement of Discovery and the Perils of Premature Conclusions", *Community College Review*, v.22 n.4, pp. 29-34

Reynolds, J. W. (1965), *The Junior College*, The Center for Applied Research in Education, Inc.

Rudolph, Frederick (1962), *The American College and University: A History*, New York: A. Knopf

Storr, R. J. (1966), *Harper's University*, The University of Chicago Press

Wattenbarger, James L.; Witt, Allen A. (1995), "Origins of the California System: How the Junior College Movement Came to California", *Community College Review*, v.22 n.4, pp.17-25

Witt, Allen A. [et al.] (1997), *America's Community Colleges: The 1st Century*, American Association of Community and Junior Colleges

第7章
A. F. ランゲのジュニア・カレッジ完成教育論とその基底理念
―高等教育における平等主義と能力主義の葛藤―

はじめに

　ジュニア・カレッジ（Junior College, 以下JCと略。）の基本的性格や役割は、JCが誰のためにどういう教育を提供するかによって異なってくる。この点に関して、これまで繰り返し論じられてきた問題のひとつは、JCの進学（転学）準備教育（transfer education）機能と完成教育（terminal education）機能との重要性の比較に関する問題であった。これに、「誰のために」という条件を加えて考えると、JCの基本的性格や役割をめぐって、次の4つの考え方が成立するであろう。

　Ⅰ) 少数者のための進学準備教育のみを行なうJC（minority transfer only）
　Ⅱ) 少数者のための進学準備教育と多数者のための完成教育とを併せ行なうJC（minority transfer and majority terminal）
　Ⅲ) 多数者のための完成教育のみを行なうJC（majority terminal only）
　Ⅳ) 多数者のための進学準備教育を行なうJC（majority transfer）

　過去及び現在のJCに最も多く見られる類型はⅡであるが、それ以外の類型もJC論史やJC運動の歴史においては登場しており、可能性としては今後もなお存続するものだといえよう。これまでのところ現実の主勢力にはなりえなかったⅠ、Ⅲ、Ⅳのような考え方も含め、JCの基本的性格や役割をめぐる論の展開に光をあてることは、米国高等教育における平等主義と能力主義の問題がいかなる史的展開を経てきたかを理解する上で、意味のある課題だと考えられる。

　こうした認識から、本稿では、その一環としてA. F. ランゲ（Alexis

F. Lange, 1862-1924) のJC論[1]をとりあげ、先ず、そのJC論史における位置づけを前述の類型に即して明らかにし、次に、彼のJC論を貫く平等主義と能力主義の理念を検討し、最後に、二つの理念の関係について若干の考察を試みたい。

Ⅰ. ジュニア・カレッジ（コミュニティ・カレッジ）論史におけるランゲの位置づけ

①ランゲ以前のJC論との対比

　JCという呼称の由来は、シカゴ大学のウィリアム・レイニー・ハーパー（William Rainey Harper, 1856-1906）学長の1896年の言葉に求められるが、その実体を初めて構想した人物としては、ミシガン大学のヘンリー・フィリップ・タッパン（Henry Philip Tappan, 1805-1881）学長の名を挙げるのが一般的である。タッパン学長は、19世紀も後半にさしかかった頃、米国にドイツ型の真の大学を創設するための改革の一環として、学部の下級2学年を大学本体から切り離し、それをハイ・スクールへ移行させることによって大学本体への予備門的教育機関として形成しようとした。それは、質の異なる学部下級2学年の教育を大学本体から取り除くことによって大学本来の機能を純化させると共に、下級2学年をハイ・スクールと連結させてドイツの大学予備門的、エリート中級教育機関、ギムナジウム（Gymnasium）の機能的同等物を米国に創ろうと企図したものであった[2]。JCに限定していえば、少数の大学進学エリートを対象とした高度の進学準備教育のみを行なうⅠ型JCを、タッパンは構想したわけである。

　それに対して、JCにおける完成教育機能は、いつ、誰によって、いかなる理念や状況の下に生み出されたのであろうか。誰がどういう理由で、JCにおける完成教育機能の重要性を提唱したのであろうか。この点は、その重要性にもかかわらず、少数者のための大学予備門的JC構想の起源ほどには解明されていない。例えば、JC完成教育論に関するわが国の稀

少な先行研究である渡部彰氏の論文「ジュニア・カレッジ運動に於ける完成教育性に関する一考察」の中では、W. C. イールズ（Walter Crosby Eells）の見解に依拠して、JCにおける完成教育構想の萌芽を、先述したシカゴ大学学長ハーパーに求めている[3]。確かに、タッパンに比べると、ハーパーのJC論には準備教育以外の方向性（完成教育性）も看取されないわけではない。しかし、ハーパーのJC論の主軸は、タッパン同様、"真の大学"（true university）の創設とそのための充実した準備教育機関としてのJC構想にあり、JCの実現を通して多数者のための完成教育を拡充させようという発想は、そこから彼のJC論が生じたところの根源ではなかった[4]。実際、ハーパーのJC論からは、JCで学業を終了する学生にとってのJCの意義が断片的に語られるのを見出すことはできても[5]、そうした学生のための完成教育課程について独自に展開した論文や記録は見出すことができない。要するに、ハーパーのJC論は、JCにおける完成教育の可能性について若干触れた形跡は残るものの、積極的かつ具体的なJC完成教育論の萌芽として断じることはできないのである。

　本稿が検討の対象とするA. F. ランゲは、カリフォルニア大学教育学部教授・教育学部長をつとめつつJC構想に意欲的にとりくんだ、「カリフォルニアJC理念の父」（"father of the California Junior College idea"）と呼ばれる人物である。彼は、ミシガンのタッパンやシカゴのハーパーに見られた進学準備教育中心のJC構想を一定程度継承しながらも、ハーパーにおいては二次的（あるいは不完全）にしか現れていなかったJCにおける完成教育論を、進学準備教育論と対等に位置づけて積極的に提唱した点で、JC（コミュニティ・カレッジ）論史において独自の位置を占めるものと考えられる。つまり、ランゲのJC論こそは、初めて積極的な意味でJCにおける完成教育機能を提唱したものとみることができる。

　これを、もう少し具体的に説明すると、ランゲのJC論と彼以前のJC論（特に、タッパンのJC論）とでは、JCの基本的性格をめぐって、次のような考え方の相違が認められる。先ず、ランゲ以前のJC論は、JCを、①大学に進学する少数者（ランゲの言葉でいえばpicked minority あ

るいはprivileged minority）を対象とし、②大学本体（真の大学）の要請に従属的な、③したがって、質の高い進学準備教育を主な教育機能とする機関として構想していた。それに対して、ランゲのJC論は、①' 大学に進学する少数者のみならずそれ以外の多数者（ランゲの言葉でいえばmajority あるいはlocal temporary majority）をも積極的にJCの教育対象とし、②' 大学本体との関係のみならず初等・中等学校との接続関係にも力点を置き、③' 進学準備教育のみならず完成教育をもJCの重要な機能として構想したものである。

「はじめに」で呈示した4類型に即して説明すると、1852年のタッパンのJC論[6]は、少数者のための進学準備教育のみを行なうJC（類型Ⅰ）を構想したものであり、また、その萌芽でもあると考えられる。それに対して、少数者のための進学準備教育と多数者のための完成教育とを併せて行なうJC（類型Ⅱ）の萌芽は二つに分けて考えられる。つまり、その提唱が付随的（あるいは不完全）ながらも進学準備教育以外の可能性にも若干触れているという意味では、1891-1892年（本格的には1896年以後）に始まるハーパーのJC構想を類型Ⅱの最初とみることができる。しかしながら、多数者のための完成教育課程を少数者のための進学準備教育と同じくらい積極的に位置づけ、両者の関係を自覚的に考察した最初の代表的論者としてはランゲの名を挙げなければならないだろう。このように捉えると、タッパンにおいて最も純粋に表現されていたⅠ型のJC論が、ハーパーの過渡的JC論を経て、ランゲにおいて顕著なⅡ型のJC論へと移行していく一連の流れが浮かび上がる。

しかしながら、ランゲのJC論は、厳密には、これをさらに二期に分けて理解しなければならない。

②ランゲのJC論の推移

初期のランゲのJC論は、約言すれば、「JC段階における完成教育ならびに進学準備教育」構想である。図7-1[7]は、ランゲが1905年9月11日に発表した学制構想であるが、これを見てもわかるように、ランゲの考えて

いた学校体系は完全な単線型であり、JCもそれを構成する一段階（図中、「上級セカンダリーあるいはカレッジ段階」と記された部分がJC）であった。実際、初期の大学改革構想では、4年制大学の下級2学年（仮に大学内JCと呼ぶ）は、ハイ・スクールの上方拡張を通して設立されるJC（仮に大学外JCあるいはコミュニティJCと呼ぶ）が十分な成長を遂げ次第、学部の上級2学年及び大学院（図7-1の「ユニヴァーシティ段階」、以下、大学本体と呼ぶ）から切り離されてコミュニティのJCに解消されるべきものと考えられていた[8]。要するに、初期のランゲのJC論は、大学内JCをコミュニティJCとして大学外に分離し、JC段階という新たな段階で、少数のための進学準備教育と多数者のための完成教育を総合的に提供しようと試みたものである。

　しかし、カリフォルニア大学において学部の下級2学年を大学本体から切り離す改革は、結局、実現されるところまではいかなかった[9]。またⅡ-2で論及するような状況も作用して、ランゲは、初期の構想を若干修正せざるを得なくなった。

　彼の初期のJC論（20世紀初頭〜1915年頃）に対応させる形で後期のJC論（1915年頃〜1920年頃）を説明すると、次のようである。大学内JCは、初期JC論で見られた大学本体からの切り離しが取り消されたばかりでなく、むしろ、その予備門的教育コースとしての重要性が再認識され、引き続き必要不可欠の部分として大学本体内にとどまり続けた。そして、これ以後、学士課程の前半2年間は一般的にはJCと呼ばれなくなってゆく。したがって今日、JCあるいはコミュニティ・カレッジ（Community College）の名で呼ばれるものは、本稿でいう大学外JC（コミュニティJC）の発展したものに他ならない。結局、ランゲの後期のJC論では、大学内JCと大学外JCの別系統化及び機能の分化が強調されるようになる。すなわち、大学内JCは、①大学全体に進学する少数者を対象とし、②大学本体の要請に従属的な、③質の高い進学準備教育を提供する学士前期課程に他ならない。他方、コミュニティのハイスクールの上方拡張として生まれたJCは、進学準備教育機能も備えてはいるが、主要には、①大

図7-1 ランゲの学校制度改革構想

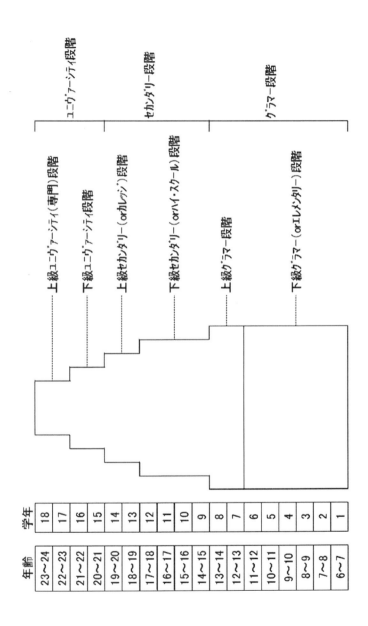

ランゲ（カリフォルニア大学教育学部長）のJC（CC）完成教育論

学に進学しない多数者を対象とし、②大学本体よりも地域社会の要請に応え、③初等・中等教育との接続関係を重視した完成教育を提供する、コミュニティJCとしての性格を強めるべく構想されるようになった。

　要するに、ランゲの初期JC論は、単線型学校体系の一段階（JC段階）において、少数者のための進学準備教育と多数者のための完成教育を総合的に併せおこなうJCを構想したもので、JC論史においてはタッパンに代表されるⅠ型のJC論に対してⅡ型のJC論を代表したものであった。しかし、1915年以後のランゲの主張では、JCは大学内JC（学士前期課程）と大学外のコミュニティJC（主にハイスクールの卒業後課程）の二つの系統に分化し、前者においてはⅠ型のJC論が、後者についてはⅢ型に近いⅡ型のJC論が、それぞれ主張されるようになったのである。

　次章では、こうしたランゲのJC論を規定した基本的理念をその時代背景も含めて明らかにしたい。

Ⅱ．ランゲのジュニア・カレッジ論の基底理念

①平等主義的理念

　ランゲがⅠ型ではなくⅡ型のJC論を、言い換えれば、少数者のための進学準備教育のみならず多数者のための完成教育をもJCの重要な機能として提唱した基底には、ひとつには、「多数者と少数者の間の公平な扱い」および「最大限可能な機会の完成」という、平等主義的理念が働いていたと解される。

a.「多数者と少数者の間の公平な扱い」[10]（the square deal between majorities and minorities）

　ここでいう「公平な扱い」（square deal）という言葉は、当時の米国における革新主義（progressivism）の盛り上がりの中でセオドア・ルーズベルト大統領が提唱した言葉として知られる。革新主義（進歩主義）とは、19世紀末から20世紀初めにかけて自由放任経済の下で増大した産業資本家による寡頭支配や貧富の著しい格差等の問題を解決すべく幅広

い分野で盛り上がった政治改革、社会改革、教育改革等の潮流や気運をさす。進歩主義と訳されることもあり、進歩主義者達は、アメリカ社会の近代化推進策、社会的不平等の解決策として、科学技術、専門知識、教育の効果を信じた。教育の分野における当時の進歩主義者としてはジョン・デューイが有名であるが、同じく進歩主義、革新主義の立場にたっていたランゲは、「公平な扱い」（square deal）という革新主義の理念を、教育制度のあり方を考える際にも重要な理念として提起したのである。

　ランゲによれば、当時の合衆国の教育制度は、次のような意味で多数者と少数者を公平に扱っていなかった。つまり、当時の学校制度では、大学にまで進学しうる「少数者」に対してのみ一般教育も職業準備教育も揃った完成教育が提供されており、それ以外の多数者には不完全な教育しか提供されていなかった。ランゲの言葉を引用すると、「今日までのところ、われわれの公教育制度は大学と師範学校の生徒にのみ完全な教育（complete education）の機会」、すなわち「大学レベルの商学、工学、農学などの専門職業コースや学部」及び師範学校における教員養成教育、を提供してきた[11]。しかるに大学まで進学しない多数者には、「いつまでたっても完成しない教育」（deferred education）や「てっぺんの欠けた教育」（truncated education）[12]が提供されているにすぎなかった。

　これは、「機会均等の民主的原則を否定することであり、人生、自由、幸福の追求に対する多数者の権利を剥奪すること」[13]に他ならなかった。また、ランゲが生きた世紀転換期は、米国において工業化、都市化が急速に進み始めた時代でもあり、多数者のための技術教育や市民教育（civic education）を充実させていくことは、新興国家アメリカの国家的要請にもなっていた。かくして、人権及び国家経済的要請の両面から、多数者の権利やニーズに応ずる教育の一環として、JCにおける完成教育課程の重要性がランゲによって提起されたのである。

　ランゲによれば、その教育課程は、(a)いかに生活すべきかの問題に関わる一般教育部門と、(b) いかにして生計を立てるかの問題に関わる職業

教育部門の二つの柱から成るものとされた。(a)を初等から中等教育段階に続く文化的幹の系統（cultural-trunk-line）の仕上げの段階とすれば、(b)は、文化的幹と有機的関係を持ちつつ、そこから萌え出た複数の技術的枝の系統（technical-branch-line）であった[14]。(a)が人間形成、市民形成の一応の完成を目指すとすれば、(b)は、「4年制ハイ・スクールによっても大学によっても適切に提供されえない、農学、工学、商学、実践的市民教育、家政学等における完成職業教育課程（finishing vocational courses）を提供する」[15]ことを通して、「自尊心を持ち、かつ経済的に自立した有能な職業人」(self-respecting, self-supporting efficient worker)[16]の育成を目指すものであった。

　旧来の教育課程との違いは二つに整理される。第一に、上述の(a)は、旧来の大学予備門的教育のような、「少数者」だけに有用な「教養」ではなく、広範な学生の人間形成に役立つ教養の提供を目指したものであること。第二に、(b)の内容が地域社会（community）と各生徒のニーズに応じて決定されるべきことが強調されているばかりでなく、その職業教育科目の一部は大学への入学許可の際の対象科目としても認められるよう提言されていること[17]。つまり、(b)の履修を通して「自立した職業人」に向けて準備されることは、それによって必ずしも大学への進学可能性が否定されることを意味しないのである。

b.「最大限可能な機会の完成」（the greatest possible completeness of opportunity）

　ところで、当時の中等教育の性格を少数者中心のものから多数者中心のものへと変革を試みたのは、JC段階に限定しないならば、ランゲひとりではなかった。それどころか、当時は、中等教育改革の潮流が全米レベルで高まった時代であった。例えば、NEA（全米教育協会）の「ハイ・スクールとカレッジの接続に関する9人委員会」(Committee of Nine on the Articulation of High School and College) の1911年の報告書は、大略、次のような勧告を行なっている[18]。

- ハイ・スクールは教育課程編成において、もっと大学（の要求）から自由になるべきである。
- ハイ・スクールは、より多数の多様な生徒の関心に応えるために、今までよりも教育課程を幅広くする必要がある（例えば、市民教育や職業教育の重視）。
- 大学も、多様な生徒の関心に応えるために、今までよりも大学の入学要件を柔軟にすべきである（例えば、職業教育科目の一部を大学入学要件の認定科目とすること）。

興味深いのは、前述のNEA委員会のメンバーとしてランゲも中等教育改革に関与している点である。「9人委員会」のメンバーのうち7人がハイ・スクール関係者で、残る2人が大学関係者であったが、そのひとりが他ならぬランゲであった。ランゲは、中等教育改革の3つの論点をハイ・スクール段階にとどめず、その上のJC段階にまで拡張して唱えた。それは、公的には、1911年のサン・フランシスコでの「9人委員会」の報告書として残っている[19]。当時はまだ一部の進歩的大学人にしか知られていなかったJC構想と、中等教育改革の思潮とを結合させて考えたことが、両方の運動に関わりを持ったランゲという人物の名をJC史の上に残すことになったのだともいえよう。しかし、ランゲは何故、多数者の権利に応ずる教育をハイ・スクールにとどめず、JCにまで上方拡張して考えたのであろうか。単なる思いつきだけで両者を結びつけたわけでないことは、「最大限可能な機会の完成」という、ランゲが好んで用いる理念の存在によって確かめられる。

「最大限可能な機会の完成」とは、いかなる子どももその教育をうける権利（right to an education）を剥奪されないように教育機会が最大限に保障されるべきことを意味する[20]。それは、①文字通りすべての子どもの「人生、自由、幸福の追求」への平等な権利のためであると同時に、②当時、民主主義の危機に直面していたアメリカ社会再建のためであり、③その経済的基盤の強化のためであった。

②は、例えば、ランゲの次のような言葉の中に見出すことができる。「かつてフランスの専制君主が『朕は国家なり』といった。民主主義社会の大人達はいう。『われわれこそが国家である。ただし今日だけの。明日の国家になるのはわれわれの子ども達である。従って、現在と将来の万民のために、子ども達がその生得の権利である知る権利や自分に出来る最良のことを行なう権利、最良の者になる権利を剥奪されないように気をつけることが、われわれ（大人達）の義務になっている（傍点、井口）」[21]。また、③は、経済における「国際的競争」が顕著になり始めた当時、「教育を通して最大多数の人々に最大限の学習期間を提供する国家が最も急速に成長を遂げる」[22]というランゲの言葉に、そのひとつの現われを見ることができる。

　上記①〜③のいずれからみても、教育はできるだけ多くの者にできるだけ長期間保障することが望ましいというランゲの考え（「最大限可能な機会の完成」理念）の中に、われわれは何故ランゲが多数者のニーズに応ずる教育をJCにまで引き上げて考えたかの積極的理由を見出すことができる。

　加えて、それは理念的に望ましいだけでなく実現可能性からみても満足のゆく構想であった。ランゲの考え[23]では「米国全土にわたって富裕な人々と貧困な人々の両方の手の届く所に」、「設備も教育の質も十分な学年級制の学校（graded schools）」を設立することが望ましいが、「大学をすべての戸口から歩いてゆける距離に設置することはおそらく不可能」であった。「しかし、そこここにあるハイ・スクールに2年をたすことは可能」だったのであり、「そうすることによって、自宅から遠く離れることのできない多くの者達に機会が保障される」のである。

　このように、JCが理念的にも現実的にも、当時として「最大限可能」な教育の平等を保障する形態だと考えられたことが、ランゲのⅡ型のJC構想を支えた理念的基盤として在る。

②能力主義的理念

次に、I-②で述べたランゲのJC論の推移を規定したと考えられる要因を検討することによって、ランゲのJC論のもうひとつの基底理念—能力主義的理念—に論及したい。それは、初期のランゲのJC論の基底にも一定程度流れていたものであるが、以下に述べる状況（Ⅳ型JCの拙速な制度化）に直面して、いっそう明瞭に表明されることになった。

a. Ⅳ型JCの拙速な制度化

ランゲが構想したJCは、少数者のための進学準備教育と多数者のための完成教育とを併せ行なうⅡ型のJCであったが、実際に各コミュニティで創設され始めたJCは、基本的に多数者のための進学準備教育を行なうⅣ型のJCであった。

表7-1は、1910年から1916年までにカリフォルニア州に創設された初期JC（18校）に関するM. E.ヒルの史料[24]の中で、当時の教育課程が明らかな12校[25]を井口が抽出し、初期JCにおける中心的な教育課程を探るために作成したものである。

この表から、例えば、12校中10校以上が揃って提供している教科は、英語、ドイツ語、数学、化学、歴史などの伝統的かつアカデミックな教科であり、完成教育課程はそれに比べると軽視されていたことが理解される。

表7-1 初期JCにおける教育課程

科目	校数	科目	校数	科目	校数	科目	校数
英語	11	測量	5	速記	2	教育学	1
ドイツ語	11	機械	5	タイプ	2	図書館学	1
数学	11	法律・政治	4	演劇法	2	家政学	1
化学	11	植物学	4	体育	2	討論	1
歴史	10	音楽	4	製図	2	印刷	1
フランス語	8	論理学	3	手工	2	建築	1
ラテン語	7	心理学	3	生理学	2	電気	1
スペイン語	7	動物学	2	ギリシア語	1	事務	1
物理	6	農学	2	地理	1	簿記	1
経済学	5	商学	2	地学	1	広告	1
芸術	5	販売	2	社会学	1	林業	1

また、当時のJCからカリフォルニア大学への転学の実態等について調査したマードックの修士論文（1925年）によれば、大半のJCのカタログでは、「農学、文芸、音楽、機械、家庭科、商学などの実学系統の学科においてさえ、大半は、大学下級2学年に相当するコースのみが列挙されていた」[26]という。

　しかも、これらのⅣ型JCの中には、ランゲが「JC運動のスピード違反」と評したように、十分な用意を経ないまま制度化されたJCもあり、そうした拙速な制度化の状況はいっそう加速されるきざしさえ見せていた[27]。こうした状況を黙認することは、確かに一方では、より広範な地域の多数の青年に高等教育機会を開く意味があったが、他方、大学や社会の能力主義的要請に犠牲を強いる恐れを生ぜしめていた。

b. 能力主義的理念からのJC論の修正

　Ⅳ型JCの普及に対するランゲの危惧の念は、特に1915年以後の彼の論文に強く現われている。例えば、1916年の論文 "The Junior College with Special Reference to California" の中には、「JCは、もし進学準備教育を第一の目的にするならば、その複雑な目的に仕えることができない」[28]とか、「それ（JC）は、卒業生の一部がその後大学に進学するであろうからではなく、卒業生の大半がおそらくはそうしないであろうから存在するのである」[29]といった、進学準備教育（それも不十分な進学準備教育）に偏したJCへの批判が見出される。

　こうした批判は、ひとつには、大学の能力主義的要請から来ている。Ⅰ-①で述べたように、JCは元来、19世紀後半の米国における大学改革の副産物として生まれたものである。この大学改革は、古い皮衣（米国の大学）に新しい酒（ドイツ型大学の理念）を注ぎ込むことによって、米国の大学をuniversityの名に相応しいものに高めようと意図したものである。言い換えるならば、collegeはともかくuniversityでは、自由な人格とジェントルマンの育成という旧来のイギリス型大学の目的以上に、研究と専門職教育というドイツ型大学の目的が重視されるべきだと考え

られ始めた。それに基づいて、大学教員の選考が厳格な能力審査によるものになり、大学入学予備軍の準備教育がドイツのギムナジウム並みの選抜的中等教育機関の確立によるものへと要求水準が上がった。タッパンのJC構想は、それを最も端的に表明したものであったが、程度の差こそあれランゲのJC構想もその例外ではなかった。タッパンほど徹底的でも専一でもなかったが、ランゲのJC構想の基底にも能力主義的理念が認められる。ただ、タッパンの時代に比べて教育大衆化の波が強くなり始めたランゲの時代においては、JCは、大学に進学する少数者を十分に教育する機能ばかりでなく、大学進学者の量と質を一定に調節する安全弁的機能も強く期待され始めたのである。

　かくして、後期のランゲのJC論では、大学への進学準備教育水準が低下しないように、大学内JCがI型JCとして大学本体の不可欠の構成部分として見直される一方、大学外のコミュニティJCは、Ⅳ型JCではなく、Ⅲ型に近いⅡ型のJCとして発展すべきだという主張が強まるのである。二つの機能を総合的に提供するⅡ型JCの理想は貫きながらも、各地で制度化され始めたJCの現実（条件整備の不十分なJCによる進学準備教育の提供、及び、完成教育課程の確立に消極的なJC）に直面して、後期のランゲのJC論では、大学外のコミュニティJCにとってより重要な機能は進学準備教育よりもむしろ、「大学の学生になれないし、なろうともしないし、またなるべきでもない大多数のハイ・スクール卒業生」[30]のための完成教育にあることが強調されるようになったのである。

Ⅲ．平等主義的理念と能力主義的理念の調整 ―結びにかえて―

　ランゲにとって、米国の学校体系を貫くべき理念として平等主義的理念と能力主義的理念の両方が尊重されねばならないことははっきりしていた。しかし、両者はいかに折り合うものと考えられていたのであろうか。この問題は、図7-1に示された3つの教育段階（グラマー段階、セカンダリー段階、ユニヴァーシティ段階）の接続（articulation）をいかに

有機的なものにするかという問題でもある。この点に関してランゲが明言していることは、学校体系がもっぱら大学の能力主義的要請のみに従って下向きに接続されていく方向（大学→大学予備門的中等教育→中等教育予備門的初等教育）であってもならないし、逆に、もっぱら多数の青年や父兄、地域の平等主義的要求のみに従って上向きに接続していく方向（初等普通教育→中等普通教育→高等普通教育）であってもならないということ[31]だけである。上方向ベクトル（↑）か下方向ベクトル（↓）かではなく、上方向ベクトル（↑）も下方向ベクトル（↓）も採り入れようというのがランゲの考え[32]であった。

　言い換えれば、ランゲの平等主義理念はある程度能力主義理念と調和可能なものだったと考えられる。

　まず、ランゲの平等主義は、少数者と多数者のニーズの違いを前提としており、両方のニーズにそれぞれ均等に配慮することを意味していた[33]。決して、両者（すなわち、すべての人）に同一の教育を提供することを意味しているわけではない。この点に注意する必要がある。次に、この場合の多数者のニーズとは、必ずしも多数者が現に欲求しているそのままの形のニーズではないことにも留意しなければならない。ランゲの（特に後期）考えでは、そのままの形の多数者のニーズに完全に応えてゆくことは、現実には、人生における「不適者」("the misfits")を生み出すことに連なる恐れがあった[34]。同時に、大学の能力主義的要請に悪条件を強いる恐れもあった。したがって、この場合の多数者のニーズとは、ランゲが多数者にとって現実的に望ましい、相応しいと判断するところのニーズであった。こうした多数者のニーズを少数者のそれと同じくらい尊重し、それに適合した教育を十全に提供することこそ、ランゲの考える平等主義理念であった。それは、彼に先行するJC論者に比べると、教育の平等を一歩進めたものだったといえるが、それと同時に、大学の能力主義的理念と折り合うこともある程度可能な平等主義理念だったといえよう。

　要するに、ランゲの平等主義は多元的平等主義の意味に解され、まさ

にその意味において、より一層の教育の平等と大学の卓越の両方を調和させることがある程度可能だったわけである。しかしながら、ランゲがよかれと考える多数者のニーズと現実の多数者が欲求するそれとの間の矛盾は、簡単に解消されるものではなく、ランゲ以降の論者達（第9章のイールズ、第10章のクラーク、第11章のカラベル等）によっても繰り返し問われ続けるのである。

註

(1) 分析にあたって、以下のランゲの論文を検討した。
 ① Should the University be the Central Authority in a Unified School System, Alameda High School Teachers' Club, May 6, 1899.
 ② The Upper Division, University of California Philological Club, Sep. 11, 1905.
 ③ Our Adolescent School System, Northern California Teachers' Association Annual Meeting, Sacramento, Oct. 24. 1907.
 ④ The Correlation of the Parts of the School System, Western Journal of Education, Vol.13, No.7, July, 1908, pp. 369-377.
 ⑤ Self-Directed High School Development, Southern California Teachers' Association, High School Section, Annual Meeting, Dec., 1908.
 ⑥ Some Phases of University Efficiency, National Education Association, Higher Education Section, Annual Meeting, San Francisco, July 14. 1911.
 ⑦ The Junior College with Special Reference to California, *Educational Administration and Supervision*, Vol.2, Jan., 1916, pp.1-8.
 ⑧ Adequate School Legislation, from a mimeographed manuscript, 1916 (推定)。
 ⑨ The Junior College as an Integral Part of the Public School System, School Review, Vol.XXV, Sep., 1917, pp.465-479.
 ⑩ The Junior College, Sierra Educational News, Vol.16, No.8, Oct., 1920, pp. 483-486.
  ＊以上、①～⑩の論文は次の書物に転載されている。A.H.Chamberlain (ed.), *The Lange Book—The Collected Writings of a Great Educational Philosopher*, 1927. 同書には、上掲の論文を含め31編のランゲの論稿が収録されているが、本稿の主題に関係の薄い論文は割愛した。
 ⑪ The Junior College—What Manner of Child Shall This Be?, 1917.
 ⑫ Introduction to the Study of the Rise and Development of the University Idea, Oct.12, 1897.

⑬ How to Link Grammar & High Schools,1900-1910（推定）。
⑭ Unity in Variety, 1908.
⑮ A Junior College Department of Civic Education, 1915.
＊以上、⑪～⑭の論文は、Merton E. Hill, The Writings of Dean Alexis F. Lange, (unpublished manuscript compiled by Merton E. Hill) の pp.129-139 (⑪)、pp. 90-97 (⑫)、pp.6-14 (⑬)、pp.98-106 (⑭) にそれぞれ転載されている。論文⑮は、School and Society, Vol.2, Sep.25, 1915, pp. 442-448に掲載されている。

(2) タッパンは、1851年刊行の著書『大学教育』（University Education）において、研究重視のドイツの大学（university）の優秀性を称えたうえで、アメリカにはそのような真の大学が無いことを慨嘆する。タッパンの考えでは、真の大学は、完全な準備教育をギムナジウム（中等教育機関）で修了した少数の選ばれし者たちが、自らコースを選択し、自ら研究課題を見つけ、その課題を図書館等の施設を利用して探求する精神的貴族の集う場所に他ならなかった。その理想に照らす時、当時のアメリカには真の意味での大学が存在しなかったのである。そこでミシガン大学を少しでもドイツの大学に近づけるため、図書館、実験室、博物館等の施設設備の充実をはかったり、旧来の知識の暗唱という授業方式を変革したり、宗派などではなく研究能力を基準とした教授採用に乗り出した。

また、真の大学に入学を許可されるのは、ドイツのギムナジウムのような進学準備を徹底しておこなう中等教育機関の修了者でなければならなかった。しかしアメリカには、ギムナジウムに匹敵するような中等教育機関は存在しないも同然だとタッパンは憂えた。タッパンの目から見れば、アメリカの大学（university）における学士課程前期2年間の教育は、高等教育ではなく中等教育レベルであった。したがって学士前期課程を大学本体から取り除き、その時期の青年の教育を新しい教育機関（それをハーパーが1896年にジュニア・カレッジと名付けたわけだが）に委ねたいと考えた。学士課程前期2年間の教育を大学本体から取り除かなければ、大学は真の研究活動にうちこむ学問の府に成りえないという主張である。要するに、タッパンの脳裏には常に、彼が理想とするドイツ（プロイセン）の大学や中等教育機関の存在があった。

(3) 渡邊彰「ジュニア・カレッジ運動に於ける完成教育性に関する一考察」（『広島大学教育学研究会教育科学12』, 1954年11月, 52頁。

(4) 拙稿「Junior College制度化におけるHarperの意図」（『関西教育学会紀要第5号』）, 1981年122-126頁を参照。

(5) John S. Brubacher and Willis Rudy, *Higher Education in Transition*, Harper & Row, Publishers, 1968, p.254.

(6) ミシガン大学のタッパンのJC構想に関しては、Gallagher, Edward Arthur (1968)

From Tappan to Lange: Evolution of the Public Junior College Idea, unpublished Ph.D. dissertationが詳しい。また、ドイツ近代大学理念の影響が色濃いタッパンのミシガン大学改革構想に関しては、伊藤敏雄（1999）『米国近代大学史研究－ミシガン大学を事例として－』風間書房の第2部が詳しい。

(7) M. E. Hill, *The Junior College Movement in California 1907-1948* (unpublished manuscript), p.36.

(8) Robert A. Altman, the upper division college, Jossey-Bass Publishers, 1970, p.159.

(9) カリフォルニアにおける大学改革の経緯については、拙稿「加州のジュニア・カレッジ制度創設における高等教育機会均等の理念」日本教育学会紀要『教育学研究』第51巻4号，1984年12月，379-381頁参照。

(10) *The Lange Book,* op.cit., p. 9（論文③），p.18（論文④）参照。

(11) Ibid., p.14（論文④），*The Writings of Dean Alexis F. Lange,* op.cit., p. 134（論文⑪）参照。

(12) Ibid., pp.13-14（論文④），ibid., p.133（論文⑪），*Educational Administration and Supervision,* op.cit., p. 4（論文⑦）参照。

(13) *The Writings of Dean Alexis F. Lange,* op.cit., p. 102（論文⑭）。

(14) Ibid. 及び *The Lange Book,* op.cit., p.14（論文④）。

(15) C.L.McLane, The Junior College, or Upward Extension of the High School, School Review, Vol.XXI, March, 1913, p.167. JCにおける中級職業教育の必要性については、他に、*The Lange Book,* op.cit., p.264, pp.266-267（論文⑧）でも述べられている。なお、JC（あるいはコミュニティ・カレッジ）における1世紀近くにわたる職業教育の消長とその背景を検討したものとして、拙稿「コミュニティ・カレッジにおける職業教育の発展とその要因」（高木英明代表『昭和59年度科研費一般研究＜Ｃ＞報告書：英米における職業準備教育』，1985年3月，21~37頁）がある。

(16) *The Writings of Dean Alexis F. Lange,* op.cit., p. 8（論文⑬）。

(17) Ibid., p.10（論文⑬）及び *The Lange Book,* op.cit., pp. 16-17（論文④）。

(18) Gallagher, op.cit., pp. 78-80.

(19) Ibid., p. 78.

(20) *The Writings of Dean Aleixis F. Lange,* op. cit., p. 8（論文⑬）．

(21) *The Lange Book,* op. cit., p.4（論文③）．この他，p. 10（論文③），p. 261（論文⑧）も参照のこと。

(22) *The Writings of Dean Alexis F. Lange,* op. cit., p. 7（論文⑬）．

(23) Ibid., p. 8.

(24) Merton E. Hill, op. cit., pp. 11-31.

(25) Fresno, Los Angeles, Hollywood, Fullerton, Citrus, Santa Ana, Chaffey,

Riverside, Pomona, Anaheim, Placer, Los Angeles Polytechnicの12校である。
(26) M. M. Murdock, Some Effects of Junior College in California on Admission Problems of the University, (unpublished M. A. thesis, University of California, 1925), p.31.
(27) *The Lange Book*, op. cit., pp. 266-267 （論文⑧）.
(28) *Educational Administration and Supervision*, op. cit., p.4 （論文⑦）.
(29) Ibid., p.6.
(30) Ibid., p.3.
(31) *The Writings of Dean Alexis F. Lange*, op. cit., p. 9 （論文⑬）.
(32) こうした姿勢は、彼のプロフィール上の特徴と無関係ではないと考えられる。まず、高等教育の質を重んじる姿勢は、ミシガン大学の教育によって培われたものであろう。ミシガン大学は、当時世界の最先端とみなされたドイツの研究大学を範として、タッパン学長が先駆的改革を推し進めた大学である。ランゲがミシガン大学に入学した時期は、タッパンの学長在任時期と重なるわけではないが、タッパンを信奉するJ.B.エンジェル（J.B. Angell）学長によって、米国の大学をドイツ・モデルに近づける改革がある程度踏襲されていた。そうした改革気運が残るキャンパスで学生時代、院生時代を送ったことは、ランゲの大学観に深い影響を与えたものと解される。それに加えてランゲは、1887年から約1年間ドイツの大学に留学し、ベルリン大学などの研究至上主義の精神に自ら触れる機会も得ている。ドイツ留学経験は、当時の大学改革者達の多くと共通する特徴である。その後ランゲは、1890年にカリフォルニア大学の英語学助教授に就任し、中西部からカリフォルニア州へと活動の拠点を移した。地理的移動だけでなく、1905年にはウィーラー学長の要請により教育学科（Department of Education）の教授に就任した。1913年にはカリフォルニア大学に教育学部（School of Education）が創設され、以後、新設されて間もない教育学部の教授、学部長などの職を担うなかで、カリフォルニア州中等教育の教員養成にも尽力した。それに伴い、CTA（California Teachers Association：カリフォルニア州教員協会）のリーダーとして、また州教育委員会のメンバーとして、さらには本論でも指摘したNEA（全米教育協会）の委員として、大学改革のみならず学校教育全般の改革に関わるようになる。これらの活動を通して、ランゲは、他の大学改革者以上に、初等・中等学校の教師や地域の教育指導者達との交流を深めたものと考えられる。CTAのリーダーとしての活動は、彼が亡くなる2年前（1922年）まで続けられた。なお、カリフォルニア大学における教育学部の歴史に関しては、Clifford, Geraldine Jonçich , Guthrie, James W. (1990), *ED SCHOOL: a brief for professional education*, University of Chicago Press, pp.258-320参照。この他、同時代の有名な教育哲学者ジョン・デューイ（John Dewey, 1859-1952）や心理学者エドワード・L・ソーンダイク（Edward

L. Thorndike, 1874 -1949）等とランゲとの関係については、Gallagher, op. cit., pp.164-167, pp. 171-176参照。

(33) *The Lange Book*, op. cit., p.18, p. 20（論文④）及び *The Writings of Dean Alexis F. Lange*, op.cit., p. 9（論文⑬）参照.

(34) *Educational Administration and Supervision*, op. cit., p. 4（論文⑦）。

第 8 章
コミュニティ・カレッジ中等教育論の系譜
―アメリカ型高等教育概念の史的研究の観点から―

はじめに：研究の課題、対象、方法

　そもそも、高等教育概念はいつ頃どのようにして生まれ、拡大してきたのか。高等教育の条件とは何なのか。国によっても、何を高等教育の範疇に入れ、何をそこから除外するのか、一様ではない。高等教育や中等後教育といった概念の国別比較を扱った日本の先行研究としては、喜多村和之「Postsecondary Education の概念について」(『大学論集』第5集1977年71～90頁) を挙げることができる。同研究は、ユネスコやOECD、カーネギー審議会の報告書等における高等教育概念の定義を整理してみせた。それは、この分野での研究蓄積の浅いわが国においては貴重なステップであった。しかし、対象国の高等教育概念を実証的に掘り下げた研究に基づくものではなかったがゆえに、アメリカ型の高等教育概念がヨーロッパ型のそれよりもはるかに広範であることは理解できても、なぜ広範なのか、どういう経緯でアメリカでは概念が拡大してきたのかの説明は十分でなかった。

　同様のことは、高等教育のエリート→マス→ユニバーサルへの発展段階説＜トロウ・モデル＞によって世界的に著名なマーチン・トロウ (Martin Trow, 1926-2007) の概念モデル (本書の第3章註32でも論及) についてもいえる。トロウは高等教育システムの段階を、①該当年齢層の15％までが高等教育に進むエリート段階、②該当年齢層の50％までが高等教育に進むマス段階、③該当年齢層の50％以上が高等教育に進むユニバーサル段階 (ユニバーサル・アクセス段階) という3つの段階に分け、それぞれの段階に特有な性格及び機能を整理し、高等教育の史的発展の様相をパノラミックに描写してみせた。そこでは国別の比較対照もおこなわれており、そこから我々は、アメリカの高等教育システムが世界でもいち

早くユニバーサル段階（ユニバーサル・アクセス段階）に達した国であるという認識を共有した。しかし、アメリカがどういう経緯で高等教育のユニバーサル化を他に先駆けて達成しえたのかは必ずしも明確に示されてはいなかった。

　本稿はそこで、アメリカにおける高等教育ユニバーサル化の旗手と目されるコミュニティ・カレッジの歴史に光をあてることによって、アメリカにおける高等教育機会拡大の実相に迫ることを試みた。今日でこそコミュニティ・カレッジは、アメリカにおける高等教育の一角を担う機関として定位されているが、実はその学校体系上の位置付けは長い間曖昧なものだったからである。この点については、日本の先行文献[1]の中でも、ある程度は言及されている。

　例えば、田中久子・森本武也著『アメリカの短期大学』研成社1978年8-9頁には、次のような記述が見られる。

　　資料によると1950年代においてはコミュニティ・カレッジとは何であるかという定義は、これに関係ある人々の間でも明確にされてはいなかったようである。コミュニティ・カレッジとは中等教育の中に入るのか、高等教育の中に入るのかも、はっきりしていなかったくらいであった。私立のジュニア・カレッジと区別するためコミュニティ・ジュニア・カレッジとよばれていた最初のころは、中等教育に属するものと一般的に考えられていたようである（下線、井口）。

この記述は、本稿の課題にとって興味深いが、残念ながらコミュニティ・カレッジの学校体系上の位置付けに関する記述は上記止まりで、それ以上の掘り下げはなされていない。学術書としての発表ではないので、出典の明示も不十分である。

　日本でこの問題をおそらく最も早い時期に正面から扱った先行研究としては、渡邊彰「ジュニア・カレッジ運動の基本的性格に関する一考察」（『広島大学教育学部紀要』Ⅰ-2, 1953年143-167頁）を挙げることができる。渡邊は、主にボーグの著書（Bogue, J.P., The Community College, 1950）に基づいて、ジュニア・カレッジの学校体系上の位置付けに関す

る議論を紹介した。が、渡邊自身「ジュニア・カレッジの教育レヴェルに関する論争は、容易に解決さるべくもない難問題である」というように、論点が錯綜しており必ずしも判然としない面がある。

アメリカにおけるコミュニティ・カレッジ研究のなかで、本稿の課題に比較的近似しており、なおかつ学術的著書の形にまとめられたものとしては、Robert Palinchakの著書 The Evolution of the Community College (The Scarecrow Press, Inc., 1973) を挙げることができる。同書は、コミュニティ・カレッジの教育レヴェルに関して広範な関係資料にあたっており、資料的価値を比較的多く備えた文献である。にもかかわらず、本稿の課題に照らした場合、不十分だと思われる点もある。第一に、コミュニティ・カレッジの歴史的淵源に関係の深い大学改革者達の論のうち、ジョーダンやランゲに関しては一次資料を吟味していないため論史としての説得力に欠ける。第二に、コミュニティ・カレッジ中等教育論の検討に際して不可欠だと思われるNEA（全米教育協会National Education Association of the United States）の報告書があまり検討されていないので、教育段階に関する論史としては不十分の感が否めない。要するに、Palinchakは厖大な資料を並置することによってコミュニティ・カレッジのアイデンティティの不確定性を描出することには成功しているものの、論の基底に流れるアメリカ人の中等教育観、高等教育観まで含めた論史としてみた場合、肝心の資料がいくつか欠落しているのである。

かかる認識から、本稿では、コミュニティ・カレッジの学校体系上の位置付けに関する論がまだ錯綜していた1950年代以前に遡って、代表的なコミュニティ・カレッジ（ジュニア・カレッジ）中等教育論を検討し、その系譜を大きく二つに整理・分類すると共に、その基底にある高等教育観、中等教育観を探ろうと試みた。その際、NEAの報告書も含め、できる限り当時の一次資料にあたったことは言うまでもない。

なお、①引用文献中の呼称を尊重したいという意思、ならびに②1940年代までのコミュニティ・カレッジ（Community College、以下CCと

略）に関しては、ジュニア・カレッジ（Junior College、以下JCと略）と呼ばれることが一般的であったという事実[2]に基づいて、以下では基本的に、CCよりもJCという呼称を用いている場合が多いことを、予めお断りしておく。

Ⅰ．大学改革構想の一環としてのジュニア・カレッジ中等教育論

　JCという名称は、シカゴ大学のハーパー（William Rainy Harper, 1856-1906）学長によって1896年に初めて用いられたといわれる。しかし、名称はともかく、そのアイデアの種を最初に蒔いた人物としては、ミシガン大学のタッパン（Henry P. Tappan, 1805-1881）学長の名を挙げるのが一般的である。

　タッパン学長は、1851年に『大学教育』（University Education）という著書の中で、当時のドイツ型のユニヴァシティ（University）の卓越性を絶賛するとともに、ドイツ型のユニヴァシティを基準とするならば当時のアメリカにはユニヴァシティの名に値する大学は存在しないと断じた[3]。アメリカにドイツ型の真の大学を創設するための改革の一環として、彼は学士課程の前期2年間を大学本体から切り離し、それをハイ・スクールへ移行させることによって、大学本体への予備門的教育を強化しようとした。しかし、アメリカ東部出身のタッパンは、当時の中西部の人からは「貴族主義的」だとみなされ、ミシガン大学にプロシアの大学制度を導入しようと考えている等の理由で評判が悪く、理事会とも対立し、1863年にはミシガン大学学長の座を追われてしまう[4]。

　タッパンがミシガン大学で蒔いたアイデアの種は同大学でもある程度継承されたが、JCが現実の制度として芽吹いたのは、イリノイ州のシカゴ大学においてであった。第6章で述べたように、1891年にシカゴ大学初代学長に就任したハーパーは、大学改革に極めて精力的に取り組んだ人物である。ハーパーの大学改革構想は多岐にわたるが、その主軸のひとつは、タッパン同様、"真の大学"（true university）の創設とそのため

の充実した準備教育機関としてのJC構想にあった。

　ハーパーの考えでは、大学の学士課程（undergraduate）の前期2年間（ハーパーはこの2年間を後期2年間のsenior collegeと区別してjunior collegeと命名）に於ける教育は、大学における教育というよりもむしろ中等教育に近いものであった。ハーパーの言葉を引用すれば、「大学の前期2年間における教育はそれ以前の教育と変わるところがない。教育内容に関して然り、教育方法に関して然り」[5]であった。「それ故、大学の真の入口は第3学年からである」[6]とハーパーは言明した。

　更に、ハーパーのJC構想は、大学内の学士前期課程に限られたものではなく、①ハイ・スクールの教育年数を延長してJC段階にまで押し上げる構想と②小規模で劣弱なカレッジ（主に宗派立カレッジ）の教育年数を2年短縮して強力なJCへと再生を図る構想も含んでいた。②の構想に関しては、小規模カレッジで表面的な「高等教育」を行うことに浪費されている資金を、中等教育段階で徹底した教育を行うために活用しうるのではないかと述べている[7]。

　シカゴ大学の試みはカリフォルニア州の大学にも影響を与えた。スタンフォード大学学長のジョーダン（David Starr Jordan, 1851-1931）[8]は、1907年に理事会に提出した改革案のなかで、以下のような概要の提案をおこなった[9]。

　　①1910年以降、現行の入学制度に加えて、「準学士（Associate in Arts）」の学位取得に求められる学修を、新たに大学本体への入学資格とする。
　　②現行の学士課程の前期2年間は大学本体への準備教育期間とみなし、JCと呼ぶ。
　　③JC課程が、他の教育機関によって担われるようになり次第、学士課程の前期2年間は消滅する。

　③に見られるように、学士課程の前期2年間を仮に大学内JCと呼ぶならば、他の教育機関（仮に大学外JC、あるいは「コミュニティJC」と呼ぶ）が大学内JCと同水準の教育を提供できるようになった時点で、大学

内JCは大学から消える予定であった。それと同様の考えは、ジョーダンとともにカリフォルニア州でJC運動をリードしたランゲ（本書の第7章で詳述）の著作の中にも見られる。「カリフォルニアJC理念の父」とも呼ばれるランゲは、大学外の「コミュニティJC」の形態として主にハイ・スクールの上方拡張を想定していた。

図8-1は、ランゲが1905年9月11日に発表した学制構想[10]であるが、その中等教育段階の一角を構成するのが、「上級セカンダリーあるいはカレッジ段階」と記されたJCであった。因みに、カリフォルニア大学バークレー校の大学改革案（1903年）では、ハイ・スクールと学士課程の前期2年間を連結した6年間の課程を終えた者に修了証を授与し、それを大学本体への入学許可証とする提案が行なわれた。

このようにハイ・スクールとJCを合わせた6年間（6年制ハイ・スクール）を中等教育とみなし、大学内JCはいずれ大学本体（高等教育段階）からは切り離される構想であった。しかし、結果的には、カリフォルニア大学でもスタンフォード大学でも、ミシガン大学やシカゴ大学同様、大学内JCは消滅することなく存続した。そこからは、カレッジをアメリカ型高等教育の成員とみなし存続を求める同窓会や理事会メンバー等の意見が根強かったことがうかがわれる。しかし、主にハイ・スクールの上方拡張による大学外の「コミュニティJC」は、ローカル・コミュニティの人々の支持を集め、カリフォルニア州で見事に花開き今日のコミュニティ・カレッジへとつながる発展を見せるのである（詳細は第Ⅰ部参照）。

タッパンからランゲに至る大学改革者達のJC中等教育論を総括しよう。当時のアメリカ高等教育の水準はヨーロッパ（特にドイツ）の高等教育の水準に遠く及ばなかった。ドイツ型の高等教育の水準から見れば、高等教育の名に値しないカレッジがアメリカには数多く存在していた。留学等によりドイツ型の高等教育の水準を知りえた当時の大学学長や教授の一群が中心になって、自国の大学改革に乗り出した。総じて、彼らの高等教育観は、当時のドイツの大学に啓発された、アカデミズム中心

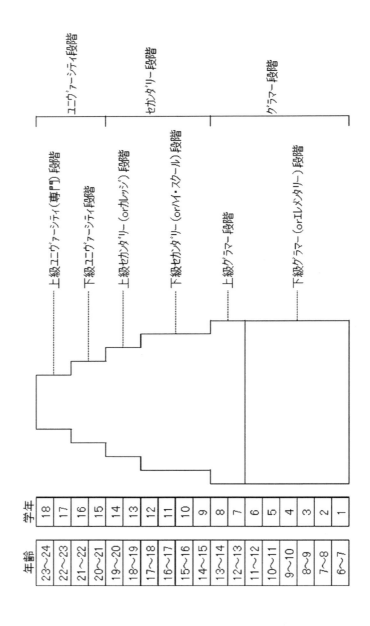

図8-1 ランゲの学校制度改革構想

の大学（自由で専門分化された研究と専門職教育中心の大学）に他ならなかった。かかる高等教育観に照らすと、大学の学士前期課程は高等教育ではなく中等教育であり、大学本体から切り離され中等教育に接続されるべきものとされた。カレッジの機能（一般教育）と大学の機能（専門的能力を身につける専門教育。学問の最先端を究め、それを更に乗り越えるべく研究にいそしむこと。知の創造。）を峻別し、一般教育は高等教育ではなく中等教育に属するものだと考えられたのである。

II．中等教育再編構想の一環としてのジュニア・カレッジ中等教育論

次に検討するのは、主にユニヴァーサルな青年教育の視点でまとめられた、中等教育改革の一環としてのJC中等教育論である。ジュニア・ハイ・スクールやジュニア・カレッジがそれぞれ先進的地域で制度化され始めたのは時期的にいうと、大体20世紀初め頃からであるが、特にジュニア・ハイ・スクール（中等教育の下方拡張）からJC（中等教育の上方拡張）まで包括した広範囲の中等教育改編構想の流れのピークとなると、1940年代中頃だといってよいのではないかと考える。その代表的言説として、NEA（全米教育協会）とAASA（全米学校管理者協会 American Association of School Administrators）によって任命された「教育政策委員会」（The Educational Policies Commission）が1944年に公表した報告書『すべてのアメリカ青年のための教育』（Education for All American Youth）と、L.V.クース[11]（Leonard V. Koos）等の提唱した4年制JC論をあげることが出来る。

1　教育政策委員会『すべてのアメリカ青年のための教育』

教育政策委員会は、すべてのアメリカ青年に最低12年間の学校教育を提供するために義務教育年限を満18歳まで延ばすことを提言した他、中等教育を初級（ジュニア・ハイ・スクール：Junior High School）、中級（シニア・ハイ・スクール：Senior High School）、上級（コミュニティ・

インスティチュート：Community Institute）の3つに区分し、すべてのアメリカ青年のための中等教育を、コミュニティ・インスティチュート（「コミュニティJC」に相当）のレベルにまで上方拡張するよう勧告した。図8-2は、委員会の考えを図示したものである。

　図8-2だけを見るならば、委員会は6-3-3-2の学校体系を想定し、その中の3-3-2を中等教育と見なそうとしているように見えるが、必ずしも6-3-3-2という形態に固執するものではなく、6-4-4の学校体系（その中の4-4を中等教育と見なす）も、ひとつの可能態として認めている[13]。要するに、教育政策委員会が重視したのは、3-3-2であれ4-4であれ、中等教育を8年間に拡充し、その8年間の課程に継続性をもたせることであった。中等教育を8年間に拡充しカリキュラムを設計することによって、すべてのアメリカ青年に教養ある市民、家庭人、消費者、就業者として生きる力を身につけさせることが狙いであったといえよう。本報告において中等教育とは、青年期全体（年齢としては大体12歳から20歳にかけての時期、学年としては第7学年から第14学年にかけての時期）をカバーする教育だと考えられ、その最終段階を上級中等教育と呼び、それは、「コミュニティJC」に相当するコミュニティ・インスティチュートによって現実化されるべきだと教育政策委員会は考えたのである。

　委員会が上級中等教育の学生として想定するのは次のような青年たちである[14]。

①セミ・プロフェッショナルな仕事に就労を希望する青年たち
②ハイ・スクールが基礎教育を提供する職種について、より進んだ知識やスキルを身につけたい青年たち
③4年制カレッジの学士後期課程への進学を希望する青年たち
④様々な選択コースを履修することによって、社会に出る前に一層幅広い教養を身につけたい青年たち
⑤既に働いているか、家庭に入っている青年で、余暇や夜間を利用してパートタイムでクラスに登録し、継続学習を通して更なる人間的成長を遂げたいと考える青年たち

図8-2 教育政策委員会の学校制度改革構想（6-3-3-2制）

年齢	学年		
19〜20	14		コミュニティ・インスティチュート（上級中等教育）
18〜19	13		
17〜18	12	中等教育段階	
16〜17	11		シニア・ハイ・スクール（中級中等教育）
15〜16	10		
14〜15	9		
13〜14	8		ジュニア・ハイ・スクール（下級中等教育）
12〜13	7		
11〜12	6	初等教育段階	
10〜11	5		エレメンタリー・スクール（初等教育）
9〜10	4		
8〜9	3		
7〜8	2		
6〜7	1		

これらの青年像は、現在のCCが対象とする学生像の一部に他ならない。

2　クース等の4年制ジュニア・カレッジ論

　一方クースの提言は、6-4-4制という新たな中等教育再編運動にJCを組み込んだ4年制JC論である。すべてのアメリカ青年のための中等教育を約8年延長するという考えにおいて、教育政策委員会報告と共通するが、3＋3＋2ではなく、4＋4という区分を選好した点に特徴が見られる。クースの考える中等教育概念と高等教育概念はいかに区別されていたのか、また何故3＋3＋2ではなく、4＋4という区分を選好したのか、順を追って検討する。

　まず、中等教育と高等教育の区別は、先述の大学改革者達と共通する面と異なる面を併せ持つ。何をもって高等教育と考えるかについては、先述の大学改革者達と同様、学士後期課程より上の、専門的な学習や研究を行なう段階を高等教育と見做した。かかる意味での高等教育は、知的能力に優れた一部の青年が進むべき段階とみなす大学改革者たちの見解と類似する。しかし、何をもって中等教育と考えるかについては、先述の大学改革者達と異なる面がある。大学改革者達（特にタッパン）が、中等教育を、卓越した大学を実現するために不可欠な大学予備門的教育段階として捉える傾向が強いのに対して、クースは、ますますユニヴァーサル化の傾向を強める中等教育の民主化運動の視点から、JC中等教育論を展開する。すなわち、少数の大学進学者だけでなく大学に進学しない多数の青年のための教育拡充にも配慮した教育制度のあり方を考える点に特徴がある。この点は、カリフォルニア大学のランゲにも認められる志向であることは、前章で既に明らかにした。JCは、大学に進学しない多数の青年がそこで一般教育をとりあえず完了させる「人民のカレッジ」(the people's college)であり、「新しいアメリカのカレッジ」(the new American College)であると位置づける。カレッジという呼称がついているので紛らわしいが、JCはクース等によって、ユニヴァーサル化可能な中等教育、一般教育の完成段階として期待された。ただし、6-3-

3-2制の最終段階を成す2年制JCではなく、6-4-4制の最終段階を成す4年制JCを推奨する。1940年代中葉のアメリカにおける学校体系の多数派は、8-4制から6-3-3-2制に移行中であったが、6-3-3-2制では、各段階がそれぞれの有効性を発揮するには短すぎるというのがクースの持論であった。また、クース等のいう4年制JCとは、従来のSC（シニア・カレッジ）と連結した4年制ではなく、ハイ・スクールの後半2年間と連結した4年制である。クース等は、6-4-4制プランの、この最後の4年間を、「新しいアメリカのカレッジ」と呼んで、「旧来のアメリカのカレッジ」（the old American College）と区別したのである。

では、「新しいアメリカのカレッジ」と「旧来のアメリカのカレッジ」は、具体的にどう違うのであろうか。「旧来のアメリカのカレッジ」は、私立のカレッジが中心であった。したがって、そこに集う学生の属性は、私学の授業料を負担できる家庭の若者に限られていた。大学やカレッジから遠く隔たったコミュニティに住む多くのアメリカ青年にとっては、アクセスの難しい高嶺の花であった。それに対して、「新しいアメリカのカレッジ」は、最寄りのコミュニティに創設されたハイ・スクールに接続された、地域密着型の「人民のカレッジ」であった[15]。そこに大きな違いがあり、「人民のカレッジ」こそ、ヨーロッパと異なる民主主義社会を標榜する新世界アメリカに、いっそう相応しいカレッジだとクースは考えた。また、内容面でも、カレッジと呼ぶものの、専門分化する学術領域や専門職領域につながる高等教育ではなく、一般教育の一応の完成段階[16]としての中等教育カリキュラムを考えていた。つまり、上（大学における高等教育）との接続よりも、下（コモン・スクールにおける初等教育）との接続を重視したカリキュラムである。クース等は中等教育を、今後ますます普及する勢いを秘めたダイナミックな教育運動として捉え、そのラスト・ステージとしてJCを位置づけようとしたのだと言えよう。

次に、クース等は何故3＋3＋2ではなく、4＋4という区分を選好したのだろうか。クースの考える6-4-4構想の理由は次のように整理されてい

る⁽¹⁷⁾。

①第11学年〜第14学年をグループ化することは、他のいかなるグループ化よりも心理学的に同質性が高いこと。
②大学の学士前期課程は本質的に中等教育に属するものであるから、第11,12学年の方に接続されるべきである。
③旧来型のハイ・スクールよりも新たな4年制カレッジの方が、より質の高い教員を惹きつけうるので、才能に恵まれたハイ・スクールの生徒は今より急速に先に進むことができる。
④2年制よりも4年制にした方が経済的である。
⑤4年制にした方が、拡充した職業教育プログラムを期待できる

　かかる6-4-4構想のメリットには、先の教育政策委員会も一定の評価を示したが、既存の学区の既存の学校との兼ね合いで改革を進める方が現実的であり、その枠内でカリキュラム開発などにより中等教育全体の継続性を図るよう努力すべきだという考えを提示した。要するに、両者には、青年期教育をいかに組織編制するかという形態面での相違は若干見られたが、中等教育を8年間に拡充する目的や、その中でのJCの役割などに関しては共通する面が多く、類似したJC中等教育論として括ることができよう。

おわりに

　以上、本論では、CCの学校体系上の位置付けに関する論がまだ錯綜していた1950年代以前に遡って、代表的なCC（JC）中等教育論を検討し、その系譜を二つの流れに大別し明らかにした。時期的にいうと大体19世紀後半から20世紀中葉まで続いた、その流れを最後に総括しよう。
　第一の流れは、主に中西部やカリフォルニア州の進歩的大学の学長たち（タッパン、ハーパー、ジョーダン等）によるJC中等教育論であり、時期的にいうと大体19世紀後半から1920年頃⁽¹⁸⁾までの時期に見られた。ドイツ型高等教育理念、中等教育理念への憧憬に根ざす論である。当時

のドイツの大学に啓発された、アカデミズムの府としての高等教育観（自由で専門分化された研究と、専門教育を中心とした高等教育観）であり、その成立要件としての、質の高い大学予備門的教育を提供する目的をもった中等教育観である。その基準に照らすと、大学の学士前期課程や小規模な4年制カレッジは、高等教育ではなく中等教育であり、大学本体から切り離され中等教育に接続されるべきものだと考えられた。

　第二の流れは、民主的中等教育を下方と上方に拡充する改革の一環に位置づけられるJC中等教育論である。中等教育を下方に拡張するジュニア・ハイ・スクールの提案は、既に1913年の「教育における時間の経済委員会」や1918年の「中等教育改造委員会」報告書において看取される[19]が、「教育政策委員会」が1944年に公表した報告書『すべてのアメリカ青年のための教育』では、ハイスクールを上方拡張した「コミュニティJC」まで含めた8年間（主要には3＋3＋2による8年間）の中等教育拡充案が提起された。他方、クース等の提唱した8年間（4＋4による8年間）の中等教育拡充案に見られる4年制JC論は、既にクースの1925年の著書においてもある程度推奨されている[20]が、そのピークは1940年代中頃である[21]。教育政策委員会とクース等のJC中等教育論の基底から読み取れるのは、アメリカ型中等教育を旧来のカレッジ前期課程のレベルまで拡充し発展させようというアメリカン・デモクラシーの意志である。しかし、両者において、アメリカ型高等教育の概念は、アメリカ型中等教育の概念ほど明確にはイメージされていなかった。

　JC中等教育論という、現代まで主流としては継起されずに終わった論が、まだ勢いをもって現在進行形で語られていた時代においては、中等教育と高等教育の境界に関するコンセンサスが成立しておらず、アメリカ型高等教育の概念は未だ判然とした像を結ぶに至っていなかったといえるだろう。（CCが高等教育として定位されるに至り、CCまで包摂したアメリカ型高等教育概念が形成されるプロセスならびに時代背景については第Ⅰ部第3章参照。）

註

(1) コミュニティ・カレッジに関しては、アメリカはもとより日本でも相当数の文献が蓄積されている（因みに、2024年4月8日時点のCiNiiで検索すると、論文だけで197編が列挙された。）。ここでは、数ある文献の中で本稿の課題に即したものに限定して紹介した。

(2) 今日ではコミュニティ・カレッジと呼ばれることが一般的であるが、草創期から1940年代までのCCに関しては、JCと呼ばれることが一般的であった。また、1950年代、60年代になると、JCという名称は、私立大学の前期課程、教会立の2年制カレッジ、私立の2年制カレッジなどに対して使われることが多くなり、総合的な公立の2年制カレッジに対してはCCという名称が使われることが多くなった（Carrie B. Kisker, Arthur M. Cohen, Florence B. Brawer, The American Community College, Jossey Bass Higher and Adult Education, Jossey-Bass, 2014, pp.3-4参照）。

(3) Henry P. Tappan, *University Education*, New York, 1851, p.43-46, p.50.

(4) Richard Hofstadter and Walter P. Metzger, *The Development of Academic Freedom in the United States*, Columbia University Press, 1955, p.251.

(5) William Rainey Harper, et al., *Present College Questions*, New York D. Appleton and Company, 1903, p.81.

(6) R. J. Storr, *Harper's University*, The University of Chicago Press, p.127.

(7) William Rainey Harper, *The Trend in Higher Education*, The University of Chicago Press, 1905, p.381.

(8) ジョーダンに関しては、坂本辰朗「スタンフォード大学における学部二分化の試み―ジョーダン学長の『ジュニア・カレッジ』論―」『創価大学（教育学会）教育学部論集』第22号, 1987年, pp.33-56が詳しい。

(9) H. A. Spindt, Beginning of the Junior College in California 1907-1921, *College and University* XXXⅢ, 1957, p.26.

(10) 図8-1は、M. E. Hill, *The Junior College Movement in California 1907-1948* (unpublished manuscript), p.36掲載の図と文章を基にして、井口が年齢と学年を図中に付加して作成した。この学制構想図は本稿の課題にとって極めて貴重な史料であるが、Hillの著作が未刊行の文書であるためか、日米のCC研究において引用された例を殆ど目にしたことがない。「はじめに」で紹介したPalinchakの著書においても、Hillの著作は欠落している。したがって、ここでの引用は、埋もれた史料公開の意味もある。

(11) クースは、主にアメリカ中西部の大学（ミシガン大学、ミネソタ大学、シカゴ大学など、いずれもJCにゆかりのある大学）で教育・研究活動に携わった中等教育の専門家である。中等教育研究者として、ハイ・スクール、ジュニア・ハイ・

スクール、ジュニア・カレッジに関する著作を数多く残した。図8-3は、クースの構想を図示したものである。

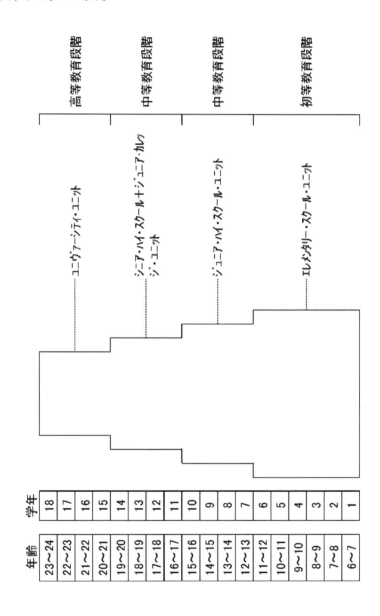

図8-3 クースの学校制度改革構想（6-4-4制）

(12) The Educational Policies Commission Appointed by the National Education Association of the United States and the American Association of School Administrators, *Education for All American Youth* , National Education Association of the United States, 1944. 図8-2は、p.241の図を参考にして井口が作図したものである。
(13) Ibid., pp.229-230.
(14) Ibid., pp.246-247.
(15) John A. Sexson and John W. Harbeson; with a foreword by Leonard V. Koos. -*The new American college: the four-year junior college grades 11 to 14 inclusive organized and administered as a single institution*, Harper, 1946, p.xii.
(16) ここで「一応の完成段階」と書いているのは、The new American collegeの著者たちは、本当の意味の一般教育は決してカレッジ教育で完成されるものではなく、生涯にわたる学習プロセスだと喝破しているからである。Ibid., p.21参照。
(17) G. R. Conger and R.E. Schultz, "Leonard V. Koos: Patriarch of the Junior College", *Junior College Journal* Vol.40, No.6, March 1970, p.30参照。
(18) ここで19世紀後半というのはタッパンの大学論が発表された時期による。また、1920年頃というのは、ランゲのJC論が発表された時期による。本論ではランゲを第一の流れに位置づけて記述したが、厳密には両方の流れに属する論者と見るべきだと考える。例えば、The Writings of Dean Alexis F. Lange (unpublished manuscript compiled by M. E. Hill) pp.90-97所収のランゲの論文（Introduction to the Study of the Rise and Development of the University Idea）には第一の流れが、またpp.6-14所収の論文（How to Link Grammar & High Schools）には第二の流れが読み取れる。
(19) 市村尚久（1987）『アメリカ6・3制の成立過程』早稲田大学出版部（特に、第3章と第5章）参照。同書を始めとして、この分野での日本の先行研究の充実ぶりは、改めて指摘するまでもなかろう。
(20) Leonard V. Koos, *The Junior College Movement*, Ginn and Company, 1925, p.359参照。
(21) 6-4-4制はピーク時の1946年でさえ、全米で24にも満たなかった。その10年後には、わずか数校の4年制JCしか存続していなかった。(op.cit, G. R. Conger and R.E. Schultz.p.31参照) クースの予想に反して1950年代には徐々に衰退への道を辿った。しかしながら興味深いことに、1950年7月15日の読売新聞紙上では、アメリカの6-4-4制について紹介した次のような記事がみられる。「米式六四四制」というタイトルで城戸幡太郎（教育評論家）が書いたものである。比較的短文なので、全文掲載する。

　　　旧制高等学校での文化教育と専門学校の職業教育と大学での学術研究の

三つの教育を同時に四年制大学でやろうとしたのは無理な話で混乱したのは当り前だ。この問題を解決する一案としてアメリカの一部に採用されている六四四制を考えてみる必要がある。

　これは今の高等学校の一年を中学校の三年の上に入れ四年制の中学校とし、高等学校の残りの二年を大学の前期二年と合して四年のジュニア・カレッジを作る、こうしてできた前期大学は一方には大学教育の普及を実現し他方には大学教育を専門化してゆく基礎を作ることにもなる。大学の前期二年と高等学校の二年を合せてジュニア・カレッジを作ると大学の後期二年は中途半端なものになってしまうのでこれに大学院二年を合せて四年の大学にする必要が生れてくる。これがいわゆる六四四四制だ。

　この場合、六・四の十年間を義務教育とすることは六・三制すら困難な現在では難しいが、定時制とするなり夜間中学校を作るなりして教育の継続を考慮してやればできないことはない。

第9章
W.C.イールズのジュニア・カレッジ論
―米国コミュニティ・カレッジ史におけるイールズの足跡―

はじめに

　W.C.イールズ（Walter Crosby Eells, 1886-1962）[1]は、第2次世界大戦後、1947年4月から1951年3月までCIE（民間情報教育局）高等教育顧問として日本に滞在し、戦後日本の教育改革に深く関与した人物のひとりである。日本では、一般的に「イールズ事件」[2]との関連で、その名を記憶する向きが多いかもしれないが、実はアメリカのジュニア・カレッジ（Junior College, 以下JCと略）制度を日本に紹介し、日本の短期大学創設に影響を及ぼした人物でもある。

　短期大学の成立過程とイールズの果たした役割に関する研究としては、その嚆矢として、海後宗臣／寺崎昌男『大学教育（戦後日本の教育改革・9）』（1969年）を挙げることができる。同著は、戦後日本の教育改革を研究する東京大学とスタンフォード大学の共同研究プロジェクトの成果として、第3章において短期大学を取り上げている。そのなかでイールズに関しては、①CIE内部の一般的な空気と異なり、「短期大学」制度化に積極的立場をとる例外的存在がイールズであったこと、②日本の短期大学を完成教育機関として推進することに極めて熱心で、その考えは、発足当時の日本の短期大学関係者の間に大きな影響を与えたこと、などが指摘されている（海後／寺崎 1969, pp.191-192）。そのうえで、「イールズは1948年（昭和23）から49年（昭和24）にかけて、大学教官のレッド・パージを提唱して全国の国立大学を講演旅行したことにより、日本ではきわめて著名であるが、短期大学の出発期におけるこのような活動は、日本の短期大学史に記録せられる業績といえよう」（海後／寺崎 1969, pp.192-193）と、その功績を評価している。

　その後、日本では1980年代以降「占領期日本教育に関する在米史料の

調査研究」(研究代表者：佐藤秀夫) が公開されたのを機に、この分野の研究はさらに掘り下げられることとなった。その成果のひとつとして、土持ゲーリー法一は、短期大学創設に果たしたイールズの役割を検討し次のように評価している。

> 戦後の高等教育の多様化に関して短期大学論を早くから提唱したイールズの果たした役割は無視できないであろう。一般的に、イールズの評価は必ずしも高くなかったようであるが、それは彼の反共演説との関連からであって、戦後の短期大学に関しては、彼の功績が大であったといわねばならない。彼が大学水準の「専門」教育に対比して、農業、工業、商業、家政など現代社会の専門的な多方面の職業のための半専門教育機関の必要性を説いたことは注目すべきである (土持 1996, p.181)。

このように戦後日本の高等教育改革におけるイールズの評価は、大別すると、「イールズ事件」にみられる否定的な評価と、短期大学創設の立役者としての肯定的評価に分かれる。それぞれの評価のいかんはともかく、いずれの評価も、滞日中のイールズの活動やアメリカの対日占領政策に関する先行研究の蓄積を踏まえてなされたものである。とはいえ、60代で来日したイールズには、来日前のアメリカにおける数十年に及ぶ教育、研究、社会活動の経歴があるはずである。イールズの来日後の活動や生涯にわたる業績を真に理解し評価するためには、滞日中のイールズだけでなく、来日前のイールズの歩みにも目を向ける必要があるのではないだろうか。しかし、滞日中のイールズの活動や評判については、資料公開にも助けられ研究が進んでいる[3]のに対して、来日前のイールズに関しては、先行研究の蓄積が乏しい。

例えば、海後／寺崎 (1969, p.192) は、母国アメリカにおけるイールズの足跡に関して、次のように紹介する。

イールズは当時、CIE高等教育班顧問の地位にあったが、戦前から戦中にかけてアメリカにおける「ジュニア・カレッジ運動」に参画し、ジュニア・カレッジ研究の専門家として認められていた。1939年に設置されたジュニア・カレッジ完成教育委員会（Commission on Junior College Terminal Education）のdirectorをつとめ、その成果のひとつとして、アメリカ・ジュニア・カレッジ協会から『何故にジュニア・カレッジは完結教育か』（*Why Junior College Terminal Education?* , 1941）と題する著作を発表したりしていた。

　ここから読み取れるイールズ像は、①戦前から戦中にかけてのアメリカで「JC運動」に参画していたこと、②JC研究の専門家として認められていたこと、③JC完成教育委員会のdirectorをつとめ完成教育に関する著作も発表していたこと、の3つである。簡略ながらも要所をおさえた紹介である。しかし、①～③のそれぞれについて更に掘り下げた検討が必要であろうし、①～③以外にも注目すべき研究や活動があるのではないかと推察される。本研究は、そうした認識に基づいて、滞日中のイールズの足跡に比べると先行研究の蓄積が浅い、アメリカ時代のイールズの足跡、とりわけ米国コミュニティ・カレッジ（Community College, 以下CCと略）史においてイールズが残した足跡に光をあてる。

　米国CC史においてイールズが残した足跡は、大きく2つに分けられる。ひとつは、「アメリカCC協会」（American Association of Community Colleges）の母体である「アメリカJC協会」（American Association of Junior Colleges：以下、AAJCと略）[4]におけるイールズの足跡である。イールズは1938年から1945年にかけて、AAJCの事務局長（executive secretary）を務めた。完成教育委員会のdirectorとしての活動も事務局長時代に行われた。また、現在の「CCジャーナル」（Community College Journal）の前身である「JCジャーナル」（Junior College Journal）を創刊したのもイールズである。同誌は、発刊以来90年以上の歴史を誇るが、その礎を築いたのがイールズで、1930年から1945年までは自ら編集長も

務めた。イールズは、JCジャーナルを「JC運動における最良の部分」を代表するものだと自画自賛した（Witt [et al.] 1997, p.86）。これらは、AAJCを拠点として、JC制度の認知度を上げ制度基盤の強化を図ろうとしたイールズの活動である。

　CC史においてイールズが残した足跡の2つ目は、JC研究の専門家として彼が残した著書[5]と、そこで展開されたJC論である。まず、イールズが残した著書は、いずれもCCの歴史を理解するうえで欠かせない貴重な文献である。アメリカでは、イールズを正面から扱った先行研究は管見の限り極めて少ないが、イールズ自身が書き残した著書は、CCの歴史書や総合的な研究書において頻繁に引用されている[6]。本稿もそれらを研究のための一次資料として活用した[7]。それらの文献を検討することによって、イールズのJC論を解明することが本稿の課題である。特に本稿では、イールズの6-3-3-2制論、JC高等教育論、JC完成教育論をとりあげ、その解明に注力する。まず第1章で、イールズが、当時の学制改革論、JC中等教育論、JC高等教育論等についてどのように考えていたのか、その主張を明らかにする。第2章では、イールズのJC完成教育論の内容と特徴を明らかにする。

　なお、1940年代までのCCに関しては、JCと呼ばれることが一般的であったことから、以下では基本的に、CCよりもJCという呼称を用いている場合が多いことを、予めお断りしておく[8]。

1　イールズの6-3-3-2制支持とジュニア・カレッジ2年制高等教育論

　JC（CC）は、草創期から半世紀以上にわたって、その学校体系上の位置付けが多様かつ曖昧であった[9]。中等教育の中に入るのか、高等教育の中に入るのかも、はっきりしていなかった（Bogue 1950, p. 16）。また、4年制の機関であるのか、2年制の機関であるのかも見解が分かれていた。ここでいう4年制の機関とは、カレッジの第1学年および第2学年に加えて、ハイ・スクールあるいは予備校の最後の2年間を含み、全部で4

年間の単一ユニットとして構成され運営される4年制JCのことである。公立学校制度では、いわゆる「6-4-4制」(すなわち第1学年から第6学年までの初等学校、第7学年から第10学年までのジュニア・ハイ・スクール、第11学年から第14学年までのハイ・スクールとジュニア・カレッジを結合したものを有する学区案)の一部をなしている。

JCの教育レベルをめぐる問題は、1920年代、1930年代のAAJCの年次大会においても幾度か議論されたようである(Brick 1964, pp.75-77)。1920年代からのJC運動においてリーダー的存在であったL.V.クース(Leonard V. Koos)[10]は、公教育の6-4-4制案、JC中等教育論に深くコミットしていた。第3回のAAJC年次大会(1923年)で、クースは、JCを中等教育として定義づけた(Brick 1964, pp.75-76)。1920年代、1930年代のJC運動の主要メンバーのなかで、クースに同調していた人物は数多い(Goodwin 1971, pp.173-174)。

それに対して、当時のJC運動の主要リーダーのなかで、JC中等教育論や6-4-4制に異を唱えた人物は数少なかった。そうした中にあって表立ってJCを高等教育とみなし6-3-3-2制を支持した人物がイールズであった(Goodwin 1971, p.174)。イールズは、1930年のAAJCの年次大会で自説を主張するとともに、翌1931年にはJCに関するイールズ初の単著[11]のなかで、4年制JCや6-4-4制の欠点を整理し(同著の第25章、第26章参照)、2年制JCや6-3-3-2制の長所を8つにまとめて公表した(同、第27章参照)。

こうしたイールズの言動に対しては、クースをはじめ6-4-4制論者から批判が加えられた。まずクースは、イールズ(1931)に関して次のような書評を行なった。イールズの著書は、第1部(JCの発展)、第2部(JCの組織と管理運営)、第3部(アメリカ教育におけるJCの位置)の3部から構成されており、JCに関して総合的に扱った専門書として高く評価される内容だと書評の前半では称賛する。しかし書評の後半では、優れた著作でありながら第1部、第2部の客観的記述に比べて、第3部の記述は感情的な記述に堕している面があり極めて遺憾だと指摘する。第3部には、先述の4年制JCや2年制JCの長所や短所を扱った第25章から第27章が含

まれており、そこでの記述態度やアプローチの仕方があまりにも論争的だというのである。確かに、第25章から第27章にかけてのイールズの叙述スタイルは、ワンマン・ディベートの観があり、クースがそこに違和感を覚えたのも首肯される。当時のJCに関する教科書でもあった同書で、我田引水的な論述を展開するイールズのやり方に、クースは疑問を呈したわけである（Koos 1931, pp. 627-628）。

　イールズの6-4-4制批判に異議を唱えたのは、クースだけではなかった。J.M.ウッド（ミズーリ州、ステフェンズ・カレッジ学長）は1931年にJCジャーナル誌上でイールズにあてて公開書簡を出した（Wood 1931, pp.392-393）。ハービソン（カリフォルニア州、パサデナJC学長）は、パサデナにおける6-4-4制の成功を公表し続けることによって、イールズの論への反証とした（Goodwin 1971, p.176）。しかしイールズは、これらの6-4-4制論者からの異議に対して正面切って反論することはしなかった。レトリックのうえでの6-4-4制論者への応戦よりも、事実の推移（各学区の選択の結果）を見れば自ずからどちらの案が現実的に妥当なものであるかは明らかだというスタンスをとったようである（Goodwin 1971, p.177）。事実、1940年代以降の推移を見ると、クース等が推進しようとした6-4-4制に位置づく4年制JCは容易に普及しなかったが、イールズの支持した6-3-3-2制に位置づく2年制JCは数の上で伸張した。イールズ（1941b, p.3）においても、カレッジの第1学年および第2学年からのみ構成される2年制JCがアメリカで最も普及しているJCのタイプで、全JCの9割以上を占めると紹介された。

　次に、JC中等教育論や高等教育論についてイールズがどのように考えていたのかを、整理してみよう。まず、1930年代のアメリカにおいては、教育の一般的段階区分としては初等、中等、高等の3段階が認識されていたものの、この3つの段階をいかに定義するか、また、3つの段階を分かつ境界をどこに設けるかについて統一した見解がなかったこと、とりわけ理論と実践の両方で多様性が目立ったのがJCの位置づけに関するものであったこと、をイールズ自身が指摘する（Eells 1940, p.63）。

例えば、中等教育概念の捉え方は、19世紀末から20世紀初めにかけての世紀転換期以降大きく変わり始めた。世紀転換期以降、多くの研究大学の学長やその他の教育指導者たちが、アメリカの大学の下級2学年の教育課程は本質的に中等教育であるがゆえに大学組織の一部に組み込むことは不適切だという考えを表明するようになった。彼らの言う「中等教育」は、初等教育段階よりも上で、大学の専門分化した学問や専門職教育よりも下に位置づけられるべき一般（普通）教育を意味するものであった。この意味では、大学の前期2年のカレッジ期間に相当するJCは、確かに「中等教育」として位置づけられる。前期2年間のカレッジ課程は、大学での専門分化に先立って、その基盤となる幅広い教養教育（すなわち言語、文学、歴史、科学における一般的な課程）を完成させる一区切りとして捉えられるからである。
　しかし、アメリカの教育現場では、中等教育概念はこのような意味では用いられていなかった。現場では中等教育とは、通常ハイ・スクールと同義語だと考えられていた。世間一般においては、中等教育概念が、中等学校やハイ・スクールよりも広い概念だということが十分に伝わっていなかったのである。したがって、「中等教育＝ハイ・スクール」だという伝統的、世間的なイメージを抱く人の方が実際には多かった。
　したがって、イールズ自身は大学改革者達が用いる「中等教育」の趣旨を理解し、「カレッジの前期課程まで中等教育概念を拡大する試案は、その教育内容や教育方法を考えれば理にかなったものではある」（Eells 1940, p.64）と半ば認めつつも、中等教育や高等教育が一般社会で通用しているような意味で使われ続けるのだとしたら、「前期課程を大学から分離独立させないまま中等教育としてカウントすることは、運用面で混乱を招きかねない」（Eells 1940, p.64）と述べ、既存のカレッジや大学を従来通り高等教育と分類するのであれば、学士後期課程や大学院だけでなく学士前期課程まで含めて高等教育と呼ぶことが必要だという見解を採った。比較可能な諸報告、統計、一般行政のためにも、その方がロジカルだというのである。この見解からすると、高等教育とは、「現在一般に

使われている慣用表現にしたがって、ハイ・スクールの上方に位置する正規の教育を意味することとなり、カレッジ、大学、専門職大学院、JC、技術系の専門機関を包含するもの」(Eells 1940, p.64) となる。

　イールズのJC高等教育論は、このように保守的で当時の現実との適合性を重視するものであったといえる。したがって、JC中等教育論に関しても、現実との適合性さえ認められれば、必ずしも否定されるものではないと考えた。「いつの日か、全米のすべてのカレッジや大学 (university) から下級2学年（学士前期課程）が完全に取り除かれ、独立した2年制JCが組織されるか、あるいはハイ・スクールの終盤の2年間と結合され4年制JCが組織される時が訪れる」(Eells 1940, p.64) のであれば、JC中等教育論が肯定される可能性もゼロではないというわけである。とはいえ、現実には大学本体からの下級2学年（学士前期課程）の分離は、1世紀近く提唱されながらも実現に至ったのは僅か1校にすぎず、今後もその実現可能性は低いというのが、イールズの見方であった (Eells 1940, p.64)。だとすれば、世の大勢に従って、JC段階まで含めて高等教育と呼ぶ方が妥当だというわけである。いかに一部の大学指導者が理屈の上で望ましいものとして論理を尽くした説明をおこなったとしても、中等教育や高等教育が一般社会で通用しているような意味合いで使われ続けるのだとしたら、やはり中等教育と高等教育を区切るラインを世の大勢に従って確定させる必要があると、イールズは考え主張したのである。

　ところで、イールズがJCを高等教育の一環に位置づけた背景には、一般の人々の高等教育機会拡大への欲求、JCを高等教育とみなしたいという上昇志向への迎合もあったのではないかと考えられる。「何世代にもわたって、多くのアメリカ人の親たちは、自分の息子や娘たちにカレッジ教育という恩恵を与えたいと深く望んできた。カレッジ進学は大いなるアメリカ人の野心であり、このところ急速に、大いなるアメリカ人の（心の）習慣になりつつある。アメリカ人はカレッジの意味するところを正確には理解していないかもしれない・・・しかし、カレッジが何かしら他と明確に区別できる価値あるものだということについては確信をもって

いる」(イールズ 1931, pp.726-727) というのが、イールズの見立てであった。イールズのJC高等教育論の論拠には、アメリカ人民の高等教育機会への希求こそ、考慮されるべき強力な要因だという考えが窺えるのである。そこには、組織的にも象徴的にも高等（より高い）教育につながっているということが、アメリカの政治的・文化的文脈のなかでJCが繁栄していくのに必要だという現実的、戦略的認識が見て取れる。大学改革者達やクースの専門的知見に一定の理解を示しつつも、JCの発展にむけては現時点での一般民衆の心情に寄り添った立論を選択するのが賢明だというのが、イールズのJC「高等教育」論[12]だったといえよう。

2　イールズのジュニア・カレッジ完成教育論

　JCは、発足当初は、大学の前期課程同様のカリキュラムを用意し、4年制大学の3年次への編入を目的とする準備教育を主要な機能としていた。しかし、1920年代から、大学編入準備教育だけでなく完成教育の提供を新たな機能として提供し始めた。JCにおける完成教育機能の必要性を、1910年代後半から1920年代初めにかけて先駆的に論じた人物が、「カリフォルニアJC理念の父」とも呼ばれたA.F.ランゲ（カリフォルニア大学教育学部教授・教育学部長）である[13]。JCの学生数が増加するにつれて、進学準備教育よりもむしろ、「大学の学生になれないし、なろうともしないし、またなるべきでもない大多数のハイ・スクール卒業生」(Lange 1916, p.3) のための完成教育の重要性が高まりつつあるというのが、ランゲの認識であった。ランゲのJC論は、イールズのJC論に影響を及ぼしたようで、例えば、上述のフレーズがそのままイールズ（1931）の192頁に使われていたりする。ランゲに次いでイールズの完成教育論に影響を与えたのが、前章でも取り上げたクースの研究である。クースは1920年代以降「準専門職レベルの人材養成」（後述）について調査研究を進め、その成果はKoos（1925）等で公表された。このような先達の論を踏まえ、イールズ（1931）の第10章では、JCの完成教育機能について当時

の研究や実践の到達点が詳述された。とはいえ、イールズ（1931）では、全29章のうちの1章が、JCにおける完成教育の説明に充てられたにすぎない。全編が完成教育に充てられたイールズ（1941a）やイールズ（1941b）の刊行は、それから10年後のことである。

　1941年の著書が、イールズ（1931）よりも遥かに拡充した内容になっているのは、それがAAJCの肝煎りで行われた事業だったことが関係している。1920年に全米JCの連合組織として発足したAAJCは、1937年に、「一般教育委員会」（ロバート・J・ハヴィガースト代表）により多額の助成金を獲得し、1939年に「JC完成教育委員会」[14]を立ち上げた。同委員会のdirectorを務め、完成教育に関するアンケート調査や完成教育関係の3冊の書物[15]の刊行などを指揮したのが、イールズであった。この頃のイールズやAAJCの指導者達の多くは、JCにおいては、4年制大学の3年次への編入を目的とする進学準備教育機能よりも、JC段階で卒業して社会に出る学生のための完成教育機能の方が重要だという認識を深めていた。

　本章では、イールズ（1931）の第10章に加えて、JC完成教育論の集大成ともいえるイールズ（1941a）やイールズ（1941b）を基にして、彼のJC完成教育論の特徴を3つに整理した。

(1) 実社会の現実的要請を重視した完成教育論
　第1の特徴は、イールズのJC完成教育論が、理念や学生の希望よりも同時代の社会的要請に応えることを重視するものだという点である。ランゲと対比させてみると、次のように整理できるであろう。すなわち、ランゲの完成教育論においては、多数者の権利やニーズへの配慮、民主主義国家発展の基盤づくりへの想い、大学教育の質を守る志向が理念的に語られる傾向が強いのに対して、イールズの完成教育論においては、理念以上に、当時の産業社会の要請への配慮、若年失業問題、全米レベルでのJCの組織的成長に向けての戦略的思考の方が強く見うけられるのである。1920年代末から1940年代にかけてのアメリカは、社会的・経済

的変動下にあり、イールズのJC完成教育論は、そうした実社会のニーズに応える姿勢が濃厚であった。

　まず、イールズ（1931）では、準専門職レベルの人材需要に応えることをJCならではの機能として強調する姿勢が顕著である。雇用情勢の変化によって、新たな職業教育の必要性が生れていたことが背景にある。この新たな職業領域を準専門職（セミプロフェッション）と呼び、精力的に調査研究を行なったのがクースである。イールズ（1931, pp. 283-284）では、クースの職業分類—プロフェッション（Profession）、セミプロフェッション（Semi-profession）、トレード（Trades）の3分類—が紹介され、イールズ（1941b, p.7）では、専門職（プロフェッション）の具体例として弁護士、医者、技師等が、非専門的な職業（トレード）の具体例として肉屋、パン屋、機械工等が、そして準専門職の具体例として、ビジネスマン、医療秘書、看護婦、レクリエーション指導者、飛行士、検眼士、写真家等が挙げられた。また、学歴との関係では、専門職が大卒程度、非専門的な職業がハイ・スクール卒程度と考えられ、その中間に位置づく準専門職が、まさにJCの完成教育修了程度だと考えられた。それは、伝統的な大学とは異なるレベルの「高等教育」に他ならなかった。

　イールズ（1941b）では、準専門職レベルの人材養成に加えて、青年の失業問題や青年犯罪などの「青年問題」（the Youth Problem）も、完成教育ニーズの社会背景として、豊富な図表入りで取り上げられている。アメリカでは1920年代、1930年代にハイ・スクール等の在籍率や卒業者数が大きく伸びていたにもかかわらず、経済不況の影響で若年失業等の問題が生じていたのである。そこで、1930年代には連邦政府によって若者向け失業対策・教育事業として、「市民保全部隊（CCC）」や「全国青年局（NYA）」のプログラムが実施された。その中には、今日のワーク・スタディ・プログラムの先駆け的プログラムも含まれている。イールズは、かかる連邦プログラムのJCでの実施を支持した（Witt [et al.] 1995, p.99）。

(2) ガイダンス機能を重視した完成教育論

　イールズのJC完成教育論の第2の特徴は、ガイダンス機能の強調である。イールズやAAJCの指導的メンバー達は、1930年以前からJCにおいて完成教育という新しい風を吹かせることを試みていたが、実際には完成教育コースは学生達の人気を得ることはできなかった。この点については、イールズ自身が1929年秋にカリフォルニア州の42校のJCに在籍する10,000名以上の学生を対象として行った、次のような調査結果が参考になるだろう。それは、JC卒業後も引き続き教育を受ける意思があるかどうかを学生達に尋ねたものであるが、この質問に対する学生の回答から、イールズは次のような結論を導いている。すなわち、「その当時JCは、明らかに進学準備教育的性格の機関であった。学生達は完成教育の方面にはほとんど興味を示さなかった。大多数の者は、明らかに上級のカレッジ（シニア・カレッジ）や大学で行われる上級の学業を志向していた」というものである（イールズ1941b, p.58）。つまり、JC運動の指導者達の思惑や社会的要請と学生達の要望との間には落差（ズレ）があったということである。

　このズレを埋めるための方策としてイールズが期待したのが、JCにおける学生の進路指導、すなわちガイダンス機能である。イールズ（1931, p.310）は、「学生を強制的に完成教育課程に振り向けられないのは確かだが、その方向へ導いたり、誘ったり、惹きつけたりすることはおそらくできるのではないか」と述べ、ガイダンス機能に関する章で、「学生を多く完成教育課程に導き入れることが肝要だ」（Eells 1931, p.330）と強調した[16]。

　図9-1は、JCの4つの機能（①教育機会の普及、②準備教育、③完成教育、④ガイダンス）の相互関係や重要性の比較について図示したものである。重要性が高い機能ほど広い面積が与えられている。

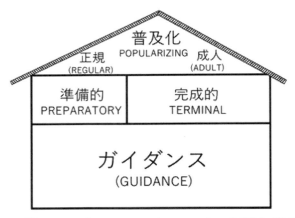

図9-1　ジュニア・カレッジの主要な機能
出典：Eells, W. C.（1941b, p.6）を筆者訳出。

　例えば、準備教育と完成教育は横並びで図示されているが、イールズは完成教育の方を準備教育よりも重視する姿勢をビジュアルで示した。しかし完成教育以上に重要視されたのが、ガイダンスの機能であった。イールズは、ガイダンス機能を他の3つの機能の効果的な発展と運営を実質上左右する鍵とみなし、すべての機能の土台に大きく位置づけたわけである。

(3) 一般教育と職業教育から成る完成教育論

　第3の特徴は、イールズのJC完成教育論が一般教育と職業教育から成る二重性を重視した教育だという点である。この特徴は、とりわけ1941年の著書において顕著に見られる特徴である。イールズ（1941b）の第1章では、「JC完成教育委員会」が合意した6つの基本原則が提示されているが、そのうち原則2では、「青年層の大部分を占め、なおも増加中の若者たちにとって、JCは、正規の教育が完了する段階を意味する。したがってこの段階では、経済的、社会的、市民的、および個人的能力を発達させるようにデザインされたカリキュラムが提供されるべきである」（イールズ 1941b, p.1）と述べる。また、原則5では、JC段階の完成教育は、

社会的な市民性や個人的な幸福に向けて学生たちを教育する、いわゆる「一般教育」と、経済的な自立に向けて学生たちを教育する、準専門職教育及びその他諸種のタイプの職業教育を含むものだと述べている（イールズ 1941b, p.1）。

イールズは、完成教育の流れは2つの側面をもつことを、図9-2のように図解して示した。ひとつは、教養的な諸側面、市民教育、社会的知性と呼ばれるものを発達させるべくデザインされた一般教育の側面であり、もうひとつは、職業的、技術的スキルや能力を発達させるべくデザインされた準専門職的側面である。この2つの側面のそれぞれが重要であるとともに、いずれもがもう一方の側面がなければ不完全だというのが、イールズや「JC完成教育委員会」の考え方であった（イールズ 1941b, p.8）。

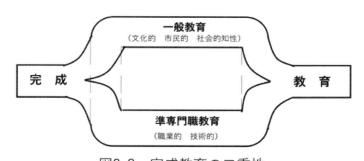

図9-2　完成教育の二重性

出典：Eells, W. C.（1941b, p.9）を筆者訳出。

とはいえ、一般教育と職業教育という2つの要素の相関的分量に関しては、様々ありうる。それを視覚化したのが図9-3である。ほとんどすべてが一般教育で準専門職教育はゼロないし僅少という構成もあれば、逆にほとんどすべてが準専門職教育で一般教育はゼロないし僅少という構成もありうる[17]。「ほとんどすべてが一般教育から成るJC完成教育論」を代表する論者（当時）としては、シカゴ大学学長ロバート・M・ハッチンズ（Robert Maynard Hutchins：1899-1977）をあげることができる。

彼は、1941年の論文で、「完成教育とは、通常、準専門職的、疑似職業的な教育を意味するものと考えられている」が、「最良の完成教育は、一般教育に他ならない」と自説を述べ（Hutchins 1941, pp.547-548）、職業教育を完成教育に含むことに否定的であった[18]。

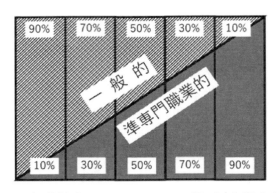

図9-3　完成教育カリキュラムの構成（多様な可能性）
出典：Eells, W. C.（1941b, p.10）を筆者訳出。

　それに対して、イールズを含めAAJCでかなり広く支持されたのが、図9-4に示される割合である。この考え方によれば、学生は誰でも課業の少なくとも40%を一般的あるいは教養的領域から採り、40%を準専門職的あるいは職業的領域から採り、残る20%を個人的欲求やニーズ等に従って自由に選択する。この方式は、スナイダー（W. H. Snyder）学長によって実際にロスアンゼルス市立JCで実践され成功を収めたといわれる方式である[19]。スナイダーの論文は、イールズ（1941b）の第8章に収められている。

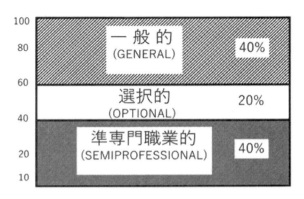

図9-4　完成教育カリキュラムの構成（一案）
出典：Eells, W. C.（1941b, p.10）を筆者訳出。

おわりに

　本稿は、滞日中のイールズの足跡に比べると先行研究の蓄積が浅い、アメリカ時代のイールズの足跡、なかでも彼のJC論に光をあてた。その結果、以下の点が明らかになった。
　まず、学制改革論とJCの制度的位置づけに関しては、公教育の6-4-4制案、JC中等教育論を唱道するクースをはじめとする名だたるJC指導者たちに対して、イールズは、JCを高等教育とみなし6-3-3-2制を支持する声を代表する論客であった。イールズは、教育専門家の知見に一定の理解を示しつつも、それ以上に現実との適合性を重視する大勢順応的志向、大学外の世間における一般民衆の中等教育観や高等教育観を重視するポピュリスト的志向をもつ論客であったことを明らかにした。
　次に、イールズのJC完成教育論の特徴として、①同時代の社会的要請（「青年問題」への対処、大卒相当の職業とハイ・スクール卒相当の職業の中間に位置づく準専門職レベルの人材養成への対応等）に応えることを重視した教育論である点、②そうした社会的要請と学生達の志向（完成教育忌避の傾向）との落差（ズレ）を埋めるための方策としてガイダ

ンス機能を強調した点、③一般教育と職業教育から成る二重性を重視した教育論である点、を明らかにした。かかる特徴をもつJC完成教育論を、イールズは、AAJC内に設けられた「JC完成教育委員会」のdirectorとして牽引する役割を担った。

　ところで、イールズのアメリカ時代の足跡としては、「はじめに」でも触れたように、AAJCという組織上に残した足跡も無視できない。すなわち、JCジャーナルの創刊者、編集長としてのイールズ（1930年～1945年）、AAJC事務局長としてのイールズ（1938年～1945年）の業績である。もっとも、これらの活動にたいするAAJC内の評価には、厳しいものも含まれていた。JCジャーナルは現在のCCジャーナルにまで続く資料として評価されるものの、当時のJCリーダーのなかには同ジャーナルに批判的な人々も存在した。例えば、イールズの編集をカリフォルニア寄りだと批判する声もあれば、JCジャーナルを「イールズ・ジャーナル」と揶揄する声もあった（Witt [et al.] 1997, p.86）。また、AAJC事務局長としてのイールズに対しては、第2次世界大戦までの困難な時代を事務局長として運営し、JCの完成教育機関化を進める運動においてリーダーシップを発揮したにもかかわらず、その運営スタイルをめぐって、彼のワンマンなやり方に批判的な人々も存在した。そうした人間関係の軋轢や内部対立が堆積した結果、1945年にイールズはAAJCを去ることになる。AAJCを後にしたイールズが向かった先が、日本をはじめとする海外であった。

　61歳でCIE教育課高等教育顧問として戦後改革期の日本に新たな居場所を見出したイールズは、「はじめに」でも述べたように、短期大学創設の立役者として肯定的な評価を得る一方、「イールズ事件」を契機として日本の学生・教職員の反撃に遭い、1951年3月には帰国の途についた。JC運動への参画というアメリカ時代からの本筋からは外れた領域で悪評を被ることになった点は、アメリカの対日占領政策の転換という時代の流れに過剰適応してしまった末の悲劇のようにも見受けられる。とはいえ、米国に帰国したイールズは、時を移さず日本の短期大学について、

「世界のどこにおいても、あれだけ多くのJCが、あれだけ短期間のうちに組織されたことはないだろう」（Eells 1951, p.10）と書き記した。

　イールズに対する評価は日米いずれにおいても高いものばかりではなかったが、アメリカのJCを日本に移植する役割を担ったという点では、比較高等教育制度史的に重要な人物であることは間違いない。移植の結果、アメリカよりも日本で早期に開花したものもあれば、日本では容易に根づかなかったものもある。その比較史的考察に関しては、稿を改めたい。

　また、本稿では、イールズのJC論の分析を中心に行なったが、JC以外の教育に関するイールズの論考や彼の家族等も含めた伝記的研究を行なうには、「ウォルター・C・イールズ文書」（Walter Crosby Eells Papers, 1890-1963）にあたる必要がある。同文書は、数学、統計、教育一般、外国教育、日本教育等に関するイールズの論稿や手書きの書類、彼の写真や家族の事柄なども含む厖大なコレクションで、イールズの母校ウィットマン・カレッジのアーカイブが所蔵する[20]。かかる厖大なコレクションにあたることで、イールズのJC論やAAJCにおける足跡も更に深められる可能性がある。今後の課題としたい。

　最後に、現代日本の短期大学政策についても触れておこう。わが国では2017年に学校教育法が改正され「専門職短期大学」という、従来の短期大学よりも実践的な実習に重きを置き、産業界との関係性を強めた短期高等教育機関の制度化が進められようとしている。また、2018年の中教審グランドデザイン答申では、「専門職短期大学」への期待に加えて、既存の短期大学における専門職人材の養成や、高齢者も含めた社会人向けリカレント教育推進への期待が表明されている（中央教育審議会2018年, p.42）。かかる政策をいかに評価すべきか。評価の際の視点として、一般教育と職業教育の相関的分量、地域社会との関係性など、イールズのJC論に含まれた論点は示唆に富む[21]。かかる論点にも留意しつつ、日米両国の短期高等教育制度について継続的な分析を行うことが求められる。

註

(1) イールズは、1886年にワシントン州メーソン郡に生まれ、1908年に同州のウィットマン・カレッジ（Whitman College）で数学とギリシア語の学士号を取得。1911年にシカゴ大学（University of Chicago）で数学の修士号取得。1916〜1926年にウィットマン・カレッジで応用数学教授。1927年にはスタンフォード大学（Stanford University）で教育学の博士号（Ph.D.）取得。1927〜1931年、スタンフォード大学で教育学部（School of Education）の準教授。1931〜1938年、同教授。1938〜1945年、アメリカ・ジュニア・カレッジ協会の事務局長。1945〜1947年、復員軍人局の外国教育部長。1947〜1951年、GHQ（連合国軍最高司令官総司令部）CIE教育課高等教育顧問。1952〜1953年、アジア、オーストラリア、アフリカ、ヨーロッパの大学歴訪。1962年死去。（*Who's Who in America*, Vol.27, 1952-1953, The A.N.Marquis Company, s.v. "Eells, Walter Crosby" ならびに https://archiveswest.orbiscascade.org/ark:/80444/xv73545参照。後者に関しては、2023年3月27日確認。）

(2) 「イールズ事件」に関しては、大藤（2010）およびKumano（2010）参照。

(3) 例えば羽田（1999, p.165）は、イールズについて次のように論述している。「イールズの主張は、従来の教育刷新委員会の決定や教育課の政策とも対立するもので、激しい内部対立を引き起こした。教育課内部では、イールズの意見は必ずしも支持されなかったようだが、イールズの活動とそれに励まされた文部省の動きの結果、1948年12月24日、第86回教育刷新委員会総会には、二年制大学の建議が採択された。それは、四年制大学への昇格が困難な高等教育機関に対する救済的性格をもっていたが、それだけにとどまらず、戦後改革において多様な社会的要求を受け止めた多様な高等教育の構造をつくり出そうとする試みであり、使節団報告書の示した構図のみで、CIEの高等教育政策自体が、展開したわけではないことを示す出来事のひとつなのである」。

(4) AAJCは、ズーク（George F. Zook）が1920年に全米JC会議を初めて組織したことに端を発する（Zook 1940, p.617）。ズークといえば、大戦後イールズが日本に派遣される1年前（1946年）に対独教育使節団の団長としてドイツに派遣された人物である。帰国後は、トルーマン大統領委員会として知られる「高等教育に関する大統領委員会」の議長も務めた。

(5) イールズのJC論を研究するうえで、下記の3冊は必読書だといえる。
- Eells (1931). 以下、イールズ（1931）と表記。
- Eells (1941a). 以下、イールズ（1941a）と表記。
- Eells (1941b). 以下、イールズ（1941b）と表記。

このうちイールズ（1941b）は、W.C.イールズ（1951）として日本で翻訳出版されている。

(6) ここで、アメリカにおける先行研究の状況について述べておく。管見では、イ

ールズのJC論を正面から単独で扱った研究書は見当たらないが、イールズは米国CC史におけるキーパーソンのひとりであり、史料的価値のある著書も残しているので、CCに関する歴史書や総合的な研究書においては、程度の差こそあれ引用あるいは論述の対象になっている。文献として挙げたBrick (1964)、Goodwin (1971)、Brint/Karabel (1989)、Witt [et al.] (1995)、Beach (2010)、Kisker/ Cohen/Brawer (2023) は、その主要な例である。このなかで、Witt [et al.] (1995) は、日本の短期大学にイールズが影響を及ぼした点にまで論及した稀少な例である。

(7) この他、「JCジャーナル」等、当時の雑誌に掲載されたイールズの論文にもあたった。

(8) 草創期から1940年代までのCCに関しては、JCと呼ばれることが一般的であったが、1950年代、60年代になると、JCという名称は、私立大学の学士課程前期、教会立の2年制カレッジ、私立の2年制カレッジなどに対して使われることが多くなり、総合的な公立の2年制カレッジに対してはCCという名称が使われることが多くなった（Kisker/ Cohen/Brawer 2023, pp.3-4）。用語の使い分けには時期の違いだけではない側面も見受けられる。例えば、J.P.ボーグは、JCではなくCCと称するに値する条件として、①地域社会（ローカル・コミュニティ）の人々へのサービス重視、②地域社会によるコントロール、③地域社会による財政支援、の3つを挙げる（Bogue 1950, pp.21-28）。このようなCC的要素が、1940年代までのJCに見出せないかというと、そうでもない。例えば、イールズ (1941b) では、「JC完成教育委員会」が合意した6つの基本原則の最初に、「JCには様々な規模やタイプのものがあるが、本質的には『地域社会の機関』(community institution) である。したがって、その地域住民のニーズに応える特別な責任がある」という記述が見られる（イールズ 1941b, p.1）。したがって、本書ではJCとCCを連続的に捉える立場に立ち、タイトルに両方を併記した。

(9) CC（JC）の先進州であるカリフォルニアにおいても、州法でJCが正式に高等教育と規定されたのは1960年のことである。その経緯については、井口 (2018, pp.1-11) 参照。

(10) クースに関しては、井口 (2006, pp.17-20) 参照。

(11) イールズ (1931) は、「JC事典」と呼ぶべき大著である。その前書きは、教育史及び教育行政学の研究者として日本でも著名なカバリー (Ellwood P. Cubberley) によって執筆されている。

(12) とはいえ、JC高等教育論はそう簡単に台頭したわけではない。草創期においては、ハイ・スクール内に設置されたJCが少なくなかったことも一因である。当時は、教員の前職もカリフォルニア州ではカレッジよりもハイ・スクール出身者の方が多かった（イールズ1931, p.407）。「教育重視の高等教育」であるJCの教員にイールズが求めたのは、ある程度の大学院教育（例えば修士程度）と教育への情

熱であった。一概に博士号取得者をベストだとは考えていなかった（イールズ1931, p.404）。

(13) ランゲのJC論の詳細は、井口（1987, pp.204-214）参照。

(14) 「JC完成教育委員会」の活動に関しては、イールズ（1941a）及び（1941b）の序文（Forword）参照。同委員会のメンバーに関しては、イールズ（1941a, p.ii）参照。また、イールズ（1941a, p. viii）及びイールズ（1941b, p. xii）によれば、同委員会は「著書の概略には承認を与えたものの、出版に先立って全ての原稿に目を通してはいない」ので、署名原稿を除く全ての文責はイールズにある旨が書き添えられている。

(15) ここで言う3冊の書物とは、イールズ（1941a）、イールズ（1941b）に加えて、次の著書をさす。Lois E. Engleman / Walter Crosby Eells(1941), *The Literature of Junior College Terminal Education* , AAJC. これは、JCの完成教育に関係する参考文献を網羅したものである。

(16) 社会や大学の要請と学生達の要望との間の落差（ズレ）を埋めるガイダンス機能は、後年、クラークによって「クーリング・アウト機能」と呼ばれ注目を集めることになる。詳細は、井口（2012, pp.29-34）参照。

(17) 一般教育と職業教育の相関的分量に関しては、イールズ以後も議論が見られる。例えば、カラベルらは、CCの職業教育機関化の行き過ぎによって市民教育が損なわれはしないか、懸念を表明している（Brint/Karabel 1989, p.227）。

(18) ハッチンズのJC論の詳細は、井口（2015, pp.31-38）参照。

(19) スナイダーはロスアンゼルス市立JCの創立者で5年間同校の学長も務めた人物である。図9-4に関しては、イールズ（1941a, pp. 93-94）も参照。ところで、イールズ（1941a, p.247）によれば、同JCは、スミス・ヒューズ法やジョージ・ディーン法等、職業教育連邦補助法による財政支援を受けていたことが分かる。一般教育に比べて資金を要する職業教育を後押しするためか、イールズ（1941a）の第3章や附録Cでは、職業教育連邦補助法について積極的に紹介を行っている。

(20) https://library.whitman.edu/archives/explore-collections/#eells-northwest-collection （2023年1月11日確認）

(21) この他、キャンパスでの座学と現場実習との往還プログラムの紹介（イールズ1931, pp. 305-308）にも注目すべきである。CCにおける協同教育プログラムの起源が、CCがまだJCと呼ばれていた1920年代にまで遡れることは、瞠目に値する。CCにおける協同教育プログラムに関しては本書の第15章参照。

文献一覧

井口千鶴（1987）「A.F.ランゲのジュニア・カレッジ論−高等教育における平等主義と能力主義の調整−」『京都大学教育学部紀要XXXⅢ号』、pp.204-214

井口千鶴（2006）「コミュニティ・ジュニア・カレッジ中等教育論の系譜―アメリカ型高等教育概念の史的研究の観点から―」『東海大学課程資格教育センター論集第5号』、pp.17-20

井口千鶴（2012）「バートン・クラークのコミュニティ・カレッジ論：アメリカ高等教育におけるクーリング・アウト機能とその評価」『東海大学課程資格教育センター論集第11号』、pp.29-34

井口千鶴（2015）「R.M.ハッチンズのジュニア・カレッジ論」『東海大学課程資格教育センター論集第14号』、pp.31-38

井口千鶴（2018）「カリフォルニア州1960年法におけるコミュニティ・カレッジ条項とその背景」『東海大学課程資格教育センター論集第17号』、pp.1-11

大藤修（2010）『検証イールズ事件：占領下の学問の自由と大学自治』清文堂出版海後宗臣／寺崎昌男（1969）『大学教育（戦後日本の教育改革・9）』東京大学出版会

W.C.イールズ（1951）『ジュニア・カレッヂ論：完成教育の必要』（渡辺彰訳）目黒書店

中央教育審議会（2018年）「2040年に向けた高等教育のグランドデザイン」（答申）文部科学省

土持ゲーリー法一（1996）『新制大学の誕生―戦後私立大学政策の展開』玉川大学出版部

羽田貴史（1999）『戦後大学改革』玉川大学出版部

Beach, J.M. (2010), *Gateway to Opportunity? : A History of the Community College in the United States*, Stylus Pub.

Bogue, Jesse P. (1950), *The Community College*, McGraw-Hill

Brick, Michael (1964), *Forum and Focus for the Junior College Movement: The American Association of Junior Colleges*, Columbia University Press

Brint, Steven / Karabel, Jerome (1989), *The Diverted Dream: Community Colleges and the Promise of Educational Opportunity in America, 1900-1985*, Oxford University Press

Eells, W. C. (1931), *The Junior College*, Houghton Mifflin Company

Eells, W. C. (1940), "Secondary or Higher Education?", *The Junior College Journal*, （以下、JCJと略）Vol.XI, pp.63-64

Eells, W. C. (1941a), *Present Status of Junior College Terminal Education*, AAJC

Eells, W. C. (1941b), *Why Junior College Terminal Education?*, AAJC

Eells, W. C. (1951), "Junior College Development in Japan", *JCJ*, Vol.22(1), pp.3-11

Goodwin, Gregory Lang (1971), *The Historical Development of the Community - Junior College Ideology: An Analysis and Interpretation of the Writings of Selected Community - Junior College National Leaders from 1890 to 1970*, Ph.D. Dissertation, University of Illinois at Urbana-Champaign

Hutchins,R.M. (May 1941), "The Junior College and Terminal Education", *JCJ*, XI, pp.547-548

Kisker, Carrie B. / Cohen, Arthur M. / Brawer, Florence B. (2023), *The American Community College*, Jossey Bass Higher and Adult Education, Jossey-Bass

Koos, Leonard V. (1925), *The Junior College Movement*, Ginn and Company

Koos, L.V. (1931), "Reviews and Book Notes", *The School Review*, XXXIX, pp.627-628

Kumano, Ruriko(2010) "Anticommunism and Academic Freedom: Walter C. Eells and the "Red Purge" in Occupied Japan", *History of Education Quarterly*, Vol. 50, No. 4., Cambridge University Press., pp. 513-537.

Lange, A.F. (1916), The Junior College with Special Reference to California, *Educational Administration and Supervision*, Vol.2, Jan., pp.1-8

Witt, Allen A. [et al.] (1995), *America's Community Colleges: The 1st Century*, American Association of Community and Junior Colleges

Wood, James M. (1931), "An Open Letter", *JCJ*, Vol.I, pp.392-393

Zook, George F. (1940), "The Past Twenty Years – The Next Twenty Years," *JCJ*, Vol.X, pp.617-623

第10章
バートン・クラークのコミュニティ・カレッジ論
―アメリカ高等教育におけるクーリング・アウト機能とその評価―

はじめに

　バートン・クラーク（Burton R. Clark 1921 - 2009）は、主に高等教育の社会学的研究によって、アメリカのみならず世界的にも著名な研究者である。日本では、高等教育システムや大学院に関する国際比較研究など、後期の代表的な業績が邦訳されており[1]、その関連で銘記されることの多い研究者かもしれない。しかし、後期の理論的な研究に至るまでには、様々な高等教育機関の事例研究を行っている。彼が1960年に発表したコミュニティ・カレッジの研究も、そうした事例研究のひとつで、初期の代表作のひとつである。

　それは、アメリカにおけるコミュニティ・カレッジ論の歴史においても無視できない著作である。しかし日本では、それについて部分的に論及した作品[2]は見られるものの、正対して論じたものは管見のかぎりでは見当たらない。かかる認識から、本稿では、クラークのコミュニティ・カレッジ論をとりあげ、その内容と特徴、コミュニティ・カレッジ論史におけるその位置づけを明らかにしたいと考える。そのために検討した主なクラークの著作は、以下の通りである。

- The "Cooling-Out" Function in Higher Education, *The American Journal of Sociology*, vol.LXV no.6 (May 1960), pp.569-576. 以下、クラーク（1960a）と表記。
- *The Open Door College : A Case Study*. New York: McGraw-Hill, 1960. 以下、クラーク（1960b）と表記。
- The "Cooling-Out" Function Revisited, George B. Vaughan (ed.) Questioning the Community College Role, *New Directions for Community Colleges*, vol.VIII no.4 (1980), pp.15-31. 以下、クラーク

（1980）と表記。

Ⅰ．コミュニティ・カレッジの隠れた機能：アメリカ高等教育におけるクーリング・アウト

クラーク（1960a）は、アメリカ高等教育界においてクーリング・アウトの役割を担う機関としてコミュニティ・カレッジを挙げ、そこでのクーリング・アウトのプロセスならびに特徴を明らかにした論文である。

クーリング・アウトとは、野心を冷却させること、将来の可能性のひとつを断念させ、別の進路に軌道修正するよう促すこと、その際、断念や修正にともなう傷心をできるだけ軽減するべく留意すること、を意味する。クラークは、上掲論文を執筆するにあたって、社会学者アーヴィング・ゴフマン（Erving Goffman）が1952年の論文で発表したクーリング・アウト概念[3]に触発されたと述べている。ゴフマンのクーリング・アウト概念を高等教育研究に援用した研究が、クラーク（1960a）だということもできよう。ここで高等教育においてクーリング・アウトの対象とされるのは、コミュニティ・カレッジ[4]から四年制大学の後期課程への転学（transfer）を希望しているものの学業成績面で転学を断念せざるをえない、潜在的な完成教育型（latent terminal）の学生である。潜在的な完成教育型の学生は、コミュニティ・カレッジ入学時には4年制大学への転学を希望していながら、結果的に転学は困難だと判断されコミュニティ・カレッジで学業を終了するに至る学生を意味する。はじめから完成教育志向で、予定通りコミュニティ・カレッジで学業を終了する学生や、転学志向でなおかつ転学成就可能な学生は、クーリング・アウトの対象ではない。つまり、クーリング・アウトとは、潜在的な完成教育型の学生に、転学コースは彼らには不向きだということを、（アメリカの国是ともいえる選択の自由や教育機会の平等をそこなうことなく）穏便に本人に納得させ、その野心を冷却させることである。

クラーク（1960a）は、カリフォルニア州のコミュニティ・カレッジ

（サンノゼ市立カレッジ）での事例研究を通して、クーリング・アウトのプロセスを、以下のように明らかにした[5]。

　プロセス1：入学前テスト（pre-entrance testing）の実施。テストの点数が低ければ補習クラス（remedial classes）を受講しなければならず、それだけ転学コースの受講が遅れ、転学の見込みに影が差すことになる。補習クラスは、カレッジの中にありながら実際はカレッジより下位に位置づくもの（subcollege）である。

　プロセス2：新学期が始まる前の相談員（counselors）との面談。この面談で、現実にみあった適切なコース選択がなされるよう助言される。最初はソフトな語り口だが、思わしくない成績が蓄積されるにつれ現実的な計画をたてるよう厳しい指導がなされるようになる。

　プロセス3：新入生向けの必修科目「カレッジへのオリエンテーション」において、進路相談教員（teacher-counselors）と履修計画づくりで面談。そこでは学生が自分の能力、適性、興味を様々なテスト（職業適性テスト等）を受けることで見定めることが期待される。その結果、自分の能力の限界や非現実的な野心に気づかせたり、人生の厳しい現実が語られる。

　プロセス4：職業に関する相談に続いて、四年制大学の後期課程への転学コースや職業コースの卒業要件が説明され、4セメスター分の履修プログラム計画をたてるよう促される。転学先の大学が求める水準も知らされ、学生はハードルの高さを思い知らされることになる。成績が低迷すると、「要努力通知」（Need for Improvement Notices）が出され、相談員との面談を要求される。この段階での面談に応じない場合、学部長に差し向けられる。

　プロセス5：GPA[6]がC（2.0）未満の場合、仮及第（プロベーション）と位置付けられ、それを3回繰り返すと退学処分が下される。転学希望の学生は、準学士の学位を得るのに平均C（2.0）の成績が必要だが、完成教育志向学生の場合、そのような最小限必要な平均成績が規定されていない。また、4年制大学は転学希望学生に平均C（2.0）あるいはC（2.0）

以上の成績を要求する。したがって仮及第のままでは、転学の望みは絶たれ、転学希望学生として卒業することは困難になる。(因みにクラークが調査したジュニア・カレッジでは、1955-56年度の春学期入学生のうち30％が仮及第の状態で秋学期を迎えていたという。)

　以上が、クーリング・アウトの具体的プロセスである。このように段階的に引き延ばされたプロセスを経て、学生が一時的な感情に駆られることなく、転学という望みを徐々に減退させ自己の進路を再定義し、完成教育カリキュラムを受け入れる方向へと切りかえるよう促される。

　次に、クーリング・アウトの特徴は以下のように整理される[7]。

　第1に、<u>代替的達成</u>。その場所（カレッジ）から完全に姿を消すわけではなく、代替的コースに移り、そこでの達成に目的を切り替えさせること。したがってカレッジの学業に失敗したわけではなく、単に軌道を修正しただけだとみなされる。代替的達成とは、例えばengineer（技術者）の替わりにengineering aide（技術補佐）という代替的地位によって気持ちに折り合いをつける方法である。

　第2に、<u>段階的離脱</u>。時間の経過によって徐々に諦めがつくようにすること。時間の経過によって成績というエビデンスが蓄積され、それをもとに自分を見つめ直すよう働きかけられる。

　第3に、<u>客観的な拒否</u>。拒否は、成績など学生に関する諸種の記録という客観的なデータに基づいて行われる。

　第4に、<u>慰めの代行者</u>。慰めの代行部門としてカウンセラーを活用する。カウンセラーは、代替的キャリアの価値をも信じ学生を慰める。出来が芳しくない学生に容赦なく低い成績をつける大学教員のハードな厳格さと対照的に、ジュニア・カレッジの進路相談教員（teacher-counselors）はソフトに優しく学生に接する。

　第5に、<u>厳格な基準の回避</u>。失敗に対するハードで厳格な態度は、単一の明確な基準を前提にするが、ソフトで優しい対応をする場合、判定基準は曖昧かつ多様なものとなる。基準を相対的なものにする場合、適切な分類、配置こそが肝要である。

クラークによれば、クーリング・アウトは一般の目からは隠される必要がある[8]。転学志向の学生を完成教育型の学生へと転向させるというコミュニティ・カレッジの隠れた機能が明白になってしまうと、進学者の波が過度に四年制大学に向かいかねないからである。コミュニティ・カレッジに期待される安全弁的機能は、あくまでも影の機能でなければならないのである。

　このようにバートン・クラーク（1960a）は、コミュニティ・カレッジの隠れた機能を、事例研究をベースにして表に出してみせた。コミュニティ・カレッジの隠された機能のベールをはがし、高等教育段階におけるクーリング・アウトの問題を社会学的に明らかにした最初の論文として位置づけられよう。では、この論文はどのように受けとめられたのであろうか。また、クラークはクーリング・アウト機能について、どう評価しているのであろうか。次章では、コミュニティ・カレッジにおけるクーリング・アウト機能の評価をめぐる問題について検討する。

Ⅱ．コミュニティ・カレッジにおけるクーリング・アウト機能の評価をめぐる問題

　クラークの論文はコミュニティ・カレッジにおけるクーリング・アウト機能を批判したものだと誤解される場合があるが、それは間違っている。少なくとも1960年代のクラークの著作（1960aおよび1960b）においては、クラークの論述スタイルは極めて価値抑制的である。クラーク（1960a）においては、組織の内部特性の解明を主眼としており、「コミュニティ・カレッジは学生をクール・アウトすべきではない」と主張する意図はみられない。組織の内部特性の解明こそが目的であって、それをどう評価するかということは価値に関することで、科学的に扱えるものではないというマックス・ウェーバー以来の社会学の流れを汲むものだと考えられる。

　しかし、クラーク自身の狙いとはうらはらに、クラークが明らかにし

たクーリング・アウト機能は、その後の論壇において、コミュニティ・カレッジ批判論の論拠のひとつとして援用されるようになる。1970年代以降、ジェローム・カラベル（Jerome Karabel）をはじめとするコミュニティ・カレッジ批判論者が相ついで論文を発表したが、そのなかで、クーリング・アウト機能についても批判の矛先がむけられた。例えば、スティーブン・ズワーリング（Steven Zwerling）は、その著書のなかで、あえてクーリング・アウトに1章をあて、それがコミュニティ・カレッジにおけるカウンセリングの主要な役割であり、既存の社会階層構造維持を助長し、不平等維持に役立っていると断じた[9]。また、ズワーリングにも影響を与えたコミュニティ・カレッジ批判の代表的論客であったカラベルは、クラークの分析に次のような批判を付け加える[10]。

　　クラークによるコミュニティ・カレッジ分析のひとつの問題は、彼が『構造化された失敗の状況』を、高等教育が求めるアカデミックな基準の厳しさと、非選抜的な開放入学制との矛盾によって生じたものとみている点である。クラークはここで、アカデミックな基準のもつ社会的機能にまで分析を深めることに失敗しているのである。・・・・・クラークの目には、アカデミックな基準の維持に深く関わる教授達と『その基準に達しない』学生達との間の矛盾としてしか映っていないようだが、実はそれは、より広い意味では、上昇移動をめざす低い階層出身の学生達と、その頂点のスペースが狭すぎて学生達の野心を十分満足させてやれない制度との間の矛盾なのである。

つまりカラベルの目からすれば、クーリング・アウトのプロセスは、クラークの指摘するようなアカデミックな基準をめぐる矛盾にとどまるものではなく、もっと広く社会に存在する隠された階級的矛盾を表出するものとして映るのであり、そこまで踏み込んで指摘しないクラークの筆致を彼は批判するのである。

では、これらの反響に対して、クラークはどのような反応をみせたのであろうか。クラーク（1980）には、コミュニティ・カレッジ批判論者にたいするクラークの見解も含まれているので、それを紹介しよう。
　クラーク（1980）は、1960年の論文の姉妹編ともいうべき内容の論文で、再びクーリング・アウトの問題を論じたものである。しかし1960年代の著作と異なり、同論ではクラーク自身の価値観や見解が抑制することなく表明されている。前著から既に20年を経ており、前著に対する反響についても、クラーク自身が論評している。
　同著においてクラークは、カラベル（1972）とズワーリング（1976）のコミュニティ・カレッジ批判の論点と改革案をそれぞれ要約したうえで、彼らの改革案に関して次のように批判する。すなわち、教育改革よりも社会経済的改革によってこそ不平等の問題は効果的に解決されるであろう、というカラベルとズワーリングの見解は、現存する社会主義諸国の実態を見る限りでは、とうてい最善解とは思えないとクラークは断じるのである[11]。では、クラークは何をもって最善解と考えるのか？
　クラーク（1980）は、結論部分で次のように述べる[12]。現実社会では、志のあるところには失望があり、成功のあるところには失敗がある。公正、優秀性、個人の選択などの対立的な価値を調和させるためには、それぞれの価値に幾分かの妥協を求める手続きが必要である。クーリング・アウトは、そうした妥協の代替手法のひとつであり、おそらく必要な妥協でさえある。
　そう結論づけるクラーク（1980年）は、「コミュニティ・カレッジにおけるクーリング・アウト」に代わるオプション（代替手法、選択肢）についても6つ取り上げ、その是非を次のように検討する[13]。

1. Preselection（事前選抜）
　ヨーロッパのように、カレッジ入学前あるいは中等教育段階で選抜しておくシステム。事前に選抜しておけば、もはやコミュニティ・カレッジでクーリング・アウトする必要がなくなる。しかし、それはアメリカにおける教育の正義に関するポピュリスト的解釈に反するし、それを望

む論も今のところあまり見受けられない、とクラークは述べる。

2. Transfer-Track Selection（転学トラックに入るための選抜）

転学教育コースと完成教育コースというカリキュラム・トラックを設け、カレッジ入学後に学生をコース別に厳しく振り分ける。潜在的な完成教育型ではなく、最初から明白な完成教育型として分化させることによって、クーリング・アウトの必要は劇的に軽減されるだろう。しかし、この方法も、開放制の哲学があまりにも深く根づいているアメリカでは全面的実施は困難であろう、とクラークは言う。

3. Open Failure（落第の明示）

学生が成績不良の場合、一年次に不適格の烙印を押して退学処分にしてしまうことを意味する。しかし、このような容赦ない手法は今の時代には考えにくいとクラークは記す。

4. Guaranteed Graduation（卒業保障）

これまでアメリカ中等教育が行ってきた自動的昇級と卒業保障を、中等後教育にまで適用すること。結果の平等を求める論者には魅力的なシナリオかもしれないが、学位の価値下落を招くであろうし、中等後教育の信用や正統性を失わせる恐れがあるとクラークは指摘する。

5. Reduction of the Transfer-Terminal Distinction（転学教育コースと完成教育コースの差異を不鮮明にすること）

ここでは、転学教育コースと完成教育コースの境界を不鮮明にする2つのシナリオが検討される。ひとつは、完成教育プログラムの地位を高めることによって両者の格差を縮減する方法である。確かにファッション・デザイナーや電子技術者のような職業であれば、大学に編入・卒業して就く仕事と比べても遜色ないかもしれないが、大半の完成教育プログラムは秘書的業務や助手的業務であり、同等の評価を期待することは難しいとクラークは指摘する。

いまひとつは、コースやカリキュラムに転学教育や完成教育のラベルを明示せず、両者を識別しにくいように表示する方法である。事実、転学教育と完成教育の両方にカウントされる科目がコミュニティ・カレッ

ジには存在するし、両者をミックスして履修する学生もいる。転学教育用の科目を転学目的でなく趣味的に履修する成人学生も存在する。しかし、そうした曖昧さを助長することは、カレッジとしての正統性を揺るがしかねないというのが、クラークの見立てである。

6. Move the Problem to Another Type of College（別種のカレッジに問題を移行させる）

コミュニティ・カレッジを廃止するか、四年制大学に転換することによって、コミュニティ・カレッジの転学部門を廃止する案である。この場合、クーリング・アウト機能は四年制大学内部で担うことが考えられる。とはいえ、この案に対しては四年制大学教員からの反対が予想され、これが支配的動向になることは考えにくい、とクラークは言う。

これら6つのシナリオを検討したうえで、どれがベストだと考えるかについては、クラークは断定を控える。しかし、高等教育において知的基準を確立し続けるかぎり、クーリング・アウトはどこかで誰かが必ず担わざるを得ないという認識は明確である。急進的な思想家ではなく、現実主義的な論考を展開するタイプの研究者であるクラークは、結局のところ、アメリカ高等教育の質や能力主義原理を守るためには、コミュニティ・カレッジが引き続きクーリング・アウト機能を担うのが、ベストとはいえないにせよ、現時点での最善解だと考えているように解される。

おわりに

バートン・クラークは、コミュニティ・カレッジを制度設計の対象としてではなく、分析の対象として選択し論じた最も早期の論者のひとりである。1930年代、1940年代にW.C.イールズ等が、社会や大学の要請と学生たちの要望（転学欲求）との間の落差（ズレ）を埋めるために重要だと認識したガイダンス機能を、1960年にアメリカ高等教育におけるクーリング・アウト機能として、社会学的な分析をおこなったのである。

クラーク自身は、1960年時点ではあくまでも社会学的分析に徹し、必

ずしもコミュニティ・カレッジを批判する意図をもって論文を執筆した
わけではなかった。しかし彼の論文は、図らずも、その後のコミュニテ
ィ・カレッジに関する批判論者達に大きな刺激を与えることになった。
例えば、カラベル（1972）やズワーリング（1976）においては、クラー
クが分析したクーリング・アウトのプロセスがコミュニティ・カレッジ
批判の論点としてとりあげられた。これに対してクラークは、平等主義
一辺倒のカラベルとは一線を画す立場を表明した[14]。

　19世紀から20世紀にかけての世紀転換期から今日に至るまで、コミュ
ニティ・カレッジを制度設計する論者の流れが続く一方、1960年代から
はコミュニティ・カレッジの社会学的分析が加わりコミュニティ・カレ
ッジ論史は今日に至る。1970年代以後は、コミュニティ・カレッジを再
生産理論、葛藤論の立場から批判的に分析する論者の流れも加わる。
1970年代以後のコミュニティ・カレッジ批判論に関しては、稿を改めて
検討する。

註

(1)　例えば、*Higher Education System : Academic Organization in Cross-National Perspective* (1983) ［有本章訳『高等教育システム：大学組織の比較社会学』東信堂、1994年］、*The research foundations of graduate education : Germany, Britain, France, United States, and Japan* (1993)［潮木守一監訳『大学院教育の研究』東信堂、1999年］、*Places for Inquiry: Research and Advanced Education in Modern Universities* (1995)［有本章監訳『大学院教育の国際比較』玉川大学出版部、2002年］等を挙げることができる。

(2)　坂本辰朗「アメリカのコミュニティ・カレッジと「生涯学習」―その果たすべき役割についての最近の諸議論を中心に―」、『教育学研究』第52巻第2号、1985年6月、pp.201-202参照。

(3)　Erving Goffman, "Cooling the Mark Out: Some Aspects of Adaptation to Failure", *Psychiatry*, XV (November, 1952), pp.451-463.

(4)　コミュニティ・カレッジ（ジュニア・カレッジ）は、学校体系上は、四年制大学の前期課程に相当する。草創期から1940年代までのコミュニティ・カレッジに関しては、ジュニア・カレッジと呼ばれることが一般的であったが、1950年代、60年代になると、ジュニア・カレッジとコミュニティ・カレッジを次のように使

い分けるようになった。すなわち、ジュニア・カレッジという名称は、私立大学の学士課程前期、教会立の2年制カレッジ、私立の2年制カレッジなどに対して使われることが多くなり、総合的な公立の2年制カレッジに対してはコミュニティ・カレッジという名称が使われることが多くなった。1970年代までには、上述のいずれの場合についても、通常コミュニティ・カレッジという呼称があてられるようになった。(以上、Carrie B. Kisker, Arthur M. Cohen, Florence B. Brawer, *The American Community College*, Jossey Bass Higher and Adult Education, Jossey-Bass, 2023, pp.3-4参照)。

(5) Burton R. Clark, The "Cooling-Out" Function in Higher Education, *The American Journal of Sociology*, vol.LXV no.6 (May 1960), pp.572-574参照。

(6) GPAとは、グレード・ポイント・アベレージ(Grade Point Average)の略語で、GPA対象科目のうち、履修登録した科目についてそれぞれの単位数にグレード・ポイント(A-4, B-3, C-2, D-1, F-0のいずれか)をかけ、その合計ポイントを、それぞれの単位数の総和で割ったもの。3セメスター(1年半)連続して、GPAがC(2.0)未満の学生に対しては、退学勧告がなされる。

(7) Clark, op.cit., pp.574-575.

(8) Ibid., p.575.

(9) L. Steven Zwerling, *Second Best: The crisis of the community college*, McGraw-Hill (1976), pp.74-103. 以下、ズワーリング(1976)と表示。

(10) Jerome Karabel, "Community Colleges and Social Stratification," *Harvard Educational Review* 42 (November 1972), p.539. 以下、カラベル(1972)と表示。

(11) Burton R. Clark, The "Cooling-Out" Function Revisited, *New Directions for Community Colleges*, vol.VIII no.4 (1980), pp.26-28.

(12) Ibid., p.30.

(13) Ibid., pp.18-23.

(14) 井口は1983年6月23日、9か月間のUCB(カリフォルニア大学バークレー校)留学からの帰途、UCLA(カリフォルニア大学ロサンジェルス校)に立ち寄り、幸運にもバートン・クラーク教授に面会する機会を得た。その際、カラベルのコミュニティ・カレッジ批判論に関してどう思うか質問したところ、クラーク教授は、「彼(カラベル)は不平等一辺倒だ」と言われ、自身の視座との違いを表明された。また、1985年に発表された次の冊子では、平等主義に傾きすぎるきらいのあるアメリカ中等教育、高等教育への疑問が、主にヨーロッパや日本との比較対照に基づいて示された。Burton R. Clark, *The School and the University: What went wrong in America*, Graduate School of Education, UCLA, Comparative Higher Education Research Group, Working Paper #8, (1985). この冊子を含め、教授の論文は、面識のある米国内外の高等教育研究者に郵送されるネットワークが形成されていた。

第11章
ジェローム・カラベルのコミュニティ・カレッジ論
―批判の矛先と展望―

はじめに

　ジェローム・カラベル（Jerome Karabel 1950- ）[1]といえば、日本では、ハルゼーとの共同編著Power and Ideology in Education[2]（その部分訳が、『教育と社会変動―教育社会学のパラダイム展開―』[3]という邦題で1980年に出版され注目を集めた）の編者として有名である。最近では、The Chosen: The Hidden History of Admission and Exclusion at Harvard, Yale, and Princeton[4]（選ばれし者たち―ハーバード、イェール、プリンストンにおける入学許可と不許可に関する隠れた歴史）が、アメリカ社会学会（the American Sociological Association）の「卓越した学術著作賞」（the Distinguished Scholarly Book Award）等、数々の賞を受けたことでも知られる。
　このように教育社会学の理論史や高等教育の社会学的研究において名声を博すジェローム・カラベルであるが、教育社会学理論やアメリカの主要大学の入学政策研究以外に、アメリカのコミュニティ・カレッジを、主要研究対象のひとつとして繰り返し取り上げている。高等教育における不平等や多様性の問題に強い関心を寄せるカラベルにとって、コミュニティ・カレッジは等閑視できない存在なのである。
　カラベルが初めてコミュニティ・カレッジの実態に研究のメスをいれたのは、1972年のことである。その論文"Community Colleges and Social Stratification,"（「コミュニティ・カレッジと社会階層」[5]）の切口は鋭く、アメリカはもとより日本でも、コミュニティ・カレッジ批判論の代表例として引用されることの多い作品である。その後、カラベルのコミュニティ・カレッジ批判論は1974年、1986年、1989年にも論文や著書の形で発表された。特に1989年に発表された著書、The Diverted Dream:

Community Colleges and the Promise of Educational Opportunity in America, 1900-1985 (with Steven Brint) は、ブリント[6]との共著であるが、その完成までに10年以上の歳月をかけたといわれる力作で、アメリカ教育学会（the American Educational Research Association）の「優秀著作賞」（the Outstanding Book Award）等を受賞した。

コミュニティ・カレッジ論史におけるカラベルのコミュニティ・カレッジ論の位置づけと評価を適切に行なうためには、1972年から1989年までのカラベルのコミュニティ・カレッジに関する研究論文と著書のすべてに当たる必要があろう。しかしながら管見では、カラベルのコミュニティ・カレッジ論をその時期的内容変化まで含めて検討した研究は、日本はもとよりアメリカでもあまり見られない。

そこで本稿では、1972年から1989年までのカラベルのコミュニティ・カレッジに関する研究論文と著書を検討することによって、カラベルによるコミュニティ・カレッジ批判の論点とその推移、ならびに問題解決の方途に関するカラベルの見解とその推移を吟味し、その全体像に迫りたいと考える。そのために検討したカラベルの著作を、年代順に並べると以下の通りである。

① "Community Colleges and Social Stratification", *Harvard Educational Review* 42 (November 1972): 521-562. 以下、カラベル（1972）と表記[7]。

② "Protecting the Portals: Class and the Community College", *Social Policy*, 1974, vol.5,no.1: 12-18. 以下、カラベル（1974）と表記[8]。

③ "Community Colleges and Social Stratification in the 1980s", *New Directions for Community Colleges* 54 (June 1986): 13-30. 以下、カラベル（1986）と表記[9]。

④ *The Diverted Dream: Community Colleges and the Promise of Educational Opportunity in America, 1900-1985*, (with Steven Brint), Oxford University Press, 1989. 以下、カラベル（1989）と表記。

Ⅰ．コミュニティ・カレッジに対する批判の論点

まず、カラベル（1972）におけるコミュニティ・カレッジ批判の論点を整理すると、以下のようである。

<u>批判の論点①</u>：　コミュニティ・カレッジは、「高等教育民主化の推進力」として大きな期待をもって迎えられながら、現実には、社会の階層分化に根ざした人材振り分けシステムの、重要な構成要素になってしまっている[10]。

この点を実証するために、既存の資料（学生集団の社会的構成[11]、コミュニティ・カレッジ学生の高等教育システム内での流れ、公立高等教育の社会的な分配効果などについてのデータ）を分析、コミュニティ・カレッジが学生の出身階層という点でも、また将来つくことになる職業という点でも、高等教育システムのなかの底辺部のコースであることを示している。

「一般的にはコミュニティ・カレッジは、開放的で平等主義的な高等教育システムの最先端とみなされている。しかし、その現実は、階級的なトラッキング（進路振り分けシステム）と教育インフレーションという2つの歴史的形態の、最も現代的なあらわれに他ならない」[12]というのが、カラベルのコミュニティ・カレッジ観である。

<u>批判の論点②</u>：コミュニティ・カレッジ内部のトラッキング（コース別ふりわけシステムの問題、特にその底辺の職業教育コースへのふりわけ問題）への批判

論点①が、アメリカ高等教育システム全体の序列構造のもとでのコミュニティ・カレッジの低い地位を問題視したのに対し、論点②は、序列化がコミュニティ・カレッジ内部のコース間においても起こっていることを問題視する。階級性をともなった教育の複線化の問題は、高等教育システムだけでなくコミュニティ・カレッジ内部でもコース別の学生の属性比較によって読み取れる、とカラベルは指摘する。実際、完成的職

業教育コースに在籍する学生の出身階層は、大学への編入準備教育コースに在籍する学生よりも相対的に低いことがデータによって示される[13]。

これらの学生たちは、必ずしも最初から職業教育コースを希望して入学してきたわけではなく、最初は大学への編入準備教育コースを希望しているにもかかわらず職業教育コースに進路替えする方向での指導がなされるというのが、カラベルの見解である。

その背景には、コミュニティ・カレッジにおける職業教育の振興に熱心なアクターたち（1. 産業界、2. 財団、3. 連邦教育局、4. AAJC、5. ACE、6. エリート大学）と、職業教育コースにたいして乗り気でない学生達との姿勢の違い、更にいえば社会の特権層の利害と見解を代表する人たちと、比較的低い階層の出身者であるコミュニティ・カレッジの学生達との間の「かくされた階級対立」が潜んでいるのだとカラベルは看破する[14]。それが表面化した例として、カラベル（1972）とカラベル（1974）では、シアトルコミュニティ・カレッジでの1968-69年度における事件が挙げられる[15]。

<u>批判の論点③</u>：コミュニティ・カレッジにおけるクーリング・アウト批判。

入学者の3分の2以上が四年制大学の3年次への編入を希望し、大学の前期二年課程に相当する編入準備コースに在学しているが、その多くは挫折し進路転換を促される。そのプロセスは、クーリング・アウトとよばれる。先述したように職業教育の振興をめぐっては潜在化した階級間の対立があり、それを潜在的なものにとどめるために、学生のクーリング・アウトが行われているのだとカラベルは批判する。

コミュニティ・カレッジにおけるクーリング・アウトのプロセスについては、バートン・クラークが1960年に明らかにしたものであるが、カラベルに言わせれば、クラークはクーリング・アウトのプロセスを、知的基準の維持に懸命な教授たちと、その基準を満たせない学生達との矛盾の現れとしてしか説明していない。同じプロセスが、カラベルから見

れば、上昇移動をめざす低い階層出身の若者たちと、その頂点があまりにも狭くて若者たちの野心を十分にみたしてやれない制度との矛盾として立ちあらわれてくるのである。つまりカラベルに言わせれば、クーリング・アウトのプロセスは、知的基準をめぐる矛盾だけでなく、かくされた階級的矛盾をも表すものである[16]。その意味でカラベルは、クラークよりも一歩踏み込んだ議論を展開しているといえる。

カラベル（1989）においても、カラベル（1972）やカラベル（1974）におけるコミュニティ・カレッジ批判の論点が、基本的には繰り返される。カラベル（1989）の題名にある「そらされた夢」（Diverted Dream）とは、「ますます制度化がすすむ高等教育のトラッキング・システムの底辺部にあって、コミュニティ・カレッジは、労働者階級出身の学生達が四年制大学を志向する道から、中級の技術的職業に向かう道へと方向をそらす役割を演じている。ようやく高等教育にアクセスできたというのに、低い階層出身の学生は、その上昇意欲を冷却され、構造的に余儀なくされた失敗を、自分のせいだと納得させられる場合が多い」[17]という、カラベル（1972）の基本的主張が反映されたものである。

ただし、批判の論点①、②、③が、カラベル（1989）では、カラベル（1972）に比べ、構造的把握よりも歴史的把握に力点が置かれ、事例研究を交えた実証も含め、1冊の著書にまで練り上げられている。

また、コミュニティ・カレッジ批判論者と呼ばれることに関して、カラベル（1989）では、若干の異議申し立てが行なわれる。すなわち、自分たちはコミュニティ・カレッジの「批判者」として扱われる場合が多いが、コミュニティ・カレッジに関わる人々の努力は十分に評価している。そうした努力にブレーキをかける様々な社会的制約を問題にしているのであって、コミュニティ・カレッジやそこで働く人々を批判しているわけではない。むしろ、コミュニティ・カレッジを真の意味で「人民のカレッジ」にしたいと願う人々の直面するジレンマに光をあてたいと願うものである、という趣旨のコメントを発表した[18]。

Ⅱ．コミュニティ・カレッジに関する展望

　カラベルが指摘するように、コミュニティ・カレッジは高等教育の機会拡大には成功したものの、教育機会の階層差を減少させることには効果がないとすれば、今後コミュニティ・カレッジのとるべき道は、どういう方向なのか。どうすれば教育機会の階層差を減少させることができるとカラベルは考えているのか？　本章では、問題に対する処方箋にしぼってカラベルの考えを検討する。

　カラベル（1972）では、まず、教育機会の階層差を減少させる可能性を秘めた2つの改革案をとりあげ、以下のような批判を加える。

① <u>公立の四年制大学よりもコミュニティ・カレッジの方に、より多くの資金を投入する案。</u>

　この案に関しては、カラベルは、次のように批判する。

　「この改革のねらいは、社会経済的にも知的能力の面でも不利な立場にある学生が不利を克服できるように最も質の高い教育をあたえること、および公立高等教育システムを通して貧しい人々が比較的裕福な人々に補助金をあたえる形になってしまっている現状に、終止符をうつことにある。この案は、公正という観点からは正当化されるかもしれないが、教育についても社会階級についても、たいした違いを生むようには思われない。社会科学の研究において繰り返し明らかにされ、コールマン・レポート（1966年）やジェンクスらの研究（1972年）によっても確認されていることだが、教育支出と初等・中等教育レベルでの知的能力の発達との間には、事実上、たいした関連はみられない。カレッジの場合だけ、資金の投入が効果的だと信ずべき理由はないのである。これ以外の理由から資源を四年制カレッジからコミュニティ・カレッジに移すことがいかに望ましいにしても、高等教育における階級に根ざしたトラッキングの一般的パターンを大きく変えることはありえないだろう」[19]と。

② コミュニティ・カレッジを四年制の高等教育機関に転換する案。

この案に関しては、カラベルは、次のように批判する。

「コミュニティ・カレッジを四年制の高等教育機関に転換する案に対しては、カーネギー高等教育審議会が強く反対している。この改革案のねらいは、コミュニティ・カレッジの地位をひきあげ、トラッキング・システムのもつ硬直性をやわらげることにある。しかし、ジュニア・カレッジ（コミュニティ・カレッジ）をシニア・カレッジ（四年制カレッジ）に転換することで、そういった効果が得られるかどうかは大いに疑問である。なぜなら四年制カレッジの間には現に地位の歴然たる序列があり、新しい四年制カレッジが序列の底辺部に位置付けられることは大いにありうることだからである。さらに、四年制カレッジの増設は、教育インフレのプロセスを一層加速化することにもなろう」[20]。

このように、教育制度改革によって問題解決をはかることには、かなり否定的なコメントを並べたうえで、より現実的な展望としての職業教育機関化案について、以下のように展望する。

③ コミュニティ・カレッジを職業教育機関化する案。

この案に関しては、カラベルは、次のような論を展開する。

「コミュニティ・カレッジを職業教育機関化するという提案は、公立の二年制カレッジの改革に取り組む人々が直面するジレンマを、よく表している。コミュニティ・カレッジの学生の多くが大学に編入するわけでも準学士号を取得するわけでもないということに気づいているので、職業教育の支持者達は、学生達が勝ち目のない学力一辺倒の競争に参加することはやめて、卒業するまでに市場価値のある技能を身につけるべきだと主張する。もし現行の社会階層システムを容認する立場にたつならば、こうした職業訓練推進の主張には抗しがたい論理性がある。結局のところ、埋めるべき人材不足があるわけであるし、誰もがエリートになれるわけではないことも真実

なのだから。・・・コミュニティ・カレッジが職業教育中心の機関になるべきかどうかという問題は、今後長期にわたって、二年制の機関が直面する最も重大な政策課題となるだろう。コミュニティ・カレッジが一層職業教育中心の機関に向かえば、それは階級的な複線化をさらに強めることになるだろう。さりとて『総合的な高等教育機関』であり続けるならば、編入準備教育コースにおける大幅な漸減に悩まされ続けることになるだろう」[21]。

最後にカラベルは、「もし我々が、より平等な社会づくりについて純粋に取り組む気持ちがあるのなら、なによりも経済制度を変革する必要があるだろう。要するに、不平等や、機会の不平等の問題に対処する最善の道は、教育改革ではなく、社会主義社会の建設を支援する経済と政治全体にかかわる広範な改革にある」[22]と、教育改革よりも社会経済制度の改革を志向する案を推奨するのである。

このような改革案は、カラベル後期の著作においても繰り返し表明されているのであろうか。結論から先に言えば、こうである。教育機会の階層差を減少させる最適解は、教育制度の改革ではなく経済制度の改革にあるのだという自論を1972年に提示したカラベルであったが、1989年の著書では、むしろ教育制度の改革にも一定の期待をよせるニュアンスへと変化が認められる。特に、教育課程に関する記述が目立つようになる。

たとえば、職業教育課程に関しては、あまりに細分化された職業教育によって学生の視野が狭められてしまわないか、学生が無力化されはしないか、市民教育が損なわれはしないか、を心配しており、職業教育だけでなく市民教育が重要という立場を表明する[23]。また、職業教育そのものに反対というわけではなく、その職業教育の内容の点検、学生の主体性を損なわない職業教育か否かの点検が重要だというジョン・デューイの基本的見解を紹介することによって、職業教育の内容吟味の重要性

を示唆する[24]。

　また、日本経済が強力であった1980年代という時代を反映して、次のような趣旨の記述も見られる。すなわち、最近のアメリカ教育改革では、日本に範を採り、より効率的な労働力育成を教育に求める傾向が強まっているが、それはアメリカの理想から外れるものである。今日の学校に求められるのは、効率的な労働者の輩出よりも、一般市民をエンパワーする批判的思考力（クリティカル・リテラシー）を身につけさせる方向での支援である[25]と。

　このように、職業教育を全面的に否定する方向ではなく、その内容を吟味する必要を訴えるとともに、市民教育の重要性をセットにして訴える方向へと論調が変化している。なぜなら、コミュニティ・カレッジで卒業し大学に編入しない学生にとっては、コミュニティ・カレッジが正規の教育との最終的なつながりを意味するかもしれないからである。そのような学生にとっては、職業教育も重要だが、それだけでなく民主主義社会の市民力を身につけるための教育も必要だとカラベルは考えるのである[26]。

　市民教育に関しては、さらに、民主的な市民性を涵養する教育システムの理想を実現したいという思いを表明する。そこには、市民教育を軽視すると、リーダーと民衆とのギャップが広がる一方になってしまうという懸念があり、だからこそ、市民教育について真摯に考え始めている一部のコミュニティ・カレッジの動きが貴重だと高く評価するのである[27]。

　大学編入準備教育課程に関しては、編入準備教育を弱めることは、コミュニティ・カレッジ学生の上昇移動の夢を断念させかねないという懸念を表明する。コミュニティ・カレッジが編入準備教育への執着をなくすと、一般の人々に高等教育をもたらすという歴史的にひきつがれてきた夢を捨て去ることになりかねない、という主張が繰り返される[28]。職業教育中心の傾向が続き、編入準備教育を介した大学との接続が消滅してしまうと、コミュニティ・カレッジは職業訓練学校となんら変わると

ころがなくなってしまうのではないかという疑問を投げかけ、編入準備教育保持の重要性を訴える[29]。

また、クーリング・アウト機能に関しては、その機能が現実的に無くなりがたいものだとすれば、大切なことは、そのことを隠ぺいせず公衆の判断を仰ぐことだ、という見解を述べている[30]。

以上から察せられるように、カラベル（1989）では、カラベル（1972）やカラベル（1974）に比べて、現状告発的トーンは保持しつつも、教育制度、特に教育課程の見直しに期待する記述が目立つ形へと変化している。

コミュニティ・カレッジが民主的約束を言葉だけに終わらせないようにするには、数々の障害がたちはだかっている。しかし、願わくば、民主社会を支える市民を育成する、平等な教育制度を創出しようというビジョンを見失ってほしくないという願いがカラベル（1989）には込められている。そのようなビジョンに忠実なチョイスを、個々のコミュニティ・カレッジが下していくことこそ、コミュニティ・カレッジの本旨に立ち返る道だとカラベル（1989）は考えているのである。

おわりに

カラベルのコミュニティ・カレッジ論は、コミュニティ・カレッジに関する本格的な批判論の先駆けとして位置づけられる。

本論では、その批判の論点を3つに大別して整理した。それが時期的にどう変化したかといえば、カラベル（1989）では、カラベル（1972）に比べ、構造的把握よりも歴史的把握に力点が置かれるといった、方法上の違いが認められるようになるものの、批判の矛先については、1972年から1989年に至るまで比較的変化が少ないことが明らかになった。

しかし、問題への展望に関しては、カラベル（1972）とカラベル（1989）の間には若干の変化が見て取れる。すなわち、カラベル（1972）では、教育制度の改革を無力だとみなし、社会経済制度の改革を強調していた

のに対して、カラベル（1989）では、職業教育の全否定ではなく職業教育化の中身を問う志向が看取されたり、市民教育や編入準備教育の重要性が強調されたり、総じて教育内容改革への希望が表明される方向へとトーンが変化しているのである。

　コミュニティ・カレッジの社会的役割を社会学的分析の俎上に載せ、批判的に論じたカラベルの著作は、その後のコミュニティ・カレッジに関する批判論にも大きな影響を与えた。カラベル後のコミュニティ・カレッジ批判論者達とその見解に関しては、稿を改めて吟味する。

註

(1) ジェローム・カラベル（Jerome Karabel 1950-）は1972年にハーバード大学（Harvard University）でB.A.（社会学）、1977年に同大学でPh.D.（社会学）の学位を取得。1977年から1984年まで、マサチューセッツ州のヒューロン研究所（Huron Institute）で研究職、1984年から1993年までカリフォルニア大学バークレー校（University of California, Berkeley）で社会学助教授〜准教授（Assistant to Associate Professor）を務め、1993年以降は同校で教授職を務める。

(2) *Power and Ideology in Education*, (co-edited with an introduction with A. H. Halsey), Oxford University Press, 1977. 共同編者の A.H.ハルゼーとは、カラベルがオックスフォード大学（Oxford University）に留学した際に出会い、1972年から1973年にかけて教育社会学の現状について議論を重ねたといわれる。

(3) ジェローム・カラベル、A.H.ハルゼー編（潮木守一、天野郁夫、藤田英典編訳）、『教育と社会変動―教育社会学のパラダイム展開―』1980年、東京大学出版会。

(4) Karabel, J., *The Chosen: The Hidden History of Admission and Exclusion at Harvard, Yale, and Princeton* (Paperback - Sept. 8, 2006).

(5) 「コミュニティ・カレッジと社会階層」は、*Power and Ideology in Education*（1977年）にも収録されている。

(6) ブリント（Brint）の略歴を見ると、1973年にカリフォルニア大学バークレー校でB.A.（社会学）、1977年にハーバード大学でM.A.（社会学）、1982年に同じくハーバード大学でPh.D.（社会学）を取得しているので、ハーバード大学の大学院でカラベルと同時代を過ごした人物であることが分かる。もっともブリントがコミュニティ・カレッジの研究に参加したのはカラベルよりも遅く、マサチューセッツ州のヒューロン研究所でカラベルらと一緒の研究プロジェクトに参加した1978

年からである。

(7) カラベル（1972）は、イタリア語にも翻訳されている（"Community College Stratificazione Sociale," in *Utile e disaguale: La Scuola di massa negli stati uniti*, edited by Giuliana Chiaretti and Isabella Vay. Venice: Marsilio, 1977: 135-177）。後続の著作にも連なるその学問的主張のエッセンスは既に、この1972年の論文に凝縮されている。

(8) カラベル（1974）は、カラベル（1972）の2年後ということもあり、内容的には重複する部分が少なくないが、新たにメディア批判が追加された。

(9) カラベル（1986）は、カラベル（1972）およびカラベル（1974）から既に10年以上を経ており、前著以降のコミュニティ・カレッジの変化や、前著以降、他の研究者によって発表された知見なども踏まえ、前著の論点を著者みずから点検し、再び高等教育機会不平等の問題を論じたものである。また、前著の点検のみならず、今後求められる研究課題についても論じ、当時すでに刊行準備中であったカラベル（1989）の予告も行っている。

(10) Karabel, J., "Community Colleges and Social Stratification," *Harvard Educational Review* 42 (November 1972), p.555.

(11) Ibid., p.523, pp.527-528.

(12) Ibid., p.526.

(13) Ibid., p.541.

(14) Ibid., pp.543-552.

(15) Ibid., pp.549-550. Karabel, J., "Protecting the Portals: Class and the Community College," *Social Policy*, 1974, vol.5,no.1, p.15.

(16) Karabel (1972), op. cit., pp.538-539.

(17) Ibid., pp.539-540. 類似の主張はカラベル（1974）でも反復されている。Karabel (1974), op. cit., p.14参照。

(18) *The Diverted Dream: Community Colleges and the Promise of Educational Opportunity in America, 1900-1985*, (with Steven Brint), Oxford University Press, 1989, p.vii.

(19) Karabel (1972), op. cit., pp.556-557.

(20) Ibid., p.557.

(21) Ibid., pp.557-558.

(22) Ibid., p.558.

(23) Karabel (with Steven Brint 1989), op. cit., pp.227-228.

(24) Ibid., p.228.

(25) Ibid., p.vi

(26) Ibid., p.230.

(27) Ibid., p.231.
(28) Ibid., p.230. 類似の主張は、カラベル (1986) でも見られる。Karabel, J., "Community Colleges and Social Stratification in the 1980s," *New Directions for Community Colleges* 54 (June 1986), p.27参照。
(29) Ibid., p.232.
(30) Ibid., p.231.

第12章
ズワーリングのコミュニティ・カレッジ論の意義
―格差問題解決への示唆―

はじめに

　スティーブン・ズワーリング (Steven Zwerling : 1938-)[1]は、1970年代以降のコミュニティ・カレッジ批判論者の一群に位置づけられる人物のひとりである。

　コミュニティ・カレッジ批判論に関して、日本の先行研究としては牧野暢男「コミュニティ・カレッジの思想」(『大学論集』第12集 1983年)を挙げることができる。同論の目的は、「コミュニティ・カレッジの発展を支えてきた考え方や思想に焦点をあて、その歴史的展開のあとを辿るとともにそれらの特質を明らかに」することにあるが、コミュニティ・カレッジに対する批判論にも若干論及している (牧野 1983, pp.176-177)。ただし、牧野自身も書いているように、コミュニティ・カレッジ批判論に関しては「補足的に」ふれるにとどまる。

　同著のなかで牧野は、コミュニティ・カレッジの社会的役割・機能に対するズワーリングの見解について、次のように紹介する。すなわち、ズワーリングの見解は、「<u>カラベルとほぼ同様</u>であり、彼は、コミュニティ・カレッジが、アメリカの社会的経済的なピラミッド構造を維持するのに重要な役割を演じていると主張している (下線、井口)」と述べるにとどまる (牧野 1983, p.176)。カラベルとは、アメリカでコミュニティ・カレッジに関する本格的な批判論の口火を切った社会学者、ジェローム・カラベル (本書の第11章参照) のことである[2]。

　確かに、ズワーリングの批判論がカラベルの影響を受けていることは間違いない。しかし、「カラベルとほぼ同様」と断じて終わりにすることには、ズワーリング固有の意義を無きものにしてしまう懸念がある。なぜなら、カラベルとは異なり、ズワーリングにはニューヨーク市内のコ

ミュニティ・カレッジ教員、継続教育担当者としての経験があり、このようなコミュニティ・カレッジ当事者としての視点が少なからず著書に反映されていると考えられるからである。

かかる認識に基づき、本稿では、ズワーリングのコミュニティ・カレッジに関する論文と著書を、特にコミュニティ・カレッジ批判の論点と問題解決への方途に焦点をあてて整理し、そのうえで、ズワーリングの論がカラベルの二番煎じにとどまらない論点、カラベルには見られないズワーリング独自の特徴をもつことを明らかにしたいと考える。

本稿で検討したズワーリングの著作を、年代順に並べると、以下の通りである。

① *Second Best : The Crisis of the Community College*, McGraw-Hill, 1976. ズワーリングの代表作。以下、ズワーリング（1976）と表記。
② "Questioning the Community College Role", *New Directions for Community Colleges, No. 32*, Jossey-Bass, 1980. ズワーリングは、同書の第8章 The New "New Student": The Working Adult（pp.93-100）を執筆。以下、ズワーリング（1980）と表記。
③ "The Community College and its Critics", *New Directions for Community Colleges, No. 54*, Jossey-Bass, 1986. 以下、ズワーリング（1986）と表記。ズワーリングは本書の編者であると同時に、自身も第5章 "Lifelong Learning: A New Form of Tracking"（pp.53-60）を執筆。
④ "First-Generation Students: Confronting the Cultural Issues", *New Directions for Community Colleges, No. 80*, Jossey-Bass, 1992. 以下、ズワーリング（1992）と表記。ズワーリングは本書の編者であると同時に、自身も第4章 "First-Generation Adult Students: In Search of Safe Havens"（pp.45-54）を執筆。

Ⅰ. コミュニティ・カレッジに対する批判の論点

　まず、ズワーリング（1976）におけるコミュニティ・カレッジ批判は、主に第1章から第5章にかけて展開される。第1章では、コミュニティ・カレッジは既存の社会階層構造維持を助長するものだという、カラベル等の再生産論者[3]によく見られる批判がなされる（Zwerling 1976, pp.3-39）。第2章では、コミュニティ・カレッジの歴史が、再生産理論の視点から描出される（Zwerling 1976, pp.41-73）。

　第3章では、バートン・クラーク（Burton R. Clark、1921-2009）の論文（1960年）で有名な、高等教育におけるクーリング・アウト機能がコミュニティ・カレッジにおけるカウンセリングの主要な役割であり、それが既存の社会階層構造維持を助長していると批判する。社会的に公表されるコミュニティ・カレッジの表の機能ではなく、むしろ微妙に隠された裏の機能ともいえるクーリング・アウト機能を事例研究を通して明らかにしたクラークの論は、クラーク本人には批判の意図はなかったものの、1970年代以降のコミュニティ・カレッジ批判論者たちの立論を構成する重要なパーツとして論及される場合が多い。ズワーリングもクーリング・アウト機能にわざわざ1章をあてて、カウンセリングの過程で学生達の意欲、野心を冷却させることを批判する[4]。

　第4章では、経済的な面から高等教育の序列構造が批判される（Zwerling 1976, pp.105-121）。第5章では、コミュニティ・カレッジの学生と四年制大学の学生の学力を比較し、その差異の要因をどこに求めるべきかについて論じられる（Zwerling 1976, pp.123-155）。

　これと同様の批判的論調は、1980年代以降のズワーリングの著作においても繰り返される。しかし、1980年代以降のズワーリングの著作に特徴的なのは、青年期の学生だけでなく成人期の学生たちにまで検討の対象を広げて論じている点である。高等教育だけでなく生涯学習にまで批判の射程が広がる。

　例えば、ズワーリング（1980）では、生涯学習における格差の存在、

すなわち、生涯学習の恩恵をより多く受けているグループは、白人で比較的富裕で教育程度の高い階層 (whiter, wealthier, and better educated) だというデータが紹介され、そのような格差の拡大傾向も指摘される (Zwerling 1980, p.96)。

ズワーリング (1986) でも、「継続教育は、成人の社会経済的機会の増進にどれほど役立っているのだろうか？ 生涯学習は社会移動に貢献しているのだろうか？ それとも不平等の拡大に寄与しているのだろうか？」という問いを呈し、同時代の調査を引用して、継続教育における不平等の大きさを主張する (Zwerling 1986, pp.54-56)。

以上のような再生産理論の見地からの批判に加えて、成人学生に関しては、成人期ならではの発達課題への特別な配慮が不足していると指摘する。ズワーリング (1980) では、学習スキルのさび落しや財政支援等の情報はもとより、成人学生には、家族や仕事とどう折り合いをつけて学習を継続していくかといった問題について話し合えるプログラムが求められるが、そうした配慮に乏しいカレッジが多く、せっかく入学したにも関わらず、キャンパスを失意のうちに立ち去る成人学生も少なくないと指摘する (Zwerling 1980, p.98)。

財政が逼迫するなか、増加が見込まれる成人学生は、コミュニティ・カレッジの将来にとって重要だとみなされ歓迎されたが、入学促進策ばかりで、入学後の成人学生のリテンションに配慮しないのは近視眼的だというのが、ズワーリング (1980) のもうひとつの批判である (Zwerling 1980, p.99)。

同様の主張は、ズワーリング (1992) でも見られる。この場合、成人学生のなかでも、特にカレッジ第一世代学生 (first-generation students) への配慮を求める。「若い第一世代学生達のかかえる文化的葛藤については、既にロンドン (1978) 等の研究があるが、成人学生で第一世代学生でもある人々については、それほど論究されていない。成人の第一世代学生ならではの特徴と彼らに相応しい教育的配慮や支援のあり方について考察」する必要を訴えている (Zwerling 1992, p.48)。

以上見てきたように、1980年代から1990年代にかけての批判は、青年期の学生のみならず成人期の学生にまで対象を広げて問題を論じた点に、新味がある。とはいえ、批判の基調は、主に高等教育における不平等や格差の連鎖にあり、その点は1970年代から一貫している。次章では、これらの批判点を改善するためにズワーリングがどのような方策を考え、実践したかを検討してみよう。

II. 問題解決への方策

　まず、ズワーリング（1976）における問題解決への方策は、主に第6章から第10章にかけて展開される。第6章では学生に対する政治的教育について、第7章ではヒーティング・アップ（heating up：第3章のクーリング・アウトに対置される概念）について、第8章ではキャリア教育について、第9章では編入準備教育について、第10章では、より序列化されない制度（less hierarchical institutions）の構想について叙述される。
　このなかで、第10章の、より序列化されない高等教育制度構想については、Karabel（1972）の論文においても既に指摘されており、特にオリジナリティのある提言とはいえない。むしろ興味深いのは、第6章から第9章にかけて紹介される実践的知見の方である。
　第6章の、学生に対する政治的教育からみていこう。ズワーリングによれば、学生たちが社会の矛盾に気づき、義憤をおぼえ、その義憤を正しく焦点づけることができれば、自己の再定義につながりそれまでの学業不振を克服する自己革新力にもなりうるという。ここでズワーリングが影響をうけていると思われるのは、パウロ・フレイレ（Paulo Freire, 1921-1997）の成人識字教育の実践である。フレイレはブラジルで、読み書きのできない貧しい農夫たちに、自分たちの置かれた境遇や日々の暮らしについて考え、それを意識化させることで現状を変えていく力となる識字教育をおこなった。ズワーリングは勤務先のスタテン・アイランド・コミュニティ・カレッジ（Staten Island Community College）で、過去

に思うような成績をあげられず自信をもてないままコミュニティ・カレッジに入学してきた学生達に、彼らの失敗は個人にのみ起因するものではなく社会経済的構造にも起因するのだということを省察させようとした（Zwerling 1976, p.161）。

　一般的にアメリカで優勢な範型はWASP（White Anglo-Saxon Protestant：白人でアングロサクソン系プロテスタント）的な規範だといわれるが、非WASP的出自の者が多いコミュニティ・カレッジの学生は、概して否定的な自己像を内面化しがちである。ネガティブなアイデンティティを取り込みがちな自分に気づかせ、その背景にある社会的・政治的矛盾を認識できるよう促すのが、ズワーリングのいう政治的教育である。ここでの学習は、間違って学んだ規範を学び落し（unlearning）、それに代わって新たな規範を学ぶこと（new learning）に他ならない（Zwerling 1976, pp.162-163）。

　次に、第7章のヒーティング・アップについてみてみよう。ヒーティング・アップ（heating up）は、第3章のクーリング・アウトに対置される概念である。クーリング・アウトは、学生達の意欲、野心を冷却させることを意味したが、ヒーティング・アップはその逆で、学生達の意欲を加熱、活性化することを意味する。学生達のエンパワメントと言い換えてもよいかもしれない。第7章では、ヒーティング・アップの具体策のひとつとして、スタテン・アイランド・コミュニティ・カレッジにおけるEDS（Educational Development Seminar）という教育実践が紹介される。

　EDSの対象は入学して間もない第1セメスターの学生たちである。その主要目的のひとつは、学生達の意欲や動機が奈辺にあるかを探り活性化させることである。そのために、学生達が現在に至るまでの道程をふりかえり理解することを支援するとともに、将来の教育やキャリアデザインに向けた意欲的かつ健全な計画をたてるためにグループワークをおこなう。グループワークは週1回、15人から20人程度の学生とファシリテーター役の教員1名によって行われる（Zwerling 1976, p.186）。

グループワークでは、まず、学生達にこれまでに受けた教育を振り返らせ、自分史をまとめさせ、それをメンバー間で共有する（Zwerling 1976, p.187）。次に、各自の将来計画を発表する。そこでは目標、ゴールの設定と、目標達成にむけた年次計画が発表されなければならない。その計画に対して、グループのメンバーやファシリテーターからの質問や意見をうけ、応答するプロセスのなかで、自分のなかで曖昧だった部分を明確にする。それをもとに再度計画を練り直し教員に提出するというプログラムである（Zwerling 1976, p.191）。
　EDSにおける教師の役割は、計画を練り直させて終わり、というわけではない。計画通りに進捗しているかを随時チェックしたり、計画変更の相談に応じたり、計画遂行に必要な条件整備に努めたり、様々な形で学生達を支援する。
　例えば、初年次の学生が陥りがちな問題点として、長期計画と日々の生活との整合性の弱さが挙げられる（Zwerling 1976, p.194）。その場合、年次計画だけでなく、日々の生活における時間の使い方を省察させる意味で曜日ごとの日誌を書かせ、年次計画との関連を協議したりする（Zwerling 1976, pp.195-197）。実際、日誌をつけて日々の生活を省察することで、目標を達成できた学生の事例も紹介される（Zwerling 1976, p.198）。
　ヒーティング・アップの考え方は、EDS以外に、補習教育にも適用される。旧来の補習教育では、通常のクラスと分離することで学生達の劣等感を増幅させメンタル面の障害を引き起こす問題があったとズワーリングは指摘する。3割の学生しか2年の課程を修了できない（Zwerling 1976, p.200）一因が、学生のメンタル面での萎縮にあると考えるズワーリングは、問題解決の方途として、メンタル面の障害除去を挙げる。メンタル面のブレーキを外してやること（Zwerling 1976, p.199）によって、自信の回復がなされればスキルの伸長が期待できるとズワーリングは考える。
　また、旧来の補習教育は、長所よりも欠点ばかり強調しがちであった

とズワーリングは指摘する。補習教育の受講生に第一に必要なのは、長所をほめて自己肯定感を抱かせることだというのである（Zwerling 1976, p.201）。

　EDSや補習教育に通底するヒーティング・アップの試みなど、コミュニティ・カレッジ学生の教育においてメンタル面への配慮が重要である点を指摘している点は、カラベルには見られない、ズワーリングならではの論点として注目に値する。

　次に、第8章のキャリア教育についてみておきたい。近年日本でもキャリア教育は現代的課題のひとつとして取り上げられる機会が増え、アメリカやドイツのキャリア教育が参考に供されることが多い。日本より歴史の浅いアメリカではあるが、教育機関におけるインターンシップやコーオプなどの歴史に関しては、日本よりも長い歴史を誇る。コミュニティ・カレッジにおけるインターンシップやコーオプの歴史も既に1世紀を超える。

　しかし、コミュニティ・カレッジにおけるインターンシップやコーオプの現状に関してズワーリングは批判的な視点をもっている。ひとつは、コミュニティ・カレッジにおけるインターンシップやコーオプが自己探索の機会ではなく、資格や技能の獲得に片寄っている点（Zwerling 1976, p.213）であり、いまひとつは、コミュニティ・カレッジにおける現行のそれらが、学生のヒーティング・アップにつながらない（Zwerling 1976, p.215）という点である。ズワーリングは、インターンシップやコーオプを単なる職業訓練とみなすのではなく、もっと基本的な教育目標、すなわち勇気をもって自省や自己定義に向かわせる活動（encouraging self-examination and self-definition）の一環として考えるからである（Zwerling 1976, p.216）。

　したがって、スタテン・アイランド・コミュニティ・カレッジのインターンシップ・プログラムにおいては、①学生達にできるかぎり多様な職種を体験させる努力（Zwerling 1976, p.216）と、②できるかぎり迅速に学生の要望の変化に対応する努力（Zwerling 1976, p.217）を惜しまな

い。①に関しては、学期中に3、4種類の仕事を体験させる場合もあり、②に関しては、ある職種が自分に向いていないと途中で気が付いた場合、新学期まで待たせるのではなく、できるだけ当学期中に要望の変化に対応するのだという。ただし、なぜ職種の変更を希望するのかを、学生はインターンシップ・セミナーできちんと説明することを求められる。単なる気まぐれではなく、他者にも納得してもらえる説明ができるように促すことで、インターンシップは、意味ある教育活動として位置付けられるのである。インターンシップ・セミナーも、グループワークを中心に進められるので、先述したEDS同様、15人から20人程度の学生とファシリテーター役の教員1名によって構成される。

　インターンシップ・セミナーでは、インターンシップ期間中に問題に直面した学生が現れた場合、その問題を学生全員で共有し、問題解決の方法を学生全員で考え議論する機会として活用する。例えば、小学校での教育実習経験中に担任教師の児童観と、文献で学んだサマーヒルやジョン・ホルトらの教育実践との違いに関心をもった学生が現れた場合、セミナーのメンバーが児童役や教師役としてロールプレイに参加し、指導方法の違いによっていかに教室の雰囲気が影響をうけるかをワークショップ方式で学ぶのである（Zwerling 1976, p.219）。

　インターンシップ・セミナーでは、学生達の労働観についての検討もおこなわれる。主に中流階層の下位（lower-middle-class）出身者が多いコミュニティ・カレッジの場合、学生達は仕事の世界についてかなり狭小な観念を抱えがちだという。労働は退屈なもので、経済的理由から仕方なく行うものだという観念をもっている学生が多く、魅惑的で満足できる仕事の世界もあるのだということに気づけていない場合が一般的だという。そんな彼らがインターンシップの経験を通して、世の中には生計をたてるだけでなく精神的満足を見いだせる仕事もあるのだということに気付き、そのような仕事に就くのに必要な学習計画やキャリアデザインに前向きに取り組むようになった例も本章では紹介される（Zwerling 1976, p.220）。

スタテン・アイランド・コミュニティ・カレッジにおけるインターンシップの特徴は次のようにまとめられる。
　第一に、学生個々人の求める目標、志向を明確化することを重視すること。過去の経験から導かれる様々なオプションを紹介することもあるが、あらかじめインターンシップ先を列挙して提示することは、学生達のチョイスを狭めることもあるので、できるだけ個々の学生の要望に応えられるようカスタマイズすることを心掛けている。
　第二に、インターンシップ指導者は、学生の選択をリードしたりコントロールするのではなく、ファシリテートすることが自分の役割だと心得る。そのために、時間はかかっても、学生の話を傾聴することに加えて、インターンシップ先の開発や段取り決定まで学生自身に経験させる。学生達に任せることは非効率でリスクをともなうこともあるが、事がうまく運べば学生の大きな自信と成長につながるからである（Zwerling 1976, pp.221-222）。インターンシップ指導者の役割は、学生達に指導者依存から脱却させ、彼らに主体的行動を促し見守ることによって、彼らの内なる力を引き出すことである。
　以上見てきたように、スタテン・アイランド・コミュニティ・カレッジにおけるインターンシップは、単なる職業訓練にとどまらず学生達をエンパワーする機会として重視されていることが分かる。ズワーリングによれば、「第二の最善」（second best）に慣らされてきた学生は、最初から将来の選択肢を狭めすぎる傾向があり、自分で自分を見限る心理的特徴をもっている。もっと自分の価値に目をむけさせる機会、自分を見直す機会、個人の発達や平等概念を醸成する機会として、カレッジ段階のインターンシップは役立てうるし、発展の余地があるとズワーリングは考える。
　次に、第9章で論じられる編入準備教育についてみることにする。まず、コミュニティ・カレッジの編入準備室の問題が、次のように整理される（Zwerling 1976, pp. 229-237）。①準備室内の情報やカタログの不十分さ、およびカウンセラーの質的不十分さなどの問題。②カウンセラー

を上手く活用できず、必要な情報に触れるのが遅すぎて4年制大学への編入機会を逸する学生側の問題。③コミュニティ・カレッジと4年制大学との接続関係の問題。コミュニティ・カレッジの単位を4年制大学が受容してくれるか否か、単位互換の様式が整っているか否か、4年制大学に編入後のコミュニティ・カレッジ学生の成績が良好か否か、といった問題である。

　これらの問題を改善する手立てはどのようなものであろうか。①と②に関しては、コミュニティ・カレッジの編入準備室の改善、充実が求められるが、コミュニティ・カレッジの編入準備室は、4年制大学のそれのように、学生達が適切なタイミングで適切な質問や相談をかかえて訪問してくれるのをただ待てばよい、というものではない。そのことをスタッフやカウンセラーは肝に銘じるべきだとズワーリングはいう。特に社会経済的に低い階層出身の学生達は、編入のための出願期日や手続き、種々の奨学金制度、学寮制度等について予備知識を持ち合わせていない場合が多い。スタッフやカウンセラーは、そこのところを理解したうえで、大学3年次への編入準備を、ぎりぎりの時期ではなく初年次から懇切丁寧に編入の段取りを学生達に知らせ導くなど、教育プロセスの一環を担う姿勢で臨んでほしいという。

　そのためには、初年次の1学期から始まるEDSとリンクさせて、編入手続きとカウンセリングを進めるのが望ましいというのが、ズワーリングの考えである（Zwerling 1976, p.238）。それによって学生達が個別に相談できる教員カウンセラーを見つけられるようにすれば、編入準備が本格化する2年次にカウンセリングを活用できていない学生の問題や準備時間不足の問題が軽減できるのではないかというのである。コミュニティ・カレッジ学生の情報収集力の不足を補うために、EDSを初年次だけでなく2年次まで延長することも試行された（Zwerling 1976, p.240）。それによってキャリアの設計だけでなく再設計にまで気配りできるからである。

　次に、③（コミュニティ・カレッジと4年制との接続関係）の問題を改

善する手立てはどのようなものか。スタテン・アイランド・コミュニティ・カレッジでは、学生達が編入先の大学で経験するであろう異文化ショックを軽減する策を講じている。編入先の大学で、最初は思うような成績がとれないことで自信を失う学生がいる。その場合、失敗の原因を自分だけに負わせるのでなく、慣れない環境への不適応という要因にも目を向けさせ、異文化への適応力育成へと学生を導くのである。すなわちスタテン・アイランド・コミュニティ・カレッジの編入準備教育では、学力のようなハード・スキルだけでなく、異文化への適応力や困難への対処能力といったソフト・スキルの育成にも配慮するわけである（Zwerling 1976, p.241）。

異文化への適応力を身につけさせるための具体策としては、次の2つが紹介される。ひとつは、期間限定の里親制度である。大学3年次への編入を希望する学生で、希望すれば、約1週間、編入希望の大学あるいは類似する大学に子どもを通わせている家庭にホームステイを依頼する制度である。期間限定とはいえ、この里親制度によって編入による異文化ショックを予防、軽減することができる（Zwerling 1976, p.242）。もうひとつの取り組みは、編入希望の大学に1日ないし数日間トライアルで入学させてみるというプログラムである。カレッジ・カタログだけでは窺い知れない大学の様子が分かり、学寮生活や授業体験も可能なので、これまた編入による異文化ショックを予防、軽減するのに有効だといわれる（Zwerling 1976, p.243）。

コミュニティ・カレッジの学生達は自宅通学者が多いので、4年制大学に編入すると、初めて自宅から離れた生活を経験する場合も少なくない。したがって上述したプログラムは、親から自立した生活を営むためのソフト・スキルを育成する機会にもなる。子どもが自宅から離れて生活することに反対する親を説得する力も養われる（Zwerling 1976, p.244）。

他方、ハード・スキル、すなわち編入先の大学で授業についていくのに必要な学力の育成については、編入先の大学のカラーに合わせて異なる支援策を講じる。疑似体験の機会を設けることによって編入トラウマ

を軽減する策である（Zwerling 1976, pp.244-245）。

　このようにスタテン・アイランド・コミュニティ・カレッジでは大学3年次への編入準備教育の成功に向けてきめ細かな支援を行っていることが分かる。

　以上、ズワーリング（1976）では、主に青年期の学生達を対象とした様々なエンパワメント方策が紹介され示唆に富む。次に、1980年代以降のズワーリングの論文のなかに、成人学生達のニーズや意欲に即したプログラムやサービスを探ってみよう。

　ズワーリング（1980）では、日々の仕事や生活に多忙な成人学生達に対応した学位プログラムや施設・設備面での改善策が、以下のように紹介される（Zwerling 1980, pp.97-99）。

- 学位を求める成人学生に適した学位プログラムとして、一般教育は、クラスでの授業と自学自習を組み合わせた学際的セミナー風のコース群を統合したものにする。自学能力のある成人学生は、自習によって単位取得の時間を短縮できるし、20~30人が参加するセミナーを複数受講する過程で知己を得て、励ましあって学位取得する可能性が高まる。
- 成人学生に利用可能な学外学位プログラム（External Degree Program）や遠隔学習（remote learning）の機会を用意する。そこでは自宅が学習センターとなる。
- 多くの成人が人生の節目に直面する種々の出来事（結婚、妊娠、離婚、転勤・転居、老化、退職など）に対応した移行期プログラムを開発する。
- 夜間も利用可能な図書館やカフェテリアを設ける。
- 成人学生にも対応可能なアドバイザーやカウンセラーを配置する。

　ズワーリング（1986）では、成人学生向けのプログラム開発と資源の投入について、次のような知見が紹介される（Zwerling 1986, pp.57-59）。

- 一生のうち4~6回は転職するアメリカの成人学生達への対応として、

成人教育者が担うべき仕事は、アクティブラーニングを強調する学習形態であり、それは人々が仕事の世界で直面する現実に適切に対応し、職業的な変化に対応可能な柔軟性を養うものでなければならない。
- 成人学生向けのプログラム内容も、単発プログラムで終わるのではなく、ステップ・バイ・ステップでレベルアップ可能なカリキュラムを構成し、それによって学生を高次の学習へと導くことが求められる。
- 入念に練られた継続教育は、成人学習者の固定的なパースペクティブ（perspective）を開放し、人生の多様な選択肢に気づかせてくれる。教育者には、学習者が自分の殻を破って成長するよう動機づける義務がある。この点で興味深いのは、メジロー（1978）[5]のいう「パースペクティブの変容」という概念（notion of "perspective transformation"）である。
- 受講料の適正さをはかるために、経済的に恵まれない人々への手厚い傾斜配分が考えられるべきである。

ズワーリング（1992）では、教育者として成人学生のために出来ることが3つ提示される（Zwerling 1992, p.53）。
1 カリキュラムに関して、カリキュラムの理路、筋道、体系について考えを深める。この点に関しては、マイアミデード・コミュニティ・カレッジのコアカリキュラムが参考例として示される。
2 教育方法に関して、単に知識やスキルを詰め込むスタイルではなく、批判的思考力や分析力を高めるようなスタイルを工夫する。
3 助言や相談に関して、成人学生の場合はカレッジに至るまでの経緯（人生行路）が各人各様なので、その過程をねぎらいながら評価し、くじけそうに見えたら積極的に手をさしのべるなどして、学習継続に向けて学生を勇気づける。それこそが成人教育者の仕事だと心得る。

　　　　　＊　　　　＊　　　　＊

　ズワーリングのコミュニティ・カレッジ論は、ジェローム・カラベルのコミュニティ・カレッジ批判論の系譜に位置づけられるものの、問題解決の方途に関しては、ジェローム・カラベルとは異なる特徴を見いだすことができた。それは、一言でいうならば、コミュニティ・カレッジ教育の当事者として、また、成人教育の担当者としての経験から培われたきめ細かなエンパワメント方策の数々である[6]。本論では、それらの方策を中心にとりあげて紹介した。コミュニティ・カレッジの教育現場で出来ること、なすべきことを実践に基づいて語るズワーリングの言葉は、格差問題が社会問題化している今日、アメリカはもとより日本においても、傾聴に値するものと考えられる。

註

(1) ズワーリングは生まれも育ちもニューヨーク市ブルックリン区。コロンビア大学で学士号、修士号（英語）取得。ズワーリング（1976）は、ニューヨーク市のスタテン・アイランド・コミュニティ・カレッジ（Staten Island Community College）の教員時代に執筆された。ズワーリング（1980）およびズワーリング（1986）は、ニューヨーク大学継続教育学部准学部長（associate dean of continuing education at New York University）時代に執筆された。ズワーリング（1992）執筆時の肩書は、フォード財団コミュニティ・カレッジ・プログラム上級職員（program officer for the the community college program at the Ford Foundation）である。

(2) カラベルの論文（Karabel 1972）は、コミュニティ・カレッジ批判論の先駆けとなったものである。同論も含めたカラベルのコミュニティ・カレッジ批判論の総体に関しては、井口（2013）参照。また、カラベル以外の批判論者とその論点に関しては、Beach（2010）、Cohen／Brawer（1982, 1989, 1996, 2002, 2008）、Kisker／Cohen／Brawer（2013, 2023）、Pincus（1980）、Vaughan（1980）、Dougherty（1994）参照。

(3) 再生産理論は、表向きは「平等」を標榜しつつ実際には不平等や格差を再生産していく教育制度の欺瞞性を告発するもので、フランスではピエール・ブルデュー、アメリカではボウルズ＆ギンタス、ジェローム・カラベルらの研究が有名である。ボウルズ＆ギンタスの理論に関しては、サミュエル・ボールズ、ハーバー

ト・ギンタス（1986、1987）、小玉重夫（1999）参照。
(4) Zwerling (1976), pp.75-103参照。なお、バートン・クラークのコミュニティ・カレッジ論に関しては、井口（2012）参照。
(5) Mezirow (1978), pp.100-110. メジローの「パースペクティブの変容」概念に関しては、ジャック・メジロー（2012）も参照。
(6) デービッド・リースマンは世界的に有名な社会学者であるが、Neumann, William and Riesman, David (1980) では、研究助手のニューマン（Neumann）とともに行なった質的調査の内容がまとめられている。リースマンらは、コミュニティ・カレッジ入学時には2年間の学業にすら不安をおぼえていた学生達が、コミュニティ・カレッジにおける教員の励ましや種々の支援によって、4年制大学への編入だけでなく学士号取得にも成功する過程を、彼らが「コミュニティ・カレッジ・エリート」と呼ぶ学生達にインタビューすることによって明らかにした。リースマンらはコミュニティ・カレッジの教育当事者ではないが、入念な質的調査によって、コミュニティ・カレッジにおけるエンパワメント方策の成果を裏付けたといえる。

文献一覧

井口千鶴（2012）「バートン・クラークのコミュニティ・カレッジ論：アメリカ高等教育におけるクーリング・アウト機能とその評価」『東海大学課程資格教育センター論集第11号』、pp.29-34

井口千鶴（2013）「ジェローム・カラベルのコミュニティ・カレッジ論―批判の矛先と展望―」『東海大学課程資格教育センター論集第12号』、pp.85-91

小玉重夫（1999）『教育改革と公共性－ボウルズ＝ギンタスからハンナ・アレントへ－』東京大学出版会

サミュエル・ボールズ、ハーバート・ギンタス（1986）、『アメリカ資本主義と学校教育 1―教育改革と経済制度の矛盾』（宇沢弘文訳）岩波書店

サミュエル・ボールズ、ハーバート・ギンタス（1987）、『アメリカ資本主義と学校教育 2―教育改革と経済制度の矛盾』（宇沢弘文訳）岩波書店

ジャック・メジロー（2012）、『おとなの学びと変容―変容的学習とは何か』（金澤睦・三輪建二監訳）鳳書房

パウロ・フレイレ（2018）『被抑圧者の教育学――50周年記念版』（三砂ちづる訳）亜紀書房

牧野暢男（1983）「コミュニティ・カレッジの思想」、『大学論集』第12集、pp176-177

Beach, J.M. (2010), *Gateway to Opportunity? : A History of the Community College in the United States*, Stylus Pub.

Brint, Steven / Karabel, Jerome (1989), *The Diverted Dream: Community Colleges and the Promise of Educational Opportunity in America,1900-1985*, Oxford University Press
Cohen, Arthur M. / Brawer, Florence B. (1982,1989,1996,2002,2008), *The American Community College*, Jossey-Bass
Dougherty, Kevin J. (1994), *The Contradictory College: The Conflicting Origins, Impacts, and Futures of the Community College*, State Univ of New York Press
Karabel, J. (1972), "Community Colleges and Social Stratification," *Harvard Educational Review*, Vol.42, No.4, pp. 521-562
Kisker, Carrie B. / Cohen, Arthur M. / Brawer, Florence B. (2013,2023), *The American Community College*, Jossey Bass Higher and Adult Education, Jossey-Bass
Mezirow, J (1978), "Perspective Transformation", *Adult Education*, 28 (2), pp.100-110
Neumann, William and Riesman, David (1980),"The Community College Elite," George B. Vaughan (ed.) Questioning the Community College Role, *New Directions for Community Colleges*, vol.VIII no.4, pp.53-71
Pincus, Fred L. (1980), "The False Promises of Community College: Class Conflict and Vocational Education", *Harvard Educational Review*, Vol.50, No.3, pp. 332-361
Vaughan, George B.[ed.] (1980), "Questioning the Community College Role", *New Directions for Community Colleges*, No. 32, Jossey-Bass, 1980.
Zwerling, Steven (1976), *Second Best : The Crisis of the Community College*, McGraw-Hill
Zwerling, Steven (1980), "The New "New Student": The Working Adult", *New Directions for Community Colleges*, No. 32, Jossey-Bass, pp.93-100
Zwerling, Steven (1986), "Lifelong Learning: A New Form of Tracking", *New Directions for Community Colleges*, No. 54, Jossey-Bass, pp.53-60
Zwerling, Steven (1992), "First-Generation Adult Students: In Search of Safe Havens", *New Directions for Community Colleges*, No. 80, Jossey-Bass, pp.45-54

第Ⅲ部

現代コミュニティ・カレッジの諸相

第Ⅲ部の構成と総括

　第Ⅲ部では、コミュニティ・カレッジの現代の諸相に光をあてた。第13章から第15章においては、コミュニティ・カレッジの総合的なカリキュラムのなかでも、特に職業教育の展開を追跡することに力点を置いた。その選択理由は、第Ⅱ部の第7章から第12章にかけて連続して登場するテーマのひとつが、コミュニティ・カレッジ（ジュニア・カレッジ）における完成教育機能であり、完成教育の構成要素として職業教育が重要な位置を占めるからである。第Ⅱ部では完成教育論、職業教育論など論の歴史に重点を置いて分析したのに対して、ここでは実態の推移に重点を置いて分析した。

　第13章では、コミュニティ・カレッジにおける職業教育の発展とそれを促した要因を概説した。第Ⅱ部の第9章でも述べたように、ランゲ、クース、イールズ等のオピニオンリーダー達は、コミュニティ・カレッジ（ジュニア・カレッジ）に完成教育という新しい風を吹かせようと試みたが、一部の例外を除いて完成的職業教育コースは当時の学生達の人気を得ることができなかった。ところが1960年代後半以後、職業教育プログラムを履修する学生数が明らかに増加し始める。それは何故なのか。その要因を探ると、1960年代以降の連邦政府の職業教育援助政策、「中位の職業」への需要増、「大学出の価値」の変化と学生の志向の変化、職業教育要求の強い非伝統的学生（nontraditional students）の入学増、ハイ・スクールの職業教育機能のコミュニティ・カレッジによる代替などの傾向が浮かび上がった。また、それ以後の興味深い変化として、職業教育プログラムから4年制大学への編入に成功する学生の増加を見出すことができた。かつては職業教育課程といえば、実際のところ完成教育（terminal education）という名の袋小路を意味していたのであるが、1975年以後、職業教育プログラムから4年制大学に転学する学生の割合が、いわゆるカレッジ平行プログラム（college parallel program）からの転学者の割合を上回るようになったのである。つまり、2年制の職業教育だけ

で終わるわけではない可能性も新たに開けてきたのである。

　第14章では、アメリカにおけるリカレント教育の主要拠点であるコミュニティ・カレッジにおける職業教育の新たな展開を検討した。コミュニティ・カレッジがまだジュニア・カレッジと一般に呼ばれていた頃の職業教育は、主に青年層を対象としており、限定的な職業教育プログラムを提供していたにすぎなかった。しかし前章でも述べたように、1960年代後半以後になると職業教育プログラムを履修する学生数が増加に転じ、1970年代後半以後になると多様な成人学生の流入も伴うようになってきた。学生の量的拡大、質的多様化とともに職業教育プログラムの多様化も進み、とりわけ1980年代後半以後は、教育機関と社会（職業等）の接続を増進させる新たな取り組みが若年層と成人層の両方を対象として目立ってきた。主に若年層を対象としたテク・プレップ（中等教育と高等教育にまたがる技術予備教育）やWBL（仕事を基盤とする学習）プログラム、主に成人層を対象とした就労関連の短期集中型資格証プログラムや顧客別請負型の職業教育プログラムを本章では紹介した。これを要するに、1980年代後半以降、生涯にわたる教育機関と社会（職業等）の接続、ならびに生涯にわたる職業能力開発システム形成の面で、コミュニティ・カレッジがこれまで以上に重要な役割を担うようになってきたということである。かかる展開は、若年雇用の問題、企業内教育の縮減や成人の再雇用訓練、リスキリングの問題など、かつてとは様変わりした雇用状況下にある日本にとっても、示唆に富むものといえよう。

　第15章では、産・学・社連携による人材育成に焦点をしぼり、コミュニティ・カレッジにおける「協同教育（Cooperative Education）」の概要を紹介した。コーオプ（CO-OP）教育とも呼ばれる「協同教育」では、教室外での就業体験が大学の教育課程の中に計画的に組み込まれ、学生は教室内外のリソースを活用した課程を履修することによって、卒業時に学位と一定の就業体験の両方を手に入れることができる。しかも、そこでの就業体験は単位として認定されるばかりでなく報酬が支払われる場合が多いので、奨学金の要素も含む。この就業体験は短期のもので

第Ⅲ部の構成と総括　255

はないので、学生を受け入れる産業界や社会の深い理解と協力が不可欠である。コミュニティ・カレッジにおける協同教育プログラムの起源は、コミュニティ・カレッジがまだジュニア・カレッジと呼ばれていた1920年代にまで遡れるが、その規模が拡大するのは1960年代以降のことである。コーオプ教育のスケジュール編成は、大別するとオールタネーティング型とパラレル型に分けられるが、両者を併用する事例も見受けられる。また、学生の受け入れ先は地元の企業やNPOが中心であるが、分野は理工系だけでなく人文系、社会科学系にまで広がりをみせる。

　第16章では、近年日本の大学でも導入され始めた機関調査（IR）部門が、コミュニティ・カレッジではいつ頃からどのように導入され、その現状や課題はいかなるものか検討した。第17章では、アメリカにおいてユニバーサル型高等教育機関の代名詞ともいえるコミュニティ・カレッジにおける初年次および初年次以後の学習継続支援の取り組みに焦点をあてた。

　第3部（現代コミュニティ・カレッジの諸相）に関しては割愛したテーマも少なくない。それらについては、今後さらに書き加え拡充させていく所存である。コミュニティ・カレッジの歩みは発足から1世紀以上を経た今もなお続いており、今後も継続的な分析を要するからである。また、本書ではもっぱらアメリカのコミュニティ・カレッジについて記載してきたが、日本型コミュニティ・カレッジ構想についても、機会を改めて検討できたら幸いである。できればその作業は、コミュニティ・スクール、高校教育、社会教育、生涯学習のあり方に関心を寄せる有志の方々とともに行えれば幸いである[1]。

註

(1) 　かつてロバート・N・ベラー（Robert N. Bellah）は、社会科学のあり方として、公共的で対話的な性格（public and dialogical nature）をもった「公共哲学としての社会科学」（Social Science as Public Philosophy）について論じた。筆者はベラーの見解に深く共鳴するものである。「公共哲学としての社会科学」の詳細については、Robert N. Bellah [et al.] (1985), *Habits of the Heart,* University of California Press, pp.297-307参照。

第13章
コミュニティ・カレッジにおける職業教育の発展とその要因

はじめに

　NCES (National Center for Education Statistics) の1983年版の統計報告[1]によれば，1978年-79年度の合衆国における職業教育在籍者の大半は，ハイ・スクール（高等学校），及び2年制のコミュニティ・カレッジ (Community College, 以下CCと略) に在籍している。この二つの機関を比較すると，数の上では，依然としてハイ・スクールに代表される中等教育段階の職業教育在籍者の方が多い。しかし，歴史的に見れば，社会の複雑化の中で市民に要求される技術力や判断力の高まり，中等後教育の大衆化，リカレント教育の普及等の趨勢の下で，公教育機関で行なわれる職業教育に対するアメリカ社会の期待は，次第に，ハイ・スクール段階の職業教育からCC段階のそれへと重点を移行させつつある。

　本稿は，このCCを対象として，その職業教育機能拡大の経緯を跡づけると共に，そうした発展がいかなる要因に基づくものであるかを検討することを目的としている。以下，Ⅰで，CCにおける職業教育の発展を，1. 職業教育プログラムの量的拡大及び多様化と，2. 在学者及びスタッフの量的拡大と質的変化とに大別して明らかにし，その上で，発展を左右したと考えられる要因についてⅡで検討する。

　ところで，本稿では，CCにおける職業教育の発展を20世紀初めから今日に至るまで跡づけることから，本稿に入る前に，職業教育という用語について時系列的に若干説明を加えておく必要がある。というのも，日本語で一様に職業教育といっても，それに対応する英語は必ずしも一様ではないからである。そこで，ここでは主に，A. M. Cohen and F. B. Brawer[2]，J. F. Grede[3]，そしてC. R. Monroe[4]らの用語解説を参考にして関連する用語の変遷について説明する[5]。先ず，CCがまだジュニア・カレッジ (Junior College, 以下JCと略) と呼ばれていた初期には，

"vocational education"という農業，産業，商業など職業教育一般を指す言葉が，JCについても用いられることが多かった。しかしながら，"vocational education"は通常，カレッジより下の段階の職業教育を意味するとの理由により，JC関係者達は，むしろ，"technical education"という用語を好んだといわれる。1940年代になると，"terminal education"（「完成教育」と訳されることが多い）という用語が，Walter C. Eellsらによってキャンペーン的に用いられるようになった。しかし"terminal education"については，主に継続教育、成人教育の立場から消極的意見が寄せられるとともに，今日では教育と社会階層を関連づけて考える立場の研究者から否定的なニュアンスで用いられることも多い[6]。替わって，1970年代以後に好んで用いられるようになった言葉として，進路指導や生涯教育の意味を含みもった"career education"がある[7]。加えて，1970年代後半以後になると"occupational education"という言葉も頻用されるようになった。この言葉は"vocational education"や"technical education"をも包摂する広義の職業教育の謂で，また，"vocational education"よりも威信のある（more prestigious）言葉だと説明される[8]。この他，大学における専門職教育との対比で準専門職教育（"semiprofessional education"）という言葉も使用される場合がある。以上の用語のいずれにしても，それが用いられた社会的，文化的背景まで含めてもっと深く考察する価値のある課題であるが，本稿では，職業教育という用語の説明については以上にとどめる。

　なお，本稿では基本的にCCという呼称を用いるが，その使用が時期的に不自然な場合にはJCという呼称も用いていることを，予めお断りしておく。

I．コミュニティ・カレッジにおける職業教育の発展

1．職業教育プログラムの量的拡大及び多様化

　他国に比べると比較的早期に職業教育課程を大学や中等学校に導入し

たアメリカ合衆国においても，1950年代以前のJC（CC）職業教育に関する議論は，そもそもカレッジの教育課程において職業教育が提供されるべきか否かという点にあったといわれる[9]。その背景には，手作業を伴う職業教育は，人文教養中心のカレッジ・イメージとは相容れないものだという英国的観念が、独立後のアメリカにおいてもなお残存していたことがある。それに加えて，シカゴ大学学長ロバート・M・ハッチンズ（Robert Maynard Hutchins：1899-1977）のように職業教育をJCのカリキュラムに含むことに否定的なオピニオンリーダーとその賛同者の存在もあった。彼らの考えでは、職業教育とは特定の職業のための技能訓練以上のものではなく、そのような訓練はカレッジではなく工場や職業訓練所等で行なうべきものであった。

しかし，だからといって，1950年代以前のJC（CC）に職業教育が皆無だったというわけではない。まだ学生には不人気であったが，表13-1に示されるように，完成教育あるいは職業教育として分類されるカリキュラムの提供は，1950年以前のJC（CC）においてもある程度は見られたのである。

しかも，JC（CC）で提供される職業教育カリキュラムは，職業の変化，多様化[13]に伴って，年を追うごとに少しずつ幅を広げていった。例えば，1917年のMcDowellの調査結果にあらわれたカリキュラムは，表13-2に示されるようなものであった。

表13-1[10] JCで提供されるカリキュラムの中で、完成教育（terminal education）あるいは職業教育（vocational education）と分類されたカリキュラムの割合、1917-1937[11]

調査者の氏名	すべてのJC		公立JC		私立JC	
	カレッジ総数[12]	完成教育の割合	カレッジ総数	完成教育の割合	カレッジ総数	完成教育の割合
McDowell (1917)	47	14%	19	18%	28	9%
Koos (1921)	58	29%	23	31%	35	25%
Hollingsworth-Eells (1930)	279	32%	129	33%	150	29%
Colvert (1937)	—	—	195	35%	—	—

表13-2[14) 公立JC、私立JCで提供されていた職業教育プログラム、1917-1918年

職業教育プログラム	公立JC (19)	私立JC (28)	職業教育プログラム	公立JC	私立JC
機械製図	8	―	工学一般	2	―
機械実習	7	1	建築	2	―
家庭科	7	11	印刷	1	―
商業	6	1	鉛管工	1	―
測量	5	―	初級法律	1	2
電気工学	4	―	ジャーナリズム	1	―
農業	3	4	土木工学	1	―
教育	3	17	機械工学	1	―

それが1938-39年度における調査では，完成教育カリキュラムの幅，それを提供する機関の数，及び在籍者数が，表13-3に示されるように拡大を見せる。

　このような職業教育カリキュラムの増大と多様化の傾向は，Leland L. Medskerの調査（1955-56年）[16]や「アメリカJC協会」（American Association of Junior Colleges，略称AAJC）[17]の年報によって追跡される。後者によれば，1963年には68の職業教育プログラムしか提供されていなかったものが，1970年には437にも及ぶ職業教育プログラムが提供されるようになったといわれる。

　かかる職業プログラムの拡大，多様化[18]の背景には，Ⅱ-2-② で論及する職種の多様化があったと解される。それを，仮に職種の多様化に応じた職業プログラムの多様化と呼ぶならば，近年のCCにおける職業教育は，それに加えて，以下に述べるような，学生のニーズの多様化（Ⅱ-2-④で論及）に応じたプログラムの多様化の様相も見せている。その第一は，フル・タイムの仕事を持ちながらも転職，現職内での昇進，あるいは技術力の向上を目的として，CCにパート・タイムで入学する成人学生の増加に対応した，職業教育の短期コースの拡充，及び履修期間の柔軟化である[19]。第二は，移民，少数民族，心身障害者など，かつてのCCの典型的学生に比べると身体的あるいは言語的不自由の多い，しかしながら職業をもって自立した生活を行なう欲求ないしは必要を感じている人々のための，特別な職業教育プログラムの整備である[20]。そして第三は，主に低所得層の学生を対象とした，労働・学習協同プログラム（cooperative work-study programs）[21]の拡充である。協同教育プログラムは，CCの職業教育と，関連する職業現場での訓練とをサンドイッチ方式に組み合わせたカリキュラムで，これによって学生達は現場の空気に触れながら職業技術を体得し，その上，ある程度の収入も職場から得ることができるというシステムである。

表13-3 [15]　完成教育カリキュラムを提供している機関数と在籍者数、1938-1939年

カリキュラム	機関数 (308)	在籍者数	カリキュラム	機関数	在籍者数
一般教養	137	6,205	美術	162	3,406
農業	67	1,673	建築学	29	214
農業一般	57	1,254	芸術	97	1,354
草花栽培	7	38	ファッション画及び衣装デザイン	3	31
林業	32	381	インテリア装飾	3	30
ビジネス	241	14,511	音楽	141	1,409
ビジネス一般	183	7,068	写真	10	56
会計学	11	490	スピーチ及びドラマ	20	312
銀行と財務	4	42	保険サービス	84	1,603
ビジネス法	1	20	公衆衛生	1	108
ホテル・レストラン経営	4	53	実験技術	6	46
保険	12	46	医療秘書	33	460
経営	1	42	看護学	59	975
販売計画	7	290	物理療法	1	14
販売法	31	395	家庭科	106	1,387
秘書	164	6,056	ジャーナリズム	86	808
工学及び芸術	90	4,449	公共サービス	182	6,500
工学・技術一般	51	1,550	行政事務	2	8
農業工学	2	59	司書	47	197
空調	2	10	兵役	3	9
自動車工	6	67	体育	62	335
航空	41	1,107	警察官	6	109
建築業	8	142	レクリエーション指導	19	132
化学工学	8	273	社会奉仕	28	191
土木工学	15	105	教育	138	5,519
設計	3	30	その他	49	965
電気工学	25	294	美容学	3	3
地質学	2	9	埋葬学	10	36
機械工学	29	539	教区秘書	4	23
鉱業	3	16	宗教教育	9	97
航海	2	7	印刷	4	23
石油工学	5	109	特記されていない完成教育領域	24	783
無線工学	8	102			
溶接	1	30			

2. 在学生及びスタッフの量的拡大と質的変化

　1で述べたように，職業教育プログラムの提供自体は早くも1910年代から行なわれていたが，当時の学生の職業教育プログラムに対する反応は芳しいものではなかった（この点についてはⅡで詳述する）。職業プログラムの在学者が増加し，それが実際にCCの中心的な機能のひとつとして認められるようになったのは，比較的最近のことである。

　Arthur M. CohenとFlorence B. Brawerは，全国レベル，州レベル，及び個別カレッジ・レベルで行なわれた数多くの調査の結果に基づいて，職業教育在学者数が1960年代の後半以後大幅に伸びたことを説明している[22]。そのいくつかの例を紹介する。まず全国レベルでは，労働統計局が1968年に行なった調査の結果，CCのフル・タイム，パート・タイム学生全体の40％が職業教育プログラムに入学していたことが明らかにされた。また，表13-4が示すように，全国レベルで職業教育プログラム卒業生の数は，1974年までに一般教育卒業生の数と肩を並べ，1978年以後には60対40の割合で後者を凌駕するに至った。

　州レベルでは，例えばカリフォルニア州の職業教育プログラムへの在学者数が，1970－71年度に前年度よりも38％も伸び，1974－75年まで毎年6〜7％のペースで伸び続けたという例，ヴァージニア州で1975年の職業教育在学者数が学生全体の約51％を占めたという例，などが紹介されている。この他，個別カレッジにおける統計として，Los Angeles City College（カリフォルニア州），Prince George's Community College（メリーランド州），Macomb County Community College（ミシガン州）の調査結果が，それぞれ一般教育プログラムから職業教育プログラムへの学生の方向転換の実態を示している。

　当然のことながら，このような職業教育プログラム在学者の飛躍的増加は，職業教育講師の雇用増をもたらした。例えば，1976年秋にカリフォルニア州のCCによって新たに雇用されたスタッフに関する調査では，学問的，リベラル・アーツ分野でのそれは低迷したのに対して，職業教育分野でのそれは活況を呈したことが明らかにされた[24]。

表13-4[23] カリキュラム別、準学士授与数、1970-1971〜1980-1981年

年　度	全カリキュラム	一般教育プログラム	全体に占める割合 %	職業教育カリキュラム	全体に占める割合 %
1970-71	252,610	144,883	57.4	107,727	42.6
1971-72	292,119	158,283	54.2	133,836	45.8
1972-73	317,008	161,051	50.8	155,957	49.2
1973-74	343,924	164,659	47.9	179,265	52.1
1974-75	360,171	166,567	46.2	193,604	53.8
1975-76	391,454	175,185	44.8	216,269	55.2
1976-77	406,377	171,631	42.2	234,746	57.8
1977-78	412,246	167,036	40.5	245,210	59.5
1978-79	402,702	157,572	39.1	245,130	60.9
1979-80	400,910	254,284	38.5	246,626	61.5
1980-81	416,377	155,731	37.4	260,646	62.6

次に、量的成長を遂げた職業教育プログラムの学生及びスタッフの質的変化について論及しよう。伝統的に、職業教育プログラムは他のプログラムに比べて学問的に劣ると認識されてきた。職業教育の学生は転学志向の学生に比べて学力面で一段劣り、態度も不真面目だとみなされてきた[25]。ところが、近年、職業教育に対するこうした画一的で不名誉な評価の撤回を迫る傾向が、スタッフ、学生のいずれにおいても認められるようになったきた。

　先ず、職業教育プログラムの講師の質的向上が認められるようになった。それは、ひとつにはスタッフ開発プログラム（staff development programs）の財政基盤が豊かになったことを通して、いまひとつには、スタッフがより高い学位を取得する動機を高めるような給与体系が登場したことを通して、現実化したものだといわれる[26]。例えば、1967-68年度の全米教育協会の研究部門（the Research Division of the National Education Association）の調査によれば、最終学歴の違いによって表13-5に見られるような顕著な給与差が見られる。

　こうした給与体系も影響して、かつては職業経験しかもたない職業教育講師が多く、アカデミックな学科の講師とは学歴面で格差があったのに対して、最近では学士号や修士号、さらには博士号まで取得する職業教育講師も出現するに至っている。それが、かつての職業教育講師に見られたリベラル・アーツ系講師に対する学歴面でのコンプレックス除去に役立っているばかりでなく、職業教育の性格を以前よりニュートラルなものにしている。

　次に、職業教育プログラムの学生にも、スタッフに劣らぬ質的変化が生じている。そのひとつは、職業教育プログラムから4年制大学への転学に成功する学生が増加したことである。かつては職業教育課程といえば、多くの場合完成教育（terminal education）を意味していたのであるが、1975年以後、全国的に職業教育プログラムから4年制大学に転学する学生の割合が、いわゆるカレッジ平行プログラム（college parallel program）からの転学者の割合を上回るようになった。例えば、カリフォルニア州

表13-5[27] 公立2年制カレッジにおける教員 (faculty) の最終学歴別、年給の中間値

最終学歴	教員数	給与の中間値	修士給与の中間値を1.00とした場合の値	教員の割合
修士号非取得	3,274	$ 7,989	0.94	15.7 %
修士、6年未満の修学	11,609	8,473	1.00	55.7
6年修学、博士非取得	4,811	10,641	1.26	23.1
博士	1,164	11,608	1.36	5.6
全体	27,469	9,210	―	100.1*

*小数点第二位を四捨五入したため、計が100%を超えている。

では職業教育プログラムの学生の27％（1978年），イリノイ州では同じく30％（1978年）の学生が，職業教育プログラムから上級の高等教育機関に転学している[28]。職業教育を完成教育と呼ぶことは，もはや実態にそぐわなくなってきたのである。もうひとつの変化は，逆-転学（reverse transfer）と呼ばれる現象である。長い間，転学とは，CC（JC）のアカデミックなプログラム修了者の一部が4年制大学の第3学年に編入することを意味していたが，最近では逆に，既に大学や大学院を卒業した成人がCCの職業教育課程に転学する現象が生じているのである[29]。その理由についてはⅡで論及するが，こうした新たな学生層は，旧来の職業教育履修生に比べて学業面で一段と準備された学生であることはいうまでもない。

このように見てくると，最近の職業教育プログラムの様相は従来とは異なるものに変容していることが理解される。とはいえ，CCの職業教育プログラムの学生すべてが質的に向上したわけではなく，他方では，①でも触れたように社会的，教育的に恵まれない人々（彼らは多くの場合，学業面での準備が行き届いていない場合が多い）も，CCの職業教育プログラムの新たな履修生として迎えられている。その意味では，近年のCCの職業教育履修者については，質的に向上したと結論づけるよりはむしろ多様化したという方が，事実の両面を伝え得て正確であろう。

以上，CCにおける職業教育の発展を，教育プログラム(1)と在学者・スタッフ(2)という2つの面に大別して跡づけてきた。次に，かかる発展を左右した要因について考察しよう。

Ⅱ．職業教育発展の要因

職業教育発展の要因を探る前に，1950年代以前には何故職業教育がCCで開花しなかったのか，その理由について検討しておきたい。というのも，CCで4年制大学への進学（転学）準備教育だけでなく職業教育も提供すべきだという提唱自体は，1910年代後半から少なくない指導者や団

体によって繰り返し行われてきたからである。指導者の例としては，主に1910年代後半から1920年までのAlexis F. Lange（カリフォルニア大学教育学部教授），主に1920年代後半以降のLeonard V. Koos（シカゴ大学教育学部教授），主に1930年代以降のWalter C. Eells（スタンフォード大学教育学部教授）等、団体の例としては，1920年代後半から現在に至るまでのアメリカJC（→CC）協会，1944年のNEA教育政策委員会，1947年の「高等教育に関する大統領委員会」等の名を挙げることができる[30]。このように繰り返し提唱が行なわれたにもかかわらず，職業教育プログラムが容易にCCで普及しなかったのは何故なのであろうか。次節では，その理由を検討する。

1. CCにおいて職業教育が容易に定着しなかった要因
<u>①学生の（完成的）職業教育プログラム忌避</u>

この点については，Eellsが1929年秋に，カリフォルニア州の42校のJCに在籍する10,000名以上の学生を対象として行なった調査結果（第9章参照）が参考になろう。学生の回答からEellsは，「その当時JCは，明らかに進学準備教育的性格の機関であった。学生達は完成教育の方面にはほとんど興味を示さなかった。大多数の者は，明らかに上級のカレッジ（シニア・カレッジ）や大学で行われる上級の学業を志向していた[31]」と述べている。また，カリフォルニアのパサデナJCの資料によれば，1926年のパサデナJCの卒業生のうち，96％の者は大学準備教育コースを卒業し，わずか4％の者が完成教育コースを修了したにすぎなかったといわれる[32]。

これらから理解しうることは，JCの顧客である学生達の要求の所在が，完成教育よりもむしろ大学への準備教育に在り，したがって「JCの管理者の方では種々の完成教育を提供しても，学生達は完成カリキュラムにはあまり籍を置こうとしない，……彼らの両親もまた学生のために同様の主張をする[33]」という実態が存在していたということである。すなわち，職業教育機能の実質化における遅滞の背景には，職業教育の完

成的性格（terminal nature）の強調と，それに対する学生達の忌避の態度があったといえる。これは，Medsker and Tillery[34]，Monroe[35]，Cohen and Brawer[36]などCCの代表的研究者達によっても同様に指摘されている点である。

②父母，住民及びCC教員の中にある伝統的カレッジの概念

　JCの大半は，もともと4年制の大学やカレッジが存在しなかった町や村において，地域的に高等教育機会を求める要求のもとに創設された。したがって，そのような地域の父母や住民がJCに求めていたものは，職業教育訓練センターのようなものではなく，「真のカレッジ」（"real college"）であった[37]。言い換えれば，それ自体は学士号（Bachelor's degree）という正当な学位（"legitimate" degree）を提供しないにせよ，学士号に確実に連なる可能性を秘めた課程（大学進学教育課程）を備えた機関を，彼らは求めていたのである。

　かかる伝統的カレッジの観念への固執は，CC（JC）の教員にも見られた。Ⅰの最初にも述べたように，1950年代以前のCC（JC）における議論の焦点は，そもそもカレッジにおいて職業教育などを提供してよいのか否かという点にあった。学問的志向の強い教員達は，職業教育プログラムの導入によってカレッジのイメージが堕ち，ひいてはそこに勤める自分自身のイメージ（self-image）が損なわれるのではないかという危惧を抱き，職業教育プログラムの導入に抵抗したといわれる[38]。

③経費の問題[39]

　以上のような心理的要因に加えて，カレッジ平行的な教育課程の方が職業教育プログラムよりも安上がりだという経済的要因もあった。カレッジ平行的な教育課程であれば，特別な施設・設備を要しない座学が中心であり，また職業技術をもった教師を新たに雇い入れる必要もなかった。総合的な職業教育の提供は，たとえそれが求められていたとしても，経済がそれをゆるさなかったのである。

以上、1950年代以前のCCで職業教育が容易に定着しなかった要因について考察した。次に、1960年代以後になって職業教育が成長に転じた理由について検討してみよう。

2. 1960年代以後に職業教育が成長をとげた要因
①1960年代以前の理念及びプログラムの蓄積
　まず、1960年代以後の職業教育の発展の下地として，1の始めにも述べた職業教育の提唱及び職業教育プログラム提供の遺産(レガシー)があったことを，指摘しておかなければならない。職業教育プログラムへの在学者の流入は1960年代以後にまで待たねばならなかったにしても，それ以前に一般の人々やCCのスタッフの職業教育への理解を深める上で，それらの遺産は，ある程度の効を奏していたにちがいない。その中でも全国レベルで比較的影響の大きかったものとして，アメリカJC協会の「JC完成教育委員会」による仕事が挙げられる。それは，合衆国全土にある600校のJCにおける完成教育に関する全国調査を行なうために，1939年9月に組織されたものである。その具体的活動は，現場調査，地域会議の開催，出版活動等であり，その成果は次の3冊にまとめられた。第一巻は，JC完成教育に関する1500種以上の題目についての参考文献集（The Literature of Junior College Terminal Education），第二巻は，JC完成教育の現状を概括したもの（Present Status of Junior College Terminal Education），そして第三巻は，JC完成教育の重要性を理由づけたもの（Why Junior College Terminal Education?）[40]である。こうした「JC完成教育委員会」の活動は，それだけですぐにCCにおける職業教育の隆盛という結果に結びつくほどのインパクトは与え得なかった。しかし，CCにおける職業教育プログラム提供という問題に，それまで無関心だった人々に知識や気づきを与える契機にはなったと考えられる。

②連邦政府の職業教育援助政策と，その背景としての「中位の職業」への需要増

1960年代以後のCCにおける職業教育発展の動因のひとつとして，まず，1960年代前半以後の連邦政府の職業教育強化政策（特に中等後の教育段階における職業教育に対する積極的財政援助政策）を挙げることができる。その皮切りとなった1963年職業教育法（the Vocational Education Act of 1963）は，連邦政府の職業教育基金の20％をCCに配当することを規定した[41]。

CCの職業教育への連邦の資金援助額は，1968年修正法（the 1968 amendments）で4300万ドル，1972年修正法では9億8100万ドルといった具合に，年を追うごとに飛躍的に増大し，CC関係者による職業教育プログラムの整備に大きな刺激を与えた[42]。この他，1968年修正法は，恵まれない人々および身体障害者に対して特別の配慮を行ない，1976年修正法は，職業教育から性による差別を撤廃することを義務づける[43]など，④で述べる非伝統的学生のCC職業教育プログラムへの流入を促す働きもあった。

このようなCCレベルでの職業教育に対する連邦政府の積極的な財政援助の背景には，図13-1の「中位の職業」（the middle-level occupations）群への社会的需要の高まりがあったといえよう。

Monroeは「中位の職業」の特徴を，1) ハイ・スクール以上のレベルの訓練を要する，2) 専門職プログラムの第一，第二学年レベルの数学や科学の理論的知識を要する，3) 精密で微妙な実験用具や設備を使いこなせるだけの操作技能を開発する訓練を要する，4) 特に監督的立場の仕事や社会奉仕あるいは人間関係の仕事に就く場合は，人間の行動を理解できるパーソナリティ特性を備える必要がある，5) 専門職や管理職の助手としての資質が要求される，の五点にまとめている[45]。具体的には，例えば医学関係では，レントゲン技師，歯科技工士，実験技官などパラ・メディカルと呼ばれる職業群を指し，公務労働の分野では，図書館，学校，レクリエーション・センター，社会福祉事務所などにおける，何十

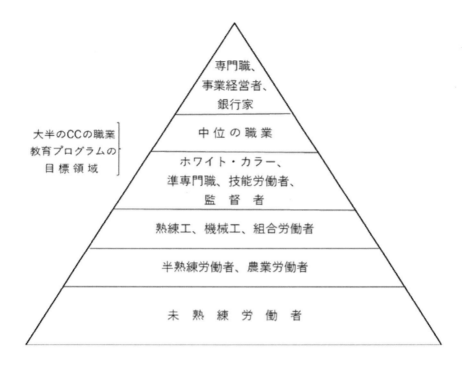

図13-1[44] 職　階（Professional hierarchy）

種類もの補佐職（例えば，ソーシャル・ワーカー補佐など）を指す。ハイ・スクールの職業教育では不十分だが，かといって大学の専門教育までは必要としない，これらの新しいホワイト・カラー職業群の増大に応える人材養成機関として，CCの職業プログラムへの社会的期待が高まり，それが，連邦政府によるCCの職業教育強化政策のひとつの背景をなしたといえよう。

③「大学出の価値」の変化と学生の志向の変化

かつてJCの学生や父兄が職業教育（完成教育）を忌避した基底には，将来の職業（≒人生）選択と深く関わった大学信仰があった[46]。ところ

が，1970年代に入って大卒者の労働市場は，1960年代の好況期から一転する。具体的には，先ず，図13-2に示されるように，1975年以後，非カレッジ卒業生の失業率は顕著な低下を見せているのに対して，カレッジ卒業生のそれは横ばい状態であった。第二に，かつては大卒者の実質給与は非大卒者のそれを上回っていたのに対して，1970年代に入って，そ

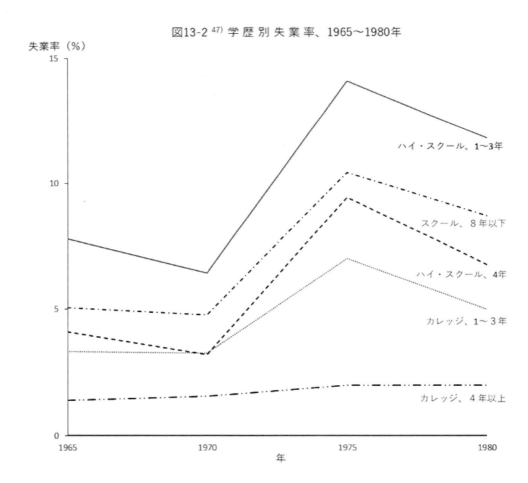

図13-2 [47) 学歴別失業率、1965〜1980年

れは相対的に著しい低下傾向を示した。図13-3は，1960年から1975年にかけて，産業界に就職した男性大卒者の初任給を消費者物価指数で修正した実質初任給の推移を表したものである。この図からも，1970年を境に大卒者の実質初任給が下降していることがわかる。

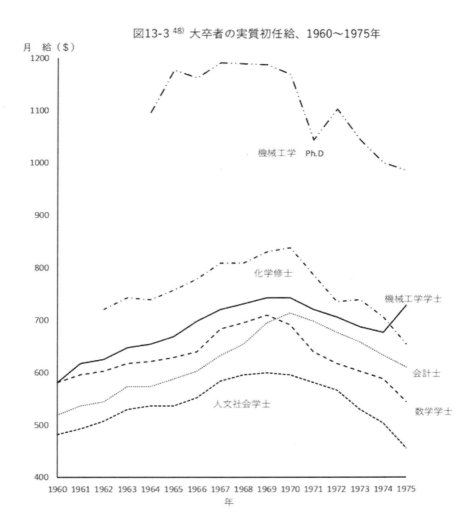

図13-3 [48] 大卒者の実質初任給、1960～1975年

1970年以後のこうした大卒者の経済的見返りの減少は，伝統的な大学信仰に影を落とし，相対的にCCの職業教育プログラムの人気を増した。1975年のカーネギーの高等教育調査によれば，CC学生の職業志向の強さが如実にうかがわれる[49]。また，失業したカレッジ卒業者が何らかの職業技能を修得するためにCCに「逆-転学」する現象も見られるようになった。このような1970年代に入ってからの「大学出の価値」の変化は，1960年代から顕著になった，CCの職業教育在籍者数の伸びに更に拍車をかけたといえよう。

　④職業教育要求の強い非伝統的学生（nontraditional students）の入学増
　パート・タイムの勤労学生，女性，心身障害者，人種的・民族的少数者達，社会・経済的に不利な立場におかれてきた人々（the disadvantaged）など，非伝統的な学生達の，全学生に占める割合の増加も，CCの職業教育学生の増加に影響を及ぼしたと考えられる[50]。職場での上昇移動を目指して技能を向上させたり，時代の要請に即した新しい技能の習得を求めるパート・タイムの成人学生，家事能力に加えて職業技能を求める女子学生や主婦，自活するための技能を伸ばしたい心身障害者，職業訓練と言語訓練とが統合されたプログラムを要求する移民，就職準備にあたって最低限必要とされる言語的，数学的能力を身につける必要のある機能的文盲（the functionally illiterate）の人々など，非伝統的学生達の職業教育要求は強く，かつ多様である[51]。職業的要求の強いこれらの人々のCCへの流入も，CCにおける職業教育プログラムの多様化，ならびに職業教育人口の増大に影響したと考えられる。

　⑤CCによるハイ・スクール機能の代替 ―職業教育の先送り傾向―
　最後に，職業準備教育を学校教育の上の段階に先送りする歴史的傾向を，指摘することができる。かつては前期中等教育段階で提供されていた職業教育が後期中等教育（ハイ・スクール）で提供されるようになり，ハイ・スクールで提供されていたものが次第にCCで提供されるように

なるといった史的傾向である。かかる職業教育の先送り傾向は，2）で指摘した社会の複雑化と分業の深化を背景とした「中位の職業群」への需要の高まりとは別に，指摘されなければならない。つまり，より高い技術力や判断力を要する職業群に対応してより長期の教育が必要になってきたのとは別に，同じレベルの職業群に対してさえ，教育の長期化傾向が認められる。この傾向は産業先進諸国に共通した傾向であるが，なかでも合衆国において特に顕著である。ハイ・スクールが大衆的完成教育（mass terminal）機関から大衆的進学教育（mass transfer）機関へと移行するにつれ，かつては，ハイ・スクールで行なわれていた職業教育プログラムの一部が，現在ではCCで提供されるようになっている。Fieldsによれば，ビジネスと熟練労働（skilled trades）の2つの分野で，かかる変化が顕著であるという[52]。

　また，学生心理との関係で，職業ハイ・スクールではなく総合制CCにおける職業教育プログラムが好まれる傾向も指摘される[53]。職業ハイ・スクールに進学すると，青年達はしばしば社会的コンプレックスを抱いて彼らの友人達と別れねばならない。しかし総合制CCであれば，コースは違っていても全員が同じ屋根の下に学び，しかも，将来の職業に関する意思決定により十分な時間をかけることができる。したがって今日では，かつて職業ハイ・スクールによって担われていた機能がCCの職業教育プログラムによって代替されたり，あるいは，フロリダ州，アイオワ州，ノースカロライナ州のように職業ハイ・スクールとCCとを統合する努力が試みられたりしている[54]。

　このように，従来は主にハイ・スクールによって提供されていた職業教育プログラムを，CCが代替して行なうようになったことも，CCにおける職業教育発展に影響を及ぼした要因のひとつだといえよう。

おわりに

　以上，CCにおける職業教育の発展とそれを促した要因を概説した。こ

れによって，CCの多様な機能の中でも，とりわけ職業教育機能が最近大きな成長を遂げているという，現代CCの動態の一面を，その背景と共に，ある程度理解することができた。しかしながら，本稿で挙げた5つの要因を構造化した上での論述，ならびに，その前提としての，それぞれの要因を独立して検討してみる作業（例えば，要因2の場合であれば，中等後教育段階の職業教育に対する連邦政府の積極的な援助政策の意図ならびに背景をより詳細に明らかにすることなど）は，本稿では行ないえなかった。

また，本稿では，CCにおける職業教育の発展という現象と，その考えられる要因を理解することに目標を設定したため，CCにおける職業教育のあ・る・べ・き・内容，あるいは一般教育と職業教育をいかに統合す・べ・き・かといった規範的課題には，一切触れていない。もとより，これらの課題の考察が不必要なわけではなく，現に合衆国でも，この課題をめぐって種々の見解がこれまでに提起されてきている。しかし，それは，事実の理解に焦点を絞った本稿とは別に，それに相応しいアプローチで独立した論稿にまとめられるべきである。前述した作業課題同様，今後の課題としたい。

註

(1) National Center for Education Statistics, *The Condition of Education*, 1983 Edition, p. 140.
(2) Arthur M. Cohen and Florence B. Brawer, *The American Community College*, Jossey-Bass Publishers, 1982, p. 194.
(3) John F. Grede, "Changing Form and Focus of Occupational Education", *New Directions for Community Colleges*, No. 33, 1981, pp. 2-3.
(4) Charles R. Monroe, *Profile of the Community College*, Jossey-Bass Publishers, 1980, pp. 82-84.
(5) この他，用語の違いについて説明したものとして，Kenneth Hoyt, *Career Education, Vocational Education and Occupational Education: An Approach to Defining Differences*, Center for Vocational and Technical Education, Ohio State University, Columbus, 14 pp. がある。

(6) 例えば, Jarome Karbel, "Community Colleges and Social Stratification", *Harvard Educational Review*, Vol. 42, No.4, 1972, pp. 521–562, 及びL. S. Zwerling, *Second Best: The Crisis of the Community College*, McGraw-Hill, 1976.
(7) CCにおける"career education"の意味や実態については, American Association of Community and Junior Colleges, *Career Education in Community Colleges: A Source-book*, 1979, 94 pp. が詳しい。その中にKenneth B. Hoytの論文A Primer for Career Education (pp. 5-22)は, "career education"と"vocational education"の違いを五点にわたって説明している (p.8)。それを要約すると以下のとおりである。
① "vocational education"は学生が社会に入っていく際に必要な, 特定の職業技術 (specific vocational skills) を提供することを目的としている。それに対して"career education"は, そのような固定的な技術ではなく, 社会の絶えまない変化に耐えうる技術や態度の教育を, 目的とする。
② "vocational education"は, 中等及び中等後教育段階の一部の学生達のニーズに応えることを主眼にして組まれた教育プログラムあるいはコースである。それに対して"career education"は, 初等教育段階から高等教育, 成人教育段階にまで及ぶすべての教育段階を貫く, システム全体の努力 (a system-wide effort) を意味する。
③ "vocational education"は, 有給雇用 (paid employment) のみを念頭においたプログラムであるが, "career education"は, 有給の仕事のみならずボランティア活動などの無給の仕事 (unpaid work) をも視野に入れた教育である。
④ "vocational education"は, "vocational educators"と呼ばれる人々によって教授されるが, "career education"は, "career educators"と呼ばれる特定の教育者達によってではなく, あらゆる種類の教育者によって教授される。
⑤ "vocational education"は, 特定の職業技術に努力を集中させるが, "career education"は, そればかりでなく, いわゆる"academic disciplines"を通して獲得される, 一般的キャリア能力の重要性を強調する。一般的キャリア能力とは, 例えば, コミュニケーション能力, 批判的思考能力, 競争力など, 職種に関わりなく職業面で向上する場合に必要とされる汎用的な力である。(以上, 傍点は井口)
(8) Monroe, op. cit., p. 82.
(9) Ibid., p. 79.
(10) Walter C. Eells, *Present Status of Junior College Terminal Education*, American Association of Junior Colleges, Washington, D. C., 1941, p. 22.
(11) 1937年以後の同種の調査として, 1949年のStoreyの調査 (Bascom H. Storey, *An Analysis of the Course Offering in the Public Junior Colleges of the United States*, unpublished doctoral dissertation, University of Texas, Austin, Tex.,

1949）がある。それによれば，1940年代後半の公立JCにおいて職業教育コースの占める割合は約52％にのぼったといわれる。Ralph R. Fields, *The Community College Movement*, McGraw-Hill Book Company, Inc., 1962, p. 296.
(12) ここでいう「カレッジ総数」とは，その年に存在したカレッジの総数ではなく，調査したカレッジの総数である。
(13) 1910年と1950年との間では，下表に示されるような職業群の盛衰が見られた。

表13-6 主な職業群における労働者数の変化（1910年 ⇔ 1950年）

職 業 群	1910年と1950年とを比較した場合の変化の割合
Business repair services	+216.7
Public administration	+162.5
Finance, insurance, real estate	+103.1
Entertainment and recreation services	+100.0
Professional and related services	+73.6
Wholesale and retail trade	+57.2
Manufacturing	+24.3
Construction	-2.1
Total employed	-3.2
Transportation, communication, other public utilities	-12.0
Personal services	-37.9
Mining	-41.1
Agriculture, forestry, fisherries	-61.1

（Fields, op. cit., p. 291より引用）

(14) この表は，Eells, op. cit., pp. 21-22に掲載されている2つの表にもとづいて作成。
(15) Ibid., p. 49. 調査方法と調査結果の解釈についてはpp. 47-52参照。
(16) Leland L. Medsker, *The Junior College: Progress and Prospect*, McGraw-Hill Book Company, Inc., 1960, p. 104 (Table 4-10) 参照。
(17) 「アメリカJC協会」という名称は，1972年以後，「アメリカCJC協会」(American Association of Community and Junior Colleges, 略称AACJC) に変更された。現在の呼称は，「アメリカ・コミュニティ・カレッジ協会」(American Association of Community Colleges：略称AACC) である。
(18) この傾向を裏付けるために本稿が引用した調査は，同一人物によって同一の条件の下に行なわれた追跡調査ではないが，職業教育プログラム多様化の傾向は，これらの調査からも指摘可能であろう。
(19) Monroe, op. cit., pp. 97-98.

(20) Grede, op. cit., p. 9.
(21) 協同プログラムの詳細については次の文献参照。Asa S. Knowles & Associates, *Handbook of Corporative Education*, Jossey-Bass Inc., Publishers, 1971. Barry Heermann, *Cooperative Education in Community Colleges: A Sourcebook for Occupational and General Educators*, Jossey-Bass Publishers, 1975, 219 pp.
(22) Cohen and Brawer, op. cit., pp. 200-204.
(23) NCES, *Digest of Education Statistics*, 1977-78年版, p. 126 (Table 124) 及び, *Digest of Education Statistics*, 1983-84年版, p. 137 (Table 118) に基づいて井口が作成。
(24) Cohen and Brawer, op. cit., p. 202.
(25) Lawrence F. Davenport, "Occupational Education in Community Colleges for the 1980s", *New Directions for Community Colleges*, No. 33, 1981, pp.22-23.
(26) Cohen and Brawer, op. cit., p.216.
(27) William S. Graybeal, "Faculty and Administrative Salaries", *Junior College Journal*, Vol. 39 No. 1, Sep. 1868, p. 25.
(28) Cohen and Brawer, op. cit., p. 213.
(29) Ibid., p. 205. また, 逆-転学生の種類, 性格, 成績については, *California Higher Education*, Vol. 1 No.3, Nov. 1982, pp. 17-19参照（但し, 事例研究）。
(30) 1940年以前の職業教育の提唱あるいは研究例については, Walter C. Eells, *The Literature of Junior College Terminal Education*, AAJC, 1941, 229 pp. に詳しい。
(31) Walter C. Eells, *Why Junior College Terminal Education?*, AAJC, 1941, p. 58.
(32) Ibid., p. 65.
(33) Ibid.
(34) Leland L. Medsker and Dale Tillery, *Breaking the Access Batteries: A Profile of Two-Year Colleges*, McGraw-Hill Book Company, 197, p. 60.
(35) Monroe, op. cit., p. 91.
(36) Cohen and Brawer, op. cit., p. 197.
(37) Ibid., p. 198.
(38) Monroe, op. cit., p. 91.
(39) Cohen and Brawer, op. cit., p.198及びMonroe, ibid., pp. 91-92参照。
(40) これは日本語にも訳されている。W. C. イールズ著, 渡辺彰訳『ジュニア・カレッジ論―完成教育の必要―』, 目黒書店, 1951年。
(41) Monroe, op. cit., p. 93.
(42) Cohen and Brawer, op. cit., p. 192.
(43) 今村令子「アメリカ合衆国の1976年教育改正法の概要」,『学校経営』22巻12号, 1977年11月, p. 115. この他, 海老原治善『資料・現代世界の教育改革』, 三省

堂，1983年，pp. 93-94, p. 109参照。
(44) Monroe, op. cit., p. 83.
(45) Ibid., p. 82.
(46) Ibid., pp.87-89.
(47) National Center for Education Statistics, *The Condition of Education*, 1982 Edition, p. 217.
(48) リチャード・B・フリーマン著，小黒昌一訳『大学出の価値―教育過剰時代』，竹内書店新社，1977年，p. 13参照。
(49) 「カーネギー高等教育審議会の委託で1975年度にマーチン・トロウ，オリバー・フルトン，ジュディ・ロイズンの指導の下で収集された『高等教育全国調査』のデータ」(ジャネット・ルール「アメリカにおける短期大学学生の特徴と新しい実験」，『IDE』No. 221, 1981年6月号，p. 32) のQ48Cに対する学生の回答に，CC学生の職業教育重視の姿勢がよくあらわれている。
(50) Cohen and Brawer, op. cit., p. 206.
(51) Grede, op. cit., pp. 9-10.
(52) Fields, op. cit., p. 299.
(53) Ibid., pp. 304-305参照．
(54) Cohen and Brawer, p. 206.

第14章
コミュニティ・カレッジにおける職業教育の新展開
―生涯にわたる職業能力開発の動向―

はじめに

　近年、生涯にわたる教育と社会・職業の接続のあり方が、日本においても問われ始めた。これまでの雇用慣行(終身雇用、年功序列、新卒一括採用、企業内教育等)が部分的に崩れつつあるなかで、(厳しい労働を強いられる反面)手厚い企業内教育で知識とスキルの向上機会を保障された正規雇用の労働者と、企業内での職業能力開発の機会から疎外され、雇用と生活の不安にさらされる非正規雇用の労働者との、身分格差が広がっている。また、不況や生成AI等の影響で中途解雇の憂き目に会う中高年層の再就職の問題も無視できない。企業内での職業能力の開発や更新を期待できない人々の数が増える今日、日本でも、企業内教育とは別のオールタナティブな職業教育の機会や、生涯にわたる教育と社会・職業の往還を進めるリカレント・モデルを構想する時代が到来しているように思われる[1]。
　本稿は、かかる問題意識から、アメリカにおけるリカレント教育の主要拠点であるコミュニティ・カレッジを研究対象としてとりあげ、その職業教育の新たな展開を検討する。コミュニティ・カレッジにおける職業教育の歴史は、コミュニティ・カレッジがまだジュニア・カレッジと呼ばれた20世紀初頭にまで遡る。当初は、主に青年層を対象として、限定的な職業教育を提供していたにすぎず、教育と社会・職業をつなぐ努力もあまり活発ではなかった。コミュニティ・カレッジにおいて職業教育プログラムを履修する学生数が明らかに増加し始めたのは1960年代後半以後のことであり、こうした量的拡大傾向は、1970年代後半以降には多様な成人学生の流入も伴い今日に至る。量的拡大、学生の多様化とともに職業教育プログラムの多様化も進み、とりわけ1980年代後半以後は、

教育と社会・職業の接続を増進させる取り組みが目立ってきている。

本論では、そうした取り組みを、主に若年層を対象とした職業教育の新展開（第1章）と、主に成人層を対象とした職業教育の新展開（第2章）の2つに分けて紹介する。日本の職業教育制度改革を構想するうえでの基礎作業のひとつと位置づけている。

Ⅰ. 主に若年層を対象とした職業教育の新展開

1. テク・プレップ（中等教育と高等教育にまたがる技術予備教育）

テク・プレップ（Tech Prep）とは、テクニカル・プレパレーション（Technical Preparation）の略称で、中等教育（主にハイ・スクール）の最後の2年間と中等後教育（主にコミュニティ・カレッジ）の2年間を接続させた4年間の技術予備教育プログラムである[2]。このプログラムの修了者には、「テク・プレップ/準学士号」（Tech Prep/Associate Degree, 略称TPAD）が授与される。

「テク・プレップ/準学士号」（TPAD）を中心的に唱道した人物として、デール・パーネル（Dale Parnell）の名前を挙げることができる。彼は、1981年から1991年までの長期にわたり「アメリカ・コミュニティ・カレッジ協会」（American Association of Community Colleges：略称AACC）の会長を務めた人物である。1985年に代表作『無視された大半の生徒』（The Neglected Majority）を著わし、当時の総合制ハイ・スクールの過半数を占める普通の生徒が、進学も就職も保証されない一般教育コースに放置されている状況を憂い、新たにTPADを設けることを提唱した[3]。パーネルの考えでは、目的の曖昧な一般教育よりも、職業に関係するコンピテンシーを着々と積み上げ、TPAD取得に到達するコースの方が大半の生徒にとって意味あるものと評価されたわけである。

テク・プレップの構想は、1990年には、「カール・D・パーキンズ職業応用テクノロジー法修正法」[4]のタイトルⅢのパートEで「テク・プレップ教育法」（Tech-Prep Education Act）として法制化された。法制化に

よって、連邦政府からの財政支援も受けることが可能になった。その社会的要因としては、ハイ・スクール中退者や卒業者の、社会や職業への移行が円滑にいっていないアメリカ社会の青年期教育の問題、経済のグローバル化、IT化の進行とともに質の高い労働力育成へのアメリカ社会や産業界の要求の高まりなどが考えられる[5]。

テク・プレップは、中等教育機関と中等後教育機関との連携組織（コンソーシアム）によって運営され、ハイ・スクール最後の2年間とコミュニティ・カレッジの2年間とを結びつける2＋2の4年間のプログラムが多いが、その前後数年をプラスした拡張プログラムも見られる。

テク・プレップの実施状況や成果、課題に関しては、数多くの調査研究結果が発表されており、機会を改めて検討する必要があるが、「テク・プレップ教育法」が、その時限を迎えた1998年に廃止されることなく更新されたところから見ると、その成果は一定程度評価されているのではないかと考えられる。

2. WBL（仕事を基盤とする学習）プログラム

仕事を基盤とする学習（Work-Based Learning。以下、WBLと略）は、先述したテク・プレップにおける教育方法として重要な要素である。実際、WBLをカリキュラムにとりいれたテク・プレップは少なくない。しかし、WBLをとりいれていないテク・プレップもあり、テク・プレップ化していないコミュニティ・カレッジでWBLをとりいれている場合も少なくない。したがって、ここではテク・プレップとは別立てでWBLを紹介することとする。

WBLは、1970年代以前のコミュニティ・カレッジにおいても、その実践例を見出すことができる。いわゆるインターンシップ（internship）や協同教育プログラム（cooperative education programs）と呼ばれるものである。それが、1990年代になって今までよりも脚光をあびるようになったのは、ハイ・スクールやコミュニティ・カレッジのインターンシップや協同教育プログラムを支援する連邦の法律が、この頃に相次い

で制定された事によるものであろう。

　ひとつは、1990年修正の「カール・D・パーキンズ職業教育・応用技術教育法」であり、いまひとつは、1994年の「就学から就業への機会保障法」(School-to-Work Opportunities Act, 略称はSTOWA)[6]である。これに、1998年の「労働力投資法」(Workforce Investment Act) を追加することもできよう。

　1990年の「カール・D・パーキンズ職業教育・応用技術教育法」と1994年の「就学から就業への機会保障法」は、勤労経験の重視など、内容的にも共通面が多い。前者は「テク・プレップ教育法」を内包するものであり、後者は、1994年にクリントン政権の下で「2000年の目標＝アメリカ教育法」とともに制定された。「就学から就職への機会保証法」(STOWA) は、その名の示す通り、教育機関から職場や社会への学生の移行を円滑にするために、教育機関と産業界とがパートナーシップを形成し、連携を強化することを目標としたものである。STOWAでは、「学校を基盤とするアカデミックな学習」と「仕事を基盤とする職業能力の学習」を統合する実践の重要性が強調された。

　これらの法律の背景には、1980年代後半以降、IT化やグローバル化が進み、より高度な知識や技術を身につけた人材の養成が、アメリカでも喫緊の課題になったことが挙げられる。雇用可能性を高める諸技能 (employability skills) も、この頃に明示され始めた。

　「就学から就職への機会保証法」(STOWA) で、就学から就職への移行を支援する方法の考案は、州や地域の自由に委ねられたが、次の3つの要素は不可欠の要素だと規定された。すなわち、① 学校を基盤とする学習（すべての生徒のためのアカデミックな教育と職業学習を統合する教育）、② 仕事を基盤とする学習（職場での実践的な勤労体験学習、職場でのメンターによる個人指導教育）、③ 上記の①と②をコーディネートするための諸活動：例えばプログラムの企画・運営に雇用者の参画を促したり、中等教育と中等後教育の接続を強化したりするなどの活動である。

　「カール・D・パーキンズ職業教育・応用技術教育法」や「就学から就

職への機会保証法」(STOWA) によって、連邦の資金援助による後押しを得て、インターンシップや協同教育プログラムなどのWBL (仕事を基盤とする学習) が、ハイ・スクールやコミュニティ・カレッジで拡大したといわれる。

1998年の「労働力投資法」は、タイトルⅠのSubtitle B, Chapter4で「若者を対象とした諸事業 (Youth Activities)」について、Subtitle B, Chapter5で「成人および非自発的離職者の雇用・訓練事業 (Adult and Dislocated Worker Employment and Training Activities)」について、それぞれ規定しているが、先の2つの法律に比べると、この法律では、主に社会経済的、文化的に不利な立場にある若者や成人を対象とした福祉事業に比重がかけられている点に特徴がある。その背景には、ロバート・B・ライシュ (Robert B. Reich) が指摘するような、1990年代以降のアメリカにおける格差社会化の進行があることは言うまでもない[7]。

Ⅱ. 主に成人層を対象とした職業教育の新展開

Ⅰでは、主に若年層を対象とした職業教育の取り組みを検討したが、ここでは、主に成人を対象とした職業教育の新たな取り組みを紹介する。コミュニティ・カレッジの学生の年齢構成は、表14-1に示されるとおり、四年制大学に比べると明らかに若年層よりも成人層が多い。四年制大学の学生に比べると、既婚者も多く、片親家庭で子どもを養育している学生も目立つ。保護者に扶養されている学生は、四年制大学よりも遥かに少ない。

こうした成人学生のなかには、正規の職業教育コースを受講し準学士号の取得を目指す学生や、4年制大学の3年次への編入を目指す学生も含まれる。しかし、そうしたコースや学生層に関しては、ここで改めて論及する必要もないほど周知の事実であるので、ここでは、近年のコミュニティ・カレッジにおいて見られる新たな動向を2つ取り上げる。ひとつは、Contract and Customized Training Programs (顧客別の要求に応じ

た職業教育プログラム）であり、もうひとつは、Certificate Programs（就労に関連する資格証プログラム）である。

表14-1 学生の年齢別、結婚歴別、経済的独立別構成（2003-04）

機関種別	コミュニティ・カレッジ	四年制大学（公立）	四年制大学（私立）
年齢			
18歳以下	9.3	10.7	11.4
19-23歳	37.7	60.3	55.5
24-39歳	18.2	15.6	12.2
30-39歳	17.5	7.6	11.0
40歳以上	17.3	5.8	9.9
中央値	24.0	21.0	21.0
平均年齢	28.5	23.7	25.0
結婚歴			
非婚*	70.4	85.1	81.8
既婚	27.3	13.9	16.6
別居	2.3	1.0	1.6
片親	17.2	6.3	9.0
経済的独立			
扶養されている学生	38.8	65.7	62.3
経済的に独立した学生	61.2	34.3	37.7

* 独身，離婚，死別の学生を含む。
出典：U.S. Department of Education, National Center for Education Statistics, 2003-04 National Postsecondary Student Aid Study (NPSAS:04) より筆者が作成。

1. 顧客別の要求に応じた職業教育プログラム（Contract and Customized Training Programs）

　contract education（あるいはcontract training、customized training）とは、特定の職業的（一部は福祉的）目的のために提供される請負教育訓練である。正規の職業教育カリキュラムを援用する場合も見られるが、コミュニティ・サービス機能に位置づけて行なわれる場合も多く、contract services（請負サービス）と呼ばれることもある。通常、大学の単位プ

ログラムの範疇外にある場合が多い。

　Cohen and Brawer（1996）によれば、contract education（あるいはcontract training、customized training）は、以下の3つに大別される[8]。

①企業の被雇用者を対象とした教育・訓練
②公務員を対象とした教育・訓練
③失業者や福祉の恩恵を受けている人々など、特定の集団を対象とした教育・訓練

　これらの財源は、当該企業や州や連邦の資金であり、財政緊縮傾向の続く昨今、contract educationから得られる資金は、コミュニティ・カレッジ経営の財政基盤を支える資金源のひとつとしても期待されている。次に、①～③の内容を、個別事例も交えながら、見てみよう。
　①は、個別企業の被雇用者を対象として特別に企画された教育・訓練であるが、その内容は、特定の職務に関する訓練や、パソコン関連の訓練、経営準備、職場で必要とされるリテラシーなど様々である。ここでは、具体例として、CCSF（City College of San Francisco）の事例を紹介する[9]。
　CCSFは1935年、サンフランシスコ市に創立された比較的歴史のある、都市（urban）型コミュニティ・カレッジである。単位取得コース、非単位取得コースを合わせると、約10万人もの学生が学ぶ大規模コミュニティ・カレッジで、2008年1月の時点で、教員数は2099人（フルタイム728人、パートタイム1371人。95％が修士号保持者、250人は博士号保持者）である。サンフランシスコ市内に10のキャンパスと2つのセンターを持ち、4年制大学への編入を目指すコース、幅広い分野の職業専門コース、ESL（English as a Second Language）や高齢者向けクラスなどの非単位取得コース（無料）、短期のコミュニティ・サービス・コースなど、幅広いプログラムを提供している。
　CCSFのcontract education部局（the Office of Contract Education）

のサイト[10]では、そこで提供されるプログラムの紹介がなされている。それを要約すると、CCSFのcontract education部局は、行政および民間顧客の求めに応じて、次のような教育訓練を提供している。

- 職場で必要とされる基礎力養成講座
- パソコン講座：
  ワープロ、表計算ソフト、財務会計ソフト、プレゼン用のソフト、データベース、デスクトップの刊行装置の取り扱い、などを、それぞれの職場の必要に即した内容で、紹介ならびに実践指導の形でおこなう。場所は、コミュニティ・カレッジのキャンパスでも職場でも、顧客が自由に選べる。従業員のレベルに応じて、初級・中級・上級クラスを選んで受講することが可能。
- 転職に向けた移行準備ワークショップ：
  自身の職能の棚卸し、履歴書の書き方、面接の受け方、キャリア・アクション・プラン、退職後に向けた人生設計など。
- 個人の人生を豊かで充実したものにするプログラム：
  個人のファイナンシャル・プラニング、老親と自分との関係、健康と病気、テンションとストレス、禁煙にむけての自己催眠、体重管理と安寧、健康保持のための栄養、女性のためのキャリア・セミナー、高齢者のためのボランティア・トレーニング。
- 企業カレッジ（Corporate College）：
  企業カレッジは、職場の従業員に、準学士につながる授業を提供する。
- 職場におけるESL（第二言語としての英語）
- 国際ビジネス講座：
  アメリカのビジネス慣行と倫理、アメリカ的経営の理解、市場経済としてのアメリカ史概観、輸出入の基礎知識、輸出入の財務、商品の輸送と文書化、国際市場での売買、多文化社会へのマーケティング、多文化社会における生活と就労。
- 親業講座：
  呼吸とリラックス法などを用いた自然分娩・ラマーズ法の準備。継親

業、片親業など、親として子どもにどう接すれば子どもとのコミュニケーションが円滑に進むか、に関する実践的家庭教育プログラム。
- 経営講座：
社員の生産性を高める方法、チームワークの構築、交渉術、意思決定力・問題解決力、女性経営者、ストレス対処法、アサーティブネス・トレーニング、対人コミュニケーション、リーダーシップ、顧客サービス、燃え尽き症候群の予防、職場でのセクハラ防止、キャリア開発、質の高い面接等。
- 里親や児童福祉施設職員を対象にした教育プログラム

このように、日本であれば、企業内教育、社会教育、社会福祉事業の場で提供されるようなプログラムが、アメリカではコミュニティ・カレッジにおいて、正規・非正規雇用者、有業者・無業者の別を問わず、受講可能であることが分かる。

2. 就労に関連する資格証プログラム（Certificate Programs）

ニュー・エコノミー（ポスト工業社会）においては、学位だけでなく職業スキルの認定証・資格証明へのニーズも高まり、比較的短期間に資格取得を希望する成人学生の要望に応えている。特に1980年代以降、IT関連の資格証明の人気が高いが、保健分野やビジネス分野の資格証明プログラムも成長している。既に働いている成人学生や失業中の成人学生の都合に合わせ、通常は数ヶ月要するコースワークを、数週間に凝縮して提供するプログラムが用意されている。

先述したCCSF（City College of San Francisco）では、工業技術、消防、航空関係、自動車関係、ビジネス、保健、教育、出版、<u>電気・通信・IT関係</u>、旅行観光、調理などの各職業分野で、いくつもの資格取得プログラムが列挙されており、受講可能である。

例えば、上記のなかから、<u>電気・通信・IT関係</u>の分野ひとつを取り上げても、以下のように数多くの資格証プログラムが用意されている[11]。

電気・通信・IT関係
＊デジタルおよび通信電子工学　　　　＊製図：CAD/CAM
＊心電図技士 I、II　　　　　　　　　＊アナログ電子・通信
＊デジタル電子工学　　　　　　　　　＊マイクロコンピューター簿記
＊マイコン・ビジネス応用　　　　　　＊マイコン・ユーザーサポート
＊マルチメディア・デザイン＆グラフィクス　＊マルチメディア画像・音声
＊マルチメディア・パフォーマンス・アーツ　＊監視
＊マルチメディア・プログラミング　　＊TQM
＊マルチメディア講座　　　　　　　　＊パソコン修理
＊プログラミングC++　　　　　　　　＊ルーティング・スィッチング
＊ユニックス・オープン・システム　　＊ウェブの管理
＊ウィンドウズ・ネットワーキング

　学際分野（Interdisciplinary Studies Department）でも、資格証プログラムが見出される[12]。「心的外傷の防止と回復に関わる資格証」（Trauma Prevention and Recovery Certificate）プログラムがそれで、この資格を取得するには、15単位のコースワークをC以上の成績で修了することが求められ、そこで得た単位はカリフォルニア州立大学（the California State University）への編入に要する単位としても認められる。
　このように、資格証プログラムが様々な分野で成長してきた背景としては、学生の視点から言えば、学位よりも比較的短期間で取得可能であるため成人学生にもアクセスしやすいという点はもとより、場合によっては4年制大学への編入にも活用可能である点などが考えられる。また、そうしたプログラムの一部は企業からも評価されているようである。近年、企業からの財政支援割合が増加しているという報告がみられる。1975年には、企業の資金の80%は社内訓練に費やされ、カレッジにはわずか11%、外部のコースに9%費やされるにすぎなかったが、1998年の調査によると、アメリカ企業の訓練予算の27.3%がカレッジや外部への委託に

向けられているといわれる[13]。こうした変化も、資格証プログラム拡大のプッシュ要因になっているといえよう。

おわりに

　本論では、コミュニティ・カレッジにおける職業教育の新展開を、主に若年層対象のものと、成人対象のものに分けて紹介した。その結果、1980年代後半以降、生涯にわたる教育と社会・職業の接続、生涯にわたる職業能力開発のシステムづくりの面で、コミュニティ・カレッジが、これまで以上に重要な役割を果たしていることが明らかになった。こうした展開は、若年雇用の問題、企業内教育の縮減や成人の再雇用訓練の問題など、かつてとは大きく様変わりした雇用状況下にある日本にとっても、示唆に富むものといえよう。

　とはいえ、コミュニティ・カレッジにおける職業教育の新展開によって生じている問題点に関しては、本論ではほとんど吟味できなかった。機会を改めて検討したい。

註

(1) 例えば、2009年11月23日に開催された日本学術会議・朝日新聞主催の公開シンポジウム「大学教育の分野別質保証に向けて」では、日本学術会議の「大学と職業との接続検討分科会」を代表して、本田由紀氏が「大学と仕事との接続を問い直す」というテーマで報告を行なった。

(2) Tech Prepの概要に関しては、http://www2.ed.gov/about/offices/list/ovae/pi/hs/factsh/tpdp.html（accessed 2010/11/18）参照。なお、日本で早期に、Tech Prepに関して詳しく紹介した文献として、金子忠史「技術予備教育（Tech-Prep）の構想、特色、現状と課題」（現代アメリカ教育研究会編『学習者のニーズに対応するアメリカの挑戦』教育開発研究所、2000年、77-102頁）を挙げる事ができる。

(3) Parnell. D., *The Neglected Majority*, The Community College Pr., 1989.

(4) Carl D. Perkins Vocational & Applied Technology Act, Amendments of 1990

(5) Lynn Olson, *THE SCHOOL-To-WORK REVOLUTION*,1997年, pp.126-132参照。

(6) School-To-Work Opportunities Act (CFDA No. 84.278)
(7) ロバート・B・ライシュ著、清家 篤訳『勝者の代償——ニューエコノミーの深淵と未来』東洋経済新報社、2002年、参照。
(8) Arthur M. Cohen and Florence B. Brawer, *The American Community College*, Jossey-Bass Publishers, 1996, p.288
(9) City College of San Francisco, *Catalog2004-2005*参照。
(10) http://www.ccsf.edu/Services/Contract_Education/（accessed 2010/11/18）
(11) City College of San Francisco, *Spring 2007 Class Schedule*、City College of San Francisco, *Catalog2007-2008*参照。
(12) City College of San Francisco, *Catalog 2008-09*参照。
(13) Jeffrey A. Cantor, *Higher Education Outside of the Academy* (Ashe Eric Higher Education Reports), Jossey-Bass Inc Pub., 2000, p.7, p.15参照。

第15章
コミュニティ・カレッジにおけるコーオプ（CO-OP）教育
―アメリカ短期高等教育における産・学・社の協力―

はじめに

　本稿では、青年のキャリア意識の醸成、産・学・社連携による人材育成の面で長い歴史をもつアメリカの、コミュニティ・カレッジにおける「協同教育（Cooperative Education）」の概要を紹介する。アメリカの協同教育では、教室外での就業体験が大学の教育課程の中に計画的に組み込まれ、学生は教室内外のリソースを活用した課程を履修することによって、卒業時に学位と一定の就業体験の両方を手に入れることができる。しかも、そこでの就業体験は単位として認定されるばかりでなく報酬が支払われる場合が多いので、奨学金の要素も含んでいる。全体として就業体験は短期のものではないので、大学だけでなく、学生を受け入れる産業界や社会の深い理解と協力が不可欠であり、そこにCooperative（協力的な、協調的な、協同の）Education（教育）と呼ばれる所以がある。

　Cooperative Educationの日本での呼称は、現在のところ、「コーオプ教育」、「コープ教育」、「CO-OP（教育）」、「連携教育」、「協同教育」等、論者によって様々であるが、本稿では基本的に、先述したCooperative Educationの所以を考慮し、「産業界・大学・社会が協同して進める就業・学習往来型の教育」の意味をこめて、「産・学・社協同教育」（その略称としての「協同教育」）、もしくは「コーオプ教育」（主に「インターンシップ」と対比させる場合など）という呼称を用いることにする。

　アメリカでは「産・学・社協同教育」はハイ・スクール、4年制大学、大学院でも実施されているが、本稿では、コミュニティ・カレッジにおける協同教育の概要把握に限定した。また、産学ではなく産・学・社の協同教育と書いたのは、①アメリカでは伝統的にＮＰＯやローカル・コミュニティの教育への関わりが無視できないという事実認識、②日本で

も今後ＮＰＯやローカル・コミュニティの教育への関わりがもっと期待されて然るべきであるという考えによる。

　尚、本稿では、基本的にコミュニティ・カレッジ（Community College）という呼称を使用するが、その使用が時期的に不自然な場合、あるいは引用文献中の呼称に従う場合、ジュニア・カレッジ（Junior College）という呼称を用いた箇所があることを、予めお断りしておく。

1. コミュニティ・カレッジにおける産・学・社協同教育の歴史概観

　産・学・社協同教育（Cooperative Education）は、アメリカでは20世紀初め頃から一部の高等教育機関で始まり現在にまで続く、1世紀以上の歴史をもつ制度である。

　コミュニティ・カレッジに関しては、1922年のリヴァーサイド・ジュニア・カレッジ（Riverside Junior College）をその嚆矢とする。コミュニティ・カレッジにおける産・学・社協同教育について日本の先行著書では田中久子・森本武也『アメリカの短期大学』（1978）にわずかな紹介（23頁）が見られるが、同書では、コミュニティ・カレッジにおける産・学・社協同教育の始まりを1949年のMohawk Valley Community Collegeに求めている。しかし、コミュニティ・カレッジに関するアメリカの先行研究から判断すると、それよりも20年以上前から協同教育の実践が始まっていたことが分かる。イールズ（Eells, 1931）によれば、1920年代だけでもリヴァーサイド・ジュニア・カレッジ（1916年創立。カリフォルニア州。現在の名称はRiverside Community College）だけでなく、マリーン・ジュニア・カレッジ（Marin Junior College、1926年創立。カリフォルニア州。現在の名称はCollege of Marin）等の名前があがっている[1]。

　イールズ[2]によれば、リヴァーサイド・ジュニア・カレッジ（カリフォルニア州）では、1922年から協同教育を始めた。リヴァーサイドは大都市ではなく、人口僅か3万人程度の町であった。リヴァーサイド・ジュ

ニア・カレッジは、工学、看護、図書館業務、建築等の分野で、協同教育を進めるために、南シエラ電力株式会社、リヴァーサイド・コミュニティ病院、リヴァーサイド公共図書館、リヴァーサイド・ポートランド・セメント株式会社、エディソン電気株式会社等、南カリフォルニアの主要企業や公共機関との間で協同教育関係を結んだ。協同教育プログラムに参加できる学生は、性格、意欲、平均以上の学力、を基準として選ばれた。プログラム開始の1922年度の参加学生は12人で、1930年度にはそれが51人にまで増加したといわれる。（因みに、当時のリヴァーサイド・ジュニア・カレッジの学生総数は、大体400人弱であったといわれる。）希望学生はハイ・スクール時代の成績が平均以上であることの証明を提供することを義務付けられていたようである。

　参加学生はカレッジの監督下、年間を通して6週間ごとに学内と学外での実習を経験した。カレッジのコーディネーターが学生の実習先や配属を決め、協力雇用者との協議によって、最初は初歩的業務から始め、徐々に責任の伴う部署へと配属先を変えていき、学生ができるだけ幅広い経験が積めるよう配慮し、最終的には、セミ・プロフェッショナルの域にまで達するようにプログラムが組まれたという。

　この他、カリフォルニア州のマリーン・ジュニア・カレッジでは、1928年から、サンフランシスコの複数の銀行、蒸気船会社、鉄道などの協力を得て、国内の商業および海外貿易の分野で協同教育プログラムを始めたといわれる。

　以上みてきたように、コミュニティ・カレッジにおける協同教育プログラムの起源は、コミュニティ・カレッジがまだジュニア・カレッジと呼ばれていた1920年代にまで遡れるが、1960年代以降は連邦政府の財政的支援も受けるようになる。例えば、1968年に修正された「職業教育法」では、ハイ・スクール、職業教育機関、コミュニティ・カレッジの協同教育に対して、1970-1971年度に1400万ドル、1971-1972年度に1850万ドル、1972-1973年度に1950万ドルを補助することが定められた。また、同じく1968年に修正された「高等教育法」では、コミュニティ・カレッジ

を含む高等教育機関の協同教育に対して、1970-1971年度に150万ドル、1971-1972年度に160万ドル、1972-1973年度に170万ドルを補助することが定められた[3]。かかる連邦政府の財政的支援は、支援対象や条件の修正を伴いつつ、1980年代も継続された。1990年代になると、コミュニティ・カレッジの協同教育プログラムを支援する連邦の法律が更に制定された。1990年修正の「カール・D・パーキンズ職業教育・応用技術教育法」（Carl D. Perkins Vocational Education and Applied Technology Education Act）、1994年の「学校から就業への機会保障法」（School-to-Work Opportunities Act）[4]、1998年の「労働力投資法」（Workforce Investment Act）などである[5]。

　1970年代には、州レベルの協同教育協会も設置され始めた。その代表的なものとして、オハイオ協同教育協会（OCEA：Ohio Cooperative Education Association）を挙げることができる。OCEAの現在のメンバー校一覧（Member Colleges and Universities）を見ると、41校のうち、9校がコミュニティ・カレッジである。また、コネティカット協同教育協会（Connecticut Cooperative Education Association）のメンバー校一覧を見ると、15校のうち、6校がコミュニティ・カレッジである[6]。

　このように、コミュニティ・カレッジの協同教育プログラムは100年以上の歴史のなかで着実に成長を遂げてきたといえるが、短期高等教育であるコミュニティ・カレッジにおいて、教室外での就業体験はどのように正規の教育課程の中に組み込まれているのだろうか。次に、コミュニティ・カレッジにおける協同教育のスケジュール編成を見てみよう。

2. コミュニティ・カレッジにおける産・学・社協同教育のスケジュール

　まず、産・学・社協同教育プログラムをスケジュールによって類別すると、オールタネーティング型のプログラム（Alternating Program）とパラレル型のプログラム（Parallel Program）に大別される。それぞれの意味するところと基本的スケジュール等をまとめると、以下のようで

ある[7]。

①オールタネーティング（Alternating）型

オールタネーティング型は、学内における教育と学外での就業（いずれもフル・タイム）を学期単位で交互に行う学期交代制である。4年制大学の場合、4年間のプログラムと5年間のプログラムが見られるが、コミュニティ・カレッジの場合、2年間のプログラムと3年間のプログラムが見られる。表15-1は、4学期制のコミュニティ・カレッジにおける3年制のオールタネーティング型の基本パターンを表したものである。表15-2は、4学期制のコミュニティ・カレッジにおける2年制のオールタネーティング型の基本パターンで、第1学年の秋学期と冬学期は学習に専念する場合を示している。いずれも、学生を2人ずつ組ませて、学期ごとに交代して学内における学習と学外での就業を行なわせる場合である。

表15-1　3年制、オールタネーティング型（学期単位の就業・学習交代制）

年次	学生	秋学期	冬学期	春学期	夏学期
第1学年	A	学習	就業	学習	就業
	B	就業	学習	就業	学習
第2学年	A	学習	就業	学習	就業
	B	就業	学習	就業	学習
第3学年	A	学習	就業	学習	就業
	B	就業	学習	就業	学習

表15-2　2年制、オールタネーティング型（学期単位の就業・学習交代制）

年次	学生	秋学期	冬学期	春学期	夏学期
第1学年	A	学習	学習	就業	学習
	B	学習	学習	学習	就業
第2学年	A	就業	学習	就業	学習
	B	学習	就業	学習	就業

②パラレル（Parallel）型

　パラレル型は、学期単位ではなく、1日単位で学内における教育（フル・タイム）と学外での就業（パート・タイム）を交互に行うものである。日中は学内における教育をフル・タイムでこなし、夕刻より学外での就業（パート・タイム）を雇用者との話し合いによって数時間行なうといったプログラムが考えられる。表15-3は、4学期制のコミュニティ・カレッジにおける3年制のパラレル型の基本パターンを表したものである。表15-4は、4学期制のコミュニティ・カレッジにおける2年制のパラレル型の基本パターンで、第1学年の秋学期から春学期までは学習に専念する場合を示している。いずれも、ひとりで就業と学習の両方を日々こなしていく場合である。

表15-3　3年制、パラレル型（1日単位の就業・学習交代制）

年次	学生	秋学期	冬学期	春学期	夏学期
第1学年	A	学習 就業	学習 就業	学習 就業	学習 就業
第2学年	A	学習 就業	学習 就業	学習 就業	学習 就業
第3学年	A	学習 就業	学習 就業		

表15-4　2年制、パラレル型（1日単位の就業・学習交代制）

年次	学生	秋学期	冬学期	春学期	夏学期
第1学年	A	学習	学習	学習	学習 就業
第2学年	A	学習 就業	学習 就業	学習 就業	学習 就業

　以上、コミュニティ・カレッジにおける協同教育のスケジュール編成の基本パターンを類別してみたが、どういうスケジュールを組むかは、

アメリカの場合、個々のカレッジや学科により様々である。その際関係する要因としては、①産・学・社協同教育に学校側がどれだけ熱意をもって取り組んでいるか（例えば、履修要件として何時間くらいを協同教育に充てるかなど）②職業教育分野の協同教育か、一般教育分野の協同教育か ③カレッジの学年暦（academic calendar）がセメスター制か、3学期制か、4学期制か ④受け入れ企業や団体等の都合（企業によっては必要な就業量の季節変動などが考えられる）などが挙げられる。例えば、前章で取り上げたリヴァーサイド・コミュニティ・カレッジ（リヴァーサイド・ジュニア・カレッジの現在の呼称）の場合、4学期制ではなくセメスター制のオールタネーティング型である[8]。また、コミュニティ・カレッジのなかには、パラレル型のみを採るカレッジやオールタネーティング型のみを採るカレッジだけでなく、両方の型を併用するカレッジもある。

次に、どういう企業や機関が学生たちの就業体験の受け皿になっているのか、また就業に対する報酬はどの程度なのか、具体例をあげて紹介する。

3. コミュニティ・カレッジと協同関係にある機関

～シンクレア・コミュニティ・カレッジの場合～

シンクレア・コミュニティ・カレッジ（Sinclair Community College）は、オハイオ協同教育協会の草創期からのメンバー校である。1954年から現在まで半世紀以上の協同教育の歴史を誇り、その協同教育プログラムは4学期制で、オールタネーティング型とパラレル型を併用する。大別すると、理工系のプログラムとビジネスならびにリベラル・アーツ系のプログラムに分けられ、後者のディレクター（Sheila Suell）は、オハイオ協同教育協会の2年制カレッジ部門の議長も務めている。

2005年秋学期（Fall Quarter）の理工系協同教育プログラム[9]は、以下のコースで提供されている（http://www.sinclair.edu/academics/EGR/

courses/cavailable/index.cfm 参照)。
Architectural Technology（建築工学技術）
Automotive Technology（自動車技術）
Aviation Technology（航空技術）
Civil Engineering Technology（土木技術）
Industrial Design & Graphic Technology（産業デザイン・グラフィック技術）
Electrical & Electronics Repair（電気・電子機器の修理技術）
Electronics Engineering Technology（電子工学技術）
Automation & Control Technology（オートメーション・制御技術）
Environmental Technology（環境技術）
Fire Science Technology（消防技術）
Industrial Engineering Technology（産業工学技術）
Tooling & Machining Technology（機械工作技術）
Mechanical Engineering Technology（機械工学技術）
Plastics & Composites（プラスティック・合成）
Quality Engineering Technology（品質管理技術）
Safety Engineering Technology（安全工学技術）

　参加資格として、GPA（Grade Point Average）が2.0以上でなければならないと規定されているが、実際に参加した学生の成績を見ると、GPA3.0以上の成績優秀な学生も少なくない。協同教育プログラムにおける就労に対する報酬は、雇用機関により多少の違いはあるが、有給である場合が圧倒的に多い。大体時給10ドル前後が多く、最高で15ドル程度である。参加学生数は、2002年秋学期が202名、2003年冬学期が215名、2003年春学期が190名である。因みに、シンクレア・コミュニティ・カレッジの学生総数は、約2万人（フル・タイムとパートタイムの学生は大体半々）である。受け入れ企業は、ホンダ（Honda of America）やGMなどの自動車産業、パナソニックなどの家電メーカー、およびアメリカの航空機

産業が目に付く。

　2005年秋学期（Fall Quarter）のビジネスならびにリベラル・アーツ系のプログラムは、以下のコースで提供されている。

Accounting（会計学）
Business Information Systems（ビジネス情報システム）
Business Ownership（ビジネス・オーナー論）
Computer Information Systems（コンピューター情報システム）
Economics & Finance（経済・財政）
Financial Management（財政運営）
Hospitality Management（接客管理）
Labor Studies（労働調査）
Law（法律）
Management（経営）
Marketing（マーケティング）
Paralegal（準法律職）
Purchasing（消費）
Real Estate（不動産）
Travel & Tourism（旅行・観光）

　受け入れ機関は、圧倒的に地元企業や機関が多いようである[10]が、ホームページ上では、フロリダのディズニー・リゾート（Walt Disney World Resort in Florida）の名も挙がっている（http://www.sinclair.edu/academics/egr/DisneyCollegeProgram/index.cfm参照）。

　次に、コミュニティ・カレッジにおける産・学・社協同教育の意義と問題点を、参考文献に基づいて紹介する。

4. コミュニティ・カレッジにおける産・学・社協同教育の意義と問題

1) コミュニティ・カレッジにおける産・学・社協同教育の意義

コミュニティ・カレッジの産・学・社協同教育によって期待される意義は、ヒアマン（Heermann, 1975）によって関係主体別に、多数列挙されている。ヒアマンの著書はやや古いが、今日においてもコミュニティ・カレッジの産・学・社協同教育を扱った基本文献として引用されるものである。以下、ヒアマンが挙げた各ポイントを要約して、全て列挙する。

1. 学生にとっての意義[11]
- 実際の仕事の様子を知り、自己の職業適性を知ることで、キャリア選択の参考にできる。
- 就職、職場での昇進が早くなる可能性が増す。
- 責任を取る大切さを体得する。
- 教室での学習を学外の世界と結び付けて考えることで学習意欲が高まり、カレッジに在学し続ける意味を見出しやすくなる。
- 職業生活に必要とされる知識や勤務態度を身につける機会になる。
- 個人的ニーズにマッチする職場を選ぶことで、教育効果が増大する。
- 組織のなかでの人間関係の重要性に気づくことができる。
- 就業の対価として得た収入を学費の足しにすることもできる。
- 文化的、経済的に恵まれない学生にとっては、孤立感を減らし、自己肯定感を高める機会にもなりうる。
- 実務家と直接的に接する機会が得られる。
- 正規の教育が仕事の遂行にいかにつながるのか、理解できるようになる。
- 問題解決に必要な管理運営能力の機微を理解する助けになる。
- 準学士取得という短期的目的のみならず生涯学習の観点からも、就業・学習を往還する意味を理解できるようになる。

- 職場で様々な年齢層の大人と接することで、世代間ギャップを減らすことができる。
- 職場で求められる様々な社会的スキルを発達させることができる。
- カレッジから実社会への接続を、より円滑にすることができる。

2. カレッジにとっての意義⁽¹²⁾

- 企業を含めたコミュニティとの関係を築き、交流を進める機会となる。
- 学生のドロップ・アウト率を下げる効果がある。
- コミュニティ内の様々な施設やリソースを活用させてもらえる。
- コミュニティのニーズに、より即応した教育プログラムの提供が可能になる。
- 学生が自分の選択を明確に述べるようになるので、進路相談が活性化する。
- 地域の成員がコミュニティ・カレッジの哲学、プログラム、サービス等を以前より理解してくれるようになる。
- コミュニティ・カレッジの学生のスキルを雇用者に分かってもらえる。
- 学生のキャリア選択への主体的取り組みと、よりリアルな学習設計を促すことができる。
- 教職員が最新の動向に敏感になり、絶えざる研修を進める刺激となる。
- カレッジの様々な施設やリソースを一層効率的に活用できるようになる。
- 迅速なフィードバックを通して、カリキュラムや教育方法等の改善に努めることができる。
- 産・学・社協同教育は学生だけでなく保護者を惹きつける力もあり、従来カレッジ入学に無関心だった層の子弟（新しい学生顧客）を呼び寄せる可能性がある。

3. 雇用者にとっての意義[13]

- 職業経験に加え、自社の従業員になる可能性をも秘めた若い人材を確保できるかもしれない。
- 実習生を注意深く篩いにかけることができる。（必要な戦力を時間をかけて見出せる）。
- 大企業では企業内訓練よりも経済的な人材育成ができる。自社内の訓練プログラムをもたない中小企業も人材育成に活用できる。
- 職業適性を知った上で就職するので、若者の離職率、転職率を減らすことが期待される。
- 学生がコース選択の際に、（雇用者の）仕事と関連のある科目を選んでくれる。
- カレッジ・プログラムの方針検討の際に、産・学・社協同教育のパートナーとして示唆や助言を伝えることができる。
- 一時雇用や季節雇用であってもモチベーションの高い人材を確保できる。
- コミュニティの若者の発達支援という意味で、地域社会への貢献にもなる。
- 実習生にも影響を与える人事問題が生じた場合、問題解決にむけて、カレッジの専門的なカウンセリング・スタッフの助言を得ることができる。
- コミュニティ・カレッジの夜間コースなどで、正規の従業員が現職研修を受ける機会が提供される場合もある。
- 初歩的な業務を実習生が担うことで、熟練した従業員が初歩的業務から解放される。

4. コミュニティにとっての意義[14]

- カレッジ教育を受けた就業予備軍が育成される。
- コミュニティとカレッジの相互理解が深まり、新しいパートナーシップが形成される。

- 学生の市民性や責任感が増大する。
- 学生が卒業前にコミュニティに同化する機会を提供することで、卒業後もコミュニティにとどまる可能性が高まる。
- コミュニティの様々な施設や職業機会を学生に認知してもらう好機となる。
- 中間管理職、準専門職、技術職など、需要の高い領域における人材養成が行なわれる。

2) コミュニティ・カレッジにおける産・学・社協同教育の問題

問題点として指摘されるものを整理すると、以下のようである[15]。

①経済や雇用情勢の変動によって、産・学・社協同教育に受け入れ可能な学生数が影響をうけるので、安定したプログラムの提供が難しいという問題。成人失業者が溢れる時期に学生を雇用することの倫理的問題もありうる。

②学生のニーズと雇用者のニーズのアンバランスにより生ずる問題。

学生が特定の職種に希望をもっていても、その希望が満たされる保証はなく、実際には極めて単調な仕事に配属され、意欲を失う場合もあることが複数の研究者によって指摘されている。これは、日本のインターンシップにおいても指摘される問題である。

③教育的有効性に関する疑問。

ひとつは、雇用者の教育的配慮、教育マインドの乏しさに起因する問題。多様な経験を通した学習ではなく、単一の狭い作業しかやらせてもらえないケースや、雇用者がキャンパスでの学習を見下した態度をとるケースなどが考えられる。いまひとつは、学生の側の問題。勤務態度の悪い学生や、産・学・社協同教育の教育的意義を十分理解せず、経済的観点からしかプログラムを捉えようとしない学生も存在する。

④管理運営上の問題。

産・学・社協同教育プログラムのステークホルダー（利害関係者）間のコミュニケーションに関する問題や熱意の温度差。ステークホルダー

別にみると、大学教員には、いまだに産・学・社協同教育に抵抗感を持つ者が少なくない。大学が専門学校に堕してしまうと警戒する人々である。雇用者には、勤務態度の悪い学生や節操のない学生への不満がある。雇用者には大学教員は象牙の塔にひきこもりすぎだという偏見があるし、大学教員には企業人は利益の追求しか頭にないという偏見があり、相互不信を生む。
⑤単位認定の問題。

就業実習にどの程度単位を認めうるのか？　高等教育として、体験学習への単位認定の許容限度はどの辺におくべきなのか？

おわりに

　以上、本稿では、コミュニティ・カレッジにおけるコーオプ教育プログラムについて、その歴史の概要と、現状の一端に光をあてた。その結果、明らかになった点を概括して記すと以下のようである。
- コミュニティ・カレッジにおけるコーオプ教育プログラムは、1920年代から一部の機関で始まり現在まで続く、100年以上の歴史をもつ制度である。とはいえ、本格的に推進され始めたのは1960年代以降連邦政府の支援を受けるようになってからであり、最近では、1990年代に制定された様々な連邦法によって更に後押しされている。
- コミュニティ・カレッジにおけるコーオプ教育のスケジュール編成は、大別するとオールタネーティング型とパラレル型に分けられるが、両者を併用する事例も見られる。卒業までの期間は、概ね2年間から3年間であり、専攻科目や学生の希望等によって異なる。
- 受け入れ先は、概して、コミュニティ・カレッジと協同関係にある地元の企業やＮＰＯが中心である。分野は、理工系だけでなく、人文系、社会科学系の学生の関心にも対応して紹介されている。

　日本の短期大学では、コーオプ教育よりも就業体験期間が短く無報酬を原則とするインターンシップが、湘北短期大学、佐野国際情報短期大

学、産能短期大学などにおいて若干見られる[16]が、まだまだ希少な存在である。その背景のひとつとしては、学生の受け入れに積極的な産業界や地域社会が日本ではまだ十分に育っていないという、受け入れ先不足の問題があると思われる。他方、アメリカでは、教育において経験との往還を重視するデューイ哲学の伝統が、幼稚園から大学院に至るまで今なお生きており、長い年月をかけて培われた学校・カレッジと産業界、地域社会の間の協同の仕組みが、協同教育プログラムの土台として存在することを指摘しておくべきだろう。

また、短期高等教育の制度的特性の違いも無視できない。アメリカのコミュニティ・カレッジは、文字通りローカル・コミュニティによって支えられたカレッジとしての伝統を有するのに対して、日本の短期大学は、歴史的にはアメリカの（コミュニティ）ジュニア・カレッジの影響があるにも拘らず、ローカル・コミュニティとの関係性はアメリカほどには重視されてきたとは言えず、むしろ私立の女子短期高等教育機関というジェンダー面での特徴の方が、国際的に見れば顕著な機関である。

したがって、日本の短期大学等でコーオプ教育プログラムが発展していくかどうかは、今後の短期大学等の制度的アイデンティティの行方や、受け入れ先となる産業界や地域社会の成熟など、いくつかの条件に左右されるものと思われる。

最後に、本稿は、産・学・社協同教育に関する基本文献、カレッジ・カタログ、及びホームページの検索を通して、その概要を整理し紹介したにすぎない。検証不十分な面も残る。例えば、コミュニティ・カレッジにおける産・学・社協同教育の意義は、ステートメント止まりのものもあり、関係する最新データの収集と吟味が必要であろう。今後の課題としたい。

註

(1) Walter Crosby Eells, *The Junior College*, Houghton Mifflin Company, 1931, p.307参照。

(2) 1920年代のコミュニティ・カレッジにおける協同教育プログラムの像を把握するために参照したのは、ibid, pp.305-308, p.204である。
(3) U.S. Department of Health, Education, and Welfare, Office of Education, *Vocational Education: The Bridge between Man and his Work*, 1968ならびにBarry Heermann, *Cooperative Education in Community Colleges*, Jossey-Bass Publishers, 1975, pp.7-8参照。
(4) 連邦政府の「学校から就業への機会保障法」(1994年、クリントン大統領によって署名されたSchool-to-Work Opportunities Act) の制定に至るまでの社会的背景については、Lynn Olson, *THE SCHOOL-To-WORK REVOLUTION*,1997, pp.11-15参照。
(5) Arthur M. Cohen, Florence B. Brawer, *The American Community College*, 4th ed, Jossey-Bass Inc Pub, 2002, pp.227-229参照。
(6) OCEAのメンバー校一覧に関しては、http://www.ohioco-op.com/universities.html参照。また、コネティカット協同教育協会(Connecticut Cooperative Education Association) に関しては、http://www.ccsu.edu/career/ccea/cceamembers.htm参照。

オハイオ協同教育協会 (OCEA) のメンバー校一覧
(下線を付した機関がコミュニティ・カレッジ)
　　Antioch College
　　Ashland University
　　Bowling Green State University
　　Case Western Reserve University
　　<u>Cincinnati State Technical & Community College</u>
　　<u>Clark State Community College</u>
　　Cleveland State University
　　College Of Mount St. Joseph
　　<u>Cuyahoga Community College</u>
　　Defiance College
　　DeVry Institute of Technology
　　<u>Edison Community College</u>
　　John Caroll University
　　Kettering University
　　Lake Erie College
　　<u>Lakeland Community College</u>
　　<u>Lorain County Community College</u>

Marion Technical College
Miami University - Hamilton
Northern Central State College
Northern Kentucky University
Ohio Northern University
Ohio State University
Ohio State University - Lima
Ohio University
Ohio University - Lancaster
Ohio University - College of Communications
<u>Sinclair Community College</u>（シンクレア・コミュニティ・カレッジ）
Stark State College Of Technology
<u>Terra Community College</u>
University Of Akron
University Of Cincinnati
University of Cincinnati - Coll. Of Applied Science
<u>University Of Cincinnati - Raymond Walters College</u>
University Of Dayton
University Of Findlay
The University Of Toledo
Ursuline College
West Virginia Institute Of Technology
Wilberforce University
Wright State University

(7) Barry Heermann, op.cit., pp.107-115, Polly Hutcheson, National Commission for Cooperative Education, *Directory of College Cooperative Education Programs*, Oryx Press, 1996, pp.vii-viii参照。
(8) 詳細は、同校のカレッジ・カタログ *Riverside Community College 2003-2004*, p.4, pp.47-48参照。
(9) 詳細は、Sinclair Community College（Engineering & Industrial Technologies Division）, 2003 *Annual Report on Cooperative Education*参照。
(10) Polly Hutcheson, National Commission for Cooperative Education, op.cit., p.124 参照。
(11) Barry Heermann, op.cit., pp.36-39参照。
(12) Ibid, pp.39-41参照。
(13) Ibid, pp.42-44参照。

(14) Ibid, pp.41-42参照。
(15) Ibid, pp.44-48参照。
(16) 湘北短期大学のインターンシップ・プログラムに関しては、文部省『インターンシップ・ガイドブック』平成14年5月、6-24〜27頁、佐野国際情報短期大学のインターンシップ・プログラムに関しては同書の6-28〜31頁、産能短期大学のインターンシップ・プログラムに関しては同書の6-32〜35頁を、それぞれ参照。

第16章
コミュニティ・カレッジにおける機関調査（IR）部門
―歴史・現状・課題―

はじめに

　近年、大学評価の制度化に伴い、様々なデータの作成・管理を担う部門への関心が高まっている。2008年には中央教育審議会の答申で、学士課程において期待される学習成果の大枠が「学士力」として提案され、その測定・把握ニーズが議論され始めた。教育成果をデータに基づき明示するとなると、それを専門的に行なう部署に関する調査も必要ではないかという意見も聞かれる。そうした背景もあって、アメリカの高等教育機関においてかかる業務を行なう機関調査（Institutional Research、以下ではIRと略）部門への関心が高まっている。

　本稿では、多様なアメリカ高等教育機関のなかから、4年制大学ほど財源が豊かではないコミュニティ・カレッジを選択し、資金潤沢ではないコミュニティ・カレッジにおいてIR部門がどれほど導入されているのか、規模や業務内容はどの程度のものか、どういう課題があるのか、その概要を把握することに努めたい。

Ⅰ．コミュニティ・カレッジにおけるIR部門の歴史概要

　アメリカでも、大学研究に比較すると、コミュニティ・カレッジに関する研究は遅れが目立つ。IR部門についても、大学ほどには調査が進んでいない。ここでは、各年代の代表的参考文献に依拠しながら、アメリカのコミュニティ・カレッジにおけるIR部門の歴史概要について紹介する。

1960年代

　1960年代といえば、全米IR協会（AIR：Association for Institutional Research）が1965年に設立されている。しかし、1966年当時のAIRの会員数はまだ230で、4年制大学でさえ常勤の調査調整役（コーディネーター）を置く所は多くなかった。ルーシェとボッグスの調査（Rouche and Boggs, 1968）によると、コミュニティ・カレッジ（当時はまだジュニア・カレッジの名称で呼ばれることも少なくなかった）に関しては、調査に回答したジュニア・カレッジの23%にしか常勤の調査調整役が配置されていなかった。39%は調査調整役を全く欠いており、それ以外では、管理職がその責を担っていた。

1970年代

　クナップ（Knapp, 1979）によれば、IR室の割合は以前より増えてはいるものの、まだまだ財政的基盤も弱く、スタッフの数も少ないのが普通で、通常はわずか1人か2人のスタッフしか配属されていないこと、IR室の有無はカレッジの規模に関係があることが判明した。

1980年代

　1985年以降、戦略的計画（Strategic Planning）が高等教育機関にも導入され、戦略的計画の策定支援、教育ならびに研究評価のためのデータ収集など、多様なデータが必要となった。ウィルコックス（Wilcox, 1987）によれば、1987年には南カリフォルニアにあるコミュニティ・カレッジ1校当たりの「常勤相当」（full-time-equivalent: FTE）のIRスタッフは平均0.67人しかおらず、政府機関から送られてくるデータ依頼の調査票に必要事項を記入するにも十分な人数ではなかったといわれる。1980年代後半には州が次々に達成度評価（アウトカムズ・アセスメント）に対する需要を生み出したが、追加情報に対する需要はIR室の存在を保障するほどには拡大しなかった。

Ⅱ. コミュニティ・カレッジにおける IR 部門の現状

1. コミュニティ・カレッジにおける IR 部門の設置状況と規模

　Morest and Jenkins（2007）の調査（①量的調査と②質的調査の併用。①はランダムサンプルで2005年春に全米の189校のIR責任者にアンケートを実施し、回収率は59％で111校のIR責任者から回答を得た。②は15州の28校のコミュニティ・カレッジで学長、大学アドミニストレーター（administrators）、IR研究スタッフ、教員にインタビュー）によれば、コミュニティ・カレッジにおけるIR部門の設置状況と規模は、以下のようにまとめられる。

　まず、コミュニティ・カレッジにおけるIRの有無や規模は次の4つに分類される。

① IR機能をもたないコミュニティ・カレッジ：3校（回答を寄せた機関の3％）。
② IR機能はあるが常勤相当のスタッフ（FTE staff member）が1名以下のコミュニティ・カレッジ：15校（回答を寄せた機関の14％）。
③ IRディレクターを1名雇用しているコミュニティ・カレッジ：45校（回答を寄せた機関の41％）。この中には、IRディレクターが0.5名以下の常勤相当のアシスタントを擁する場合も含まれる。
④ 1.5名以上の常勤相当の研究者を雇用するIR部局を擁するコミュニティ・カレッジ：48校（回答を寄せた機関の43％）。

　また、IR部局の規模とカレッジ全体の規模との関係、IR部局の規模と設置年との関係については、以下のような相関が見られるという。

　回答を寄せた機関に関しては、1校当たり常勤相当スタッフの数は0人から7人までの幅があり、全体の約4分の3は2人以下の常勤相当スタッフしか擁していなかった。2人以上の常勤相当スタッフを擁するコミュニティ・カレッジは、概して大規模校（学生数の平均は7,763人）に多い。

　規模の大きなIR部局は比較的歴史も長く、1995年より前からIR部局を設置している。比較的歴史のある39校では、その51％が大規模のIR室

(3人以上の常勤相当スタッフを配置)を擁し、小規模のIR室(1人未満の常勤相当スタッフを配置)は13%にすぎない。それに対して、1995年以後にIR部局を設置した比較的歴史の浅い72校では、大規模のIR室(3人以上の常勤相当スタッフ)は4%しかなく、47%は小規模のIR室(1人未満の常勤相当スタッフ)だという。

2. コミュニティ・カレッジにおけるIRスタッフの学歴

　コミュニティ・カレッジにおけるIRスタッフはいかに養成されているのだろうか。Morest and Jenkins (2007) の調査によれば、回答者のうち修士より下位の学位保持者は11%にすぎなかった。それに対して、修士あるいは専門職学位の保持者が51%、博士(Ph.DあるいはEd.D)の保持者が38%である。IRスタッフの学歴はかなり高いことが分かる。専攻分野で見ると、教育学専攻が最も多く32%、次いで社会科学専攻が23%、ビジネス専攻が17%となっている。二重学位の保持者も多く、例示されているのは、政策分析でMS学位、政治学でMA学位を取得している場合などである。学歴の高さと調査研究の質との間には関係があるのだろうか。確かに、博士保持者の調査研究は、研究手法などの面で洗練されてはいるが、そのような方法論がIRの仕事にどれだけ必要であるかは不明確だという。

3. コミュニティ・カレッジにおけるIR部門の業務と課題

　カレッジは大学評価の要請に容赦なく苦しめられる。すなわち、州、連邦、認証機関からの様々なデータの要請である。具体的には、プログラムの説明責任、達成度評価、編入比率、就職斡旋の検証、卒業率、評価基準、学生の満足度、職務遂行能力などに関するデータの要請である。データの配列方法や実行するための必要条件なども指示される。

　これらの要請に対して、IR部局は、人事、入学、学生の記録など、大学事務局のあらゆるデータバンクに敏速なアクセスができなければならない。近年、データ処理能力が大幅に向上し、経済的ですぐに利用でき

るようになったおかげで、作業効率は昔よりも良くなったが、1校当たり平均1人か2人の常勤相当スタッフでは、要求に応えるのがやっとだといわれる。連邦政府や認証機関の要求に応じてデータを用意する業務に関しては、小規模カレッジを中心に負担感が強いようである。

次に、コミュニティ・カレッジにおけるIR部門の業務や経営との関係などについて、もう少し詳細に明らかにするためにカリフォルニア州の事例を紹介する。

Ⅲ. コミュニティ・カレッジにおけるIR部門の業務内容とカレッジ経営への関わり：カリフォルニア州の場合

1. カリフォルニア州IR協会と加盟機関

全米のIRの専門職協会としては、1965年に創設された全米IR協会（AIR）が国内外で有名である。AIRには、州や広域、更には海外の関連機関が機関会員として登録している。カリフォルニア州では、カリフォルニア州IR協会（CAIR：California Association for Institutional Research）が、AIRに機関会員として登録している。CAIRのウェブサイト（California Research Offices Web Sites：http://www.cair.org/ir/）には、以下の加盟機関が掲載されている。

<u>カリフォルニア大学（University of California）</u>群が10機関：Berkeley, Riverside, Davis, San Diego, Irvine, San Francisco, Los Angeles, Santa Barbara, Merced, Santa Cruz

<u>カリフォルニア州立大学（California State Universities）</u>群が21機関：Long Beach, San Diego, Bakersfield, Los Angeles, San Francisco, Chico, Monterey Bay, San Jose, Dominguez Hills, Northridge, San Luis Obispo, Fresno, Pomona, San Marcos, Fullerton, Sacramento, Sonoma, Hayward, San Bernardino, Stanislaus, Humboldt

<u>カリフォルニア・コミュニティ・カレッジ（California Community Colleges）</u>が9機関：Cabrillo College, Glendale Community College, Chabot College,

Los Rios Community College District, <u>City College of San Francisco</u>, Rancho Santiago Community College District, Foothill-De Anza Community College District, Santa Monica College, State Center Community College District（下線は井口）

　カリフォルニア大学（University of California）群は10機関すべて、カリフォルニア州立大学（California State Universities）群は23機関のうち21機関が掲載されているのに対して、コミュニティ・カレッジは全110機関のうち僅か9機関しか掲載されていない。機関の総数が違うのでやむを得ないが、コミュニティ・カレッジのIR室は、4年制大学のIR室に比べて極めて小規模で、ホームページも未整備な所が少なくないからではないかと推察される。

　その代わりという訳でもなかろうが、CAIRのウェブサイトには、コミュニティ・カレッジのIR部門と関係の深い以下のような専門職協会（Professional Associations）のウェブサイトが掲載されている。これらの専門職協会は、コミュニティ・カレッジでIR業務に携わるスタッフの質の向上や人材交流のためのワークショップや研究発表などの機会を毎年提供している。

　・National Community College Council for Research and Planning (NCCCRP)
　・Research and Planning Group of the California Community Colleges (RP Group)

　次に、CAIRのウェブサイトに掲載された代表的コミュニティ・カレッジのIR部門（9機関）のひとつ、City College of San Francisco（シティカレッジ・オブ・サンフランシスコ、以下CCSFと略）のIRをとりあげよう。

2. CCSFにおけるIR部門の規模と業務内容

　CCSFは、1935年に創立された比較的歴史のある、都市（urban）コミ

ュニティに立地するカレッジである。単位取得コース、非単位取得コース合わせて約10万人の学生が学ぶ大規模コミュニティ・カレッジで、2008年1月現在、教員数は2,099人（フルタイム728人、パートタイム 1,371人、95％が修士号保持者、250人は博士号保持者）である。サンフランシスコ市内に10のキャンパスと2つのセンターを持ち、4年制大学への編入を目指すコース、幅広い分野の職業専門コース、ESL（English as a Second Language：英語以外を母国語とする人たちのための英語）や高齢者向けクラスなどの非単位取得コース（無料）、短期のコミュニティ・サービス・コースなど、幅広いプログラムを提供している。

　CCSFのIR部門は、コミュニティ・カレッジのIR部門としては大規模である。スタッフは、室長（1名）、調査研究部門（3名）、計画部門（1名）、助成部門（3名）、コーディネーター（1名）で構成され、合計9名である。常勤相当に換算したスタッフ数は、3.8人である。フロリダ州のマイアミ・デード・コミュニティ・カレッジ（Miami-Dade Community College）のIR部門は12人のスタッフ数を誇り、コミュニティ・カレッジのIR部門としては最大級であるが、CCSFのIRも、それには及ばないものの、かなり大規模なIRの部類に入る。

　CCSFにおけるIR部門の正式名称は、「調査・計画・助成課」（The Office of Research, Planning, and Grants、以下ORPG[1]と略）である。1994年に創設されたので、これまたコミュニティ・カレッジのIR部門としては、ある程度歴史のある方だと言える。

　ORPGの業務内容は、以下のようである。
<u>調査研究（Research）業務</u>
・報告書の作成：学生の達成度に関する最新報告書、学生の満足度調査報告書、教職員、管理職の満足度調査報告書、技術活用調査報告書、および調査報告書概要などの作成。
・カレッジ、地域（Local）、広域（Regional）のコミュニティ動向調査：CCSFの学生数、その特徴、達成度および満足度の動向、サンフランシスコの教育動向、地域、広域の人口動態、社会経済変化の概観などの調査[2]。

- カレッジの認証評価のための自己調査：自己調査用ツール（Self Study Tools）および調査結果の根拠、補足資料の整備。
- データベースの維持管理。

<u>計画（Planning）業務</u>
- 学長の意思決定に不可欠なデータを提供すること。例えば、カレッジの学科やユニットに関する綿密な経年調査（例えば、1998年春学期から現在に至るまでのコースの履修要件、学生数および学生の特徴、達成度、入学後の伸び）のデータ、プログラムの調査検討（program review）データ、サンフランシスコ地域の教育動向、社会経済変化の概観、人口動態、大学進学率のデータ、日々更新される在学者数のデータなど。
- CCSFの「計画・予算協議会」（Planning and Budgeting Council）、カレッジの戦略的計画づくり（strategic planning）に向けた報告。カレッジ全体に関わる諸計画に関する情報整備。認証評価のための自己調査スケジュール。CEOとキャンパス内の各ユニット間の情報交流の促進。

<u>助成（Grants）業務</u>
- 助成金獲得に関わるすべての側面に対応したサービスを提供することである。教職員が助成金獲得の機会を逸することのないよう、適切な情報を適時に提供し、プロジェクトの企画を支援する。助成金獲得後の財務関連の手続きも処理する。最新の助成月報（monthly grants bulletin）、報奨制度（awards）に関する情報ならびに報奨後の運営（post-award management）、プログラム企画（program design）を支援するためのリソース整備など。

3. CCSFにおけるIR部門とカレッジ経営との関係

　IR部門は、学生の教育改善のためのデータを整備することが主目的のひとつであるが、カレッジの経営改善に有用と思われる情報を、適時に用意し伝達することも重要な使命である。カレッジの戦略的計画や意思

決定に有用と思われる情報を、学長等、執行部に用意し伝達することによってカレッジ経営を支援している。

　例えば、どういう情報を執行部に用意するのであろうか。その一例として、IR部門であるORPGが2006年9月26日にカレッジの「計画・予算協議会」に提出した報告書を挙げることができる。そこでは、学科のリストラをも念頭においた情報分析結果が呈示されている。すなわち、①場合によっては廃止もありうると評価された学科、②状況の改善が見られたのでブラックリストから外された学科、③更なる経過観察を要する学科が、以下のようにリストアップされている。

①場合によっては廃止もありうると評価された学科
- Aircraft Maintenance Technology[3] *
- Journeyman/Training
- Transitional Studies

②状況の改善が見られたので、ブラックリストから外された学科
- Architecture
- Astronomy
- Asian Studies
- Fire Science
- Library Information Technology
- Graphic Communications (Non-credit)
- Health Science (Non-credit)

③更なる経過観察を要する学科
- Apprenticeship
- Bus/Office Tech/Small Bus (Non-credit)
- Child Development (Non-credit)
- Computer Science
- Culinary Arts (Non-credit)
- Engineering Technology
- Environmental Horticulture/Floristry

- ESL
- Labor and Community Studies
- Fashion (Non-credit)
- Photography
- Theater Arts

このように、学科のプログラムの効果に関して、「このプログラムの教職員配置は適切か、プログラムは学生を引き付ける力があるか、費用効率は高いか」など、プログラムの調査検討を行い、その結果を次年度以降のプログラム・デザインに結びつけようと試みる。評価のいわゆるPDCAサイクルの一環をIR部局が担っているのである。

IV. 結びに代えて：コミュニティ・カレッジにおけるIR部門の課題と日本への示唆

以上見てきたように、コミュニティ・カレッジにおけるIR部門は概して小規模で、まだまだ常勤スタッフの数を増やすことが課題のひとつに挙げられる。特に、連邦政府や認証機関の要求に応じてデータを用意する業務に関して負担感の強い、小規模カレッジにおいて人員増加が求められている。デスクトップの刊行装置が一般に利用できるようになったおかげで、著作物の迅速な公表ができるようになり、IRスタッフの作業は随分簡素化された。調査報告書に不可欠な棒グラフ、円グラフなどの図表作成は、コンピュータによって迅速に行われるようになった。とはいうものの、まだまだ人材配置の点では改善の余地があるといわれる。

日本でも、大学評価制度の進展、教育成果の明示要求など、IR的機能を遂行することへのニーズは以前より強まっている。しかし、財政的に逼迫する大学・短期大学においてアメリカなみのIR部門を設置することはどれほど可能なのであろうか。民間の調査会社などに委託する場合に比べて、費用対効果はどうであろうか。今後、更なる検討を要すると思われる。

註

(1)　ORPG は1994年に創設されたが、2005年10月には組織の再編によって Office of Institutional Advancement に統合された。Office of Institutional Advancement は、カレッジの質を確保するために安定した財政基盤をもつ必要があるとの認識から、「調査・計画・助成課」（ORPG）、「カレッジ開発課」（The Office of College Development、略称は OCD）「育英課」（The Scholarship Office、略称は SO）「CCSF財団」（The Foundation of CCSF）を統合して生まれた。同窓会組織や地域の団体との連携促進、資金集め等に力を入れる姿勢の現われである。

(2)　具体的には、「学区内の高卒生の何人が我々のカレッジに通っているか」「学生の入学理由は何か、学生は求めていたものを獲得したか」「州内にある他のカレッジではオリエンテーションプログラムはどのように組織されているか」などの調査や、読み・書き・数学、及び批判的思考法における学生の達成度を検証するための学習達成度調査が実施される。「何人の卒業生が就職したか」、あるいは「何人の卒業生が4年制の大学に進んだか」など、進路調査も実施される。

(3)　Aircraft Maintenance Technology の場合、在学者数の減少傾向（1998年から2005年にかけて −78％の減少）が、「学科廃止もありうる」と評価された理由。

主要参考文献・URL

Cohen, Arthur M. / Brawer, Florence B. (2008), *The American Community College*, 5th ed., Jossey-Bass Inc. Pub.

Knapp, Michael S. (1979), *Factors Contributing to the Development of Institutional Research and Planning Units in Community Colleges: A Review of the Empirical Evidence*. (ED168663)

Knapp, Michael S. (1981), *Summary of Findings: Study of Institutional Research and Planning Unit Development in California Community Colleges*. (ED203921)

Losak, John (1986), Applying Institutional Research, *New Directions for Community Colleges* #56

MacDougall, Peter R. and Friedlander, Jack (1990), Models for Conducting Institutional Research, *New Directions for Community Colleges* #72　Peterson, M.W. and Corcoran, M. (1985), Institutional Research in Transition, *New Directions for Institutional Research*. Jossey-Bass.

Morest, Vanessa Smith and Jenkins Davis (2007), *Institutional Research and the Culture of Evidence at Community Colleges*, Community College Research Center, Teachers College, Columbia University (ED499359)

Roueche, John E., and Boggs, John R. (1968), *Junior College Institutional Research:*

The State of the Art. (ED021557)
Saupe, J. L. (1990), *The Functions of Institutional Research* (2nd ed.). Tallahassee, Florida: Association for Institutional Research (ERIC Document Reproduction Service No. ED319327)
The Office of Research, Planning, and Grants, *Report to Planning and Budgeting Council* (Progress Report #2), Sep. 26, 2006.
Wilcox, Stuart A. (1987), *Directory of Southern California Community College Researchers.* (ED287529)
http://airweb.org/ （AIR : Association for Institutional Research）
http://www.cair.org/ （CAIR : California Association for Institutional Research）

＊本稿は、国立教育政策研究所高等教育研究部の塚原修一部長（当時）による科研共同研究プロジェクト（「大学経営の高度化とそれを支援する政策のあり方」平成18～20年度）に参加させていただいた際の成果である。記して感謝の意を表したい。

第 17 章
コミュニティ・カレッジにおける学習継続支援
―初年次および初年次以後の学習継続支援の取り組み―

はじめに

　現代アメリカの中等教育や高等教育が直面する大きな課題のひとつとして、青年の学習継続をいかに支援するかという問題がある。この問題の背景には、アメリカの中等教育や高等教育における生徒や学生の中退率の高さがある。

　学生の中退率を抑制しリテンション率を高めるための方策として、1970年代後半以降アメリカの多くの高等教育機関で導入ないし見直され始めた教育プログラムのひとつが、初年次教育である。初年次教育は、学力、学習意欲、高校時の履修科目等における学生の多様化問題に直面し始めた日本の高等教育界においても、近年注目され始めた。とはいえ、その関心は4年制大学における初年次教育の研究・実践に片寄るきらいがあり、コミュニティ・カレッジにおける初年次教育の研究や紹介は十分とはいえない。コミュニティ・カレッジにおいて、初年次教育はどのように位置づけられているのだろうか。また、初年次教育と呼ばれる、初年次に特化したプログラムを特別には実施していないコミュニティ・カレッジにおいては、どのような学習継続支援の取り組みが行なわれているのだろうか。

　本稿は、かかる問いに基づいて、先ず、コミュニティ・カレッジにおける初年次教育の実践、ならびに初年次教育の効果に関する研究を紹介する。次に、初年次に限定されない学習継続支援の様々な取り組みを、文献調査、ウェブ調査、インタビューによって検討する。最後に、かかる検討に基づいて、コミュニティ・カレッジにおける初年次教育を含む、学習継続支援の全体的取り組みに見られる特徴を明らかにするものである。

Ⅰ. コミュニティ・カレッジにおける初年次教育の実践

初年次教育の具体例として、アメリカ東部ニューヨーク州のブロンクス・コミュニティ・カレッジ（Bronx Community College）とアメリカ西部カリフォルニア州のサンタ・モニカ・カレッジ（Santa Monica College）の場合を見てみよう。

1. ブロンクス・コミュニティ・カレッジの場合

ブロンクス・コミュニティ・カレッジは、ニューヨーク市立大学（The City University of New York; CUNY）の大学群（11校の四年制大学と6校のコミュニティ・カレッジ、大学院大学と専門職大学院によって構成される大学群）の一つである。1957年にマンハッタンから少し離れた地域に創設された。

ブロンクス・コミュニティ・カレッジのカタログには、同カレッジで実施されている初年次プログラム（First Year Program）についての説明がなされている（最新版はThe 2024-2025 College Catalog）。初年次プログラムの紹介は動画でも配信されている（2024年11月12日確認）。初年次プログラムのなかには、補習教育的なサービスも含まれている。そこでは、英語、読解、数学で援助を要する学生のための、学業面とメンタル面のケアを統合したサービスが小規模なクラスで提供されている（Kisker et al., 2014）。

なお、ブロンクス・コミュニティ・カレッジにおける初年次教育プログラムの効果に関しては、Baron（1997）によって次のように報告されている。すなわち、1993年秋学期から1994年秋学期までの間に、初年次教育プログラムに参加していない学生は59.3％しか学業を継続できなかったのに対して、初年次教育プログラムに参加した学生は76.5％が学業の継続に成功したという。

2. サンタ・モニカ・カレッジの場合

　このカレッジは、ロサンゼルスから車で約30分のサンタ・モニカに立地する郊外型のコミュニティ・カレッジである。1929年に創設され、コミュニティ・カレッジとしては大規模な図書館や最新のコンピューター設備を擁し、4年制大学への編入に力を入れている。クラス編成は少人数制で、各学生とのコミュニケーションを密に図れるように配慮されている。

　同カレッジでは、連邦の補助金によって初年次学級（First Year Institute）を設け、ラーニング・コミュニティ（learning communities）と夏季ブリッジ・プログラム（summer bridge program）を提供している（Kisker et al., 2014）。初年次学級の目的は、学生のリテンション率を高めることにあり、ラーニング・コミュニティとは、既存の複数のコースをつなぎ合わせ、その中で、同じ顔ぶれの小規模な学生集団や教員集団がコースの理解や統合を深めようとする試みである。夏季ブリッジ・プログラムは、秋学期が始まる前に、希望する入学予定者を対象に大学の授業にうまく溶け込めるよう橋渡しをするプログラムである。同カレッジの場合、留学生の比率が高い（全学生の18％）ので、ＥＳＬ（第2言語としての英語）クラスをはじめ留学生が大学教育に適応できるよう配慮したプログラムが提供されている。この他、数学の苦手な学生のために数学の入門的科目（Arithmetic Review and Pre-Algebra）が、夏季ブリッジ・プログラムとして用意されている。この他、各種のカウンセリング・プログラム（Counseling Programs）も揃っている。

　次に、フレッシュマン・オリエンテーション・セミナーの効果について、上記カレッジに限定せず、既存の調査データをいくつか紹介する。

　Brawer（1996）は、ノースカロライナのコミュニティ・カレッジ4校での調査結果に基づいて、フレッシュマン・オリエンテーション・コースの効果を報告した。それによれば、人種、年齢、ジェンダー、専攻、就業の有無、入学時の試験成績に関わりなく、フレッシュマン・オリエンテーション・コースに参加した学生の成績は、入学後に向上したとい

われる。同じくBrawer（1996）によれば、フレッシュマン・オリエンテーション・コースに参加した学生の学習継続率が、そうでない学生よりも高いことを示す調査結果も、フロリダ州のバレンシア・コミュニティ・カレッジにおける調査で明らかにされている。

　Barefoot（1993）によれば、カリフォルニア州のサクラメント・コミュニティ・カレッジでも、フレッシュマン・オリエンテーション・セミナーに参加した学生は、そうでない学生よりも50％ほど学習継続率が高かったという。

II．初年次に限定されない学習継続支援の様々な取り組み

　とはいえ、すべてのコミュニティ・カレッジで、初年次教育と称するプログラムが用意されているわけではない。例えば、カリフォルニア州のサンフランシスコ・シティー・カレッジ（City College of San Francisco, 以下CCSFと略す）では、ことさらに初年次教育と名乗るプログラムは実施されていない。カタログの索引を見ても、初年次教育と称するプログラムを見出すことはできない。その代わり、初年次生に限定することなく、多様な学習継続支援プログラムが用意されている。それはCCSFに限ったことではない。本章では、初年次に限定されない学習継続支援の様々な取り組みをいくつか紹介しよう。

1．学習支援センター

　学習支援センターで提供されるアカデミックな活動をMaxwell（1997）は、14項目列挙した。①学業評価と診断テスト　②スタディ・スキルを向上させるプログラム　③ピア・チューターによる個別指導　④補強指導　⑤CAI（computer assisted instruction）　⑥補習教育　⑦教員集団による出前サービス　⑧教員との面談　⑨カレッジ・アドバイザーとの面談　⑩職員の研修・認証の継続（ongoing staff development/certification）　⑪専門家への照会　⑫カウンセリング　⑬アドバイジング

⑭アンケートによるプログラム評価

　このうちCAIは、コンピューターを家庭教師的に用いて、学生がコンピューターと対話しながら、自分のペースで学習を進める方式である。学力も弱点も一様でない学生達にとって、個別学習には一斉授業に無い利点がある。コンピューターのおかげで、学生はクラスメートのペースを気にすることなく、自分が納得できるまで自分のペースで学習することが可能になるという利点である。高等教育および生涯学習の分野で高名なパトリシア・クロス（Patricia Cross）は、1970年代からCAIを教育方法上の改善策として有望視していた（井口, 2008）。1970年代以降、成人学生を含む「非伝統的学生」や「新しい型の学生」がコミュニティ・カレッジ等で増加してきたことから、非伝統的な教育方法やカリキュラムの開発が、コミュニティ・カレッジにおいて求められると認識していたからである。

　また、学習支援センターは、非伝統的学生や学力の低い学生に、キャンパス内での居場所を提供し、所属感を高め学習継続率を高める効果があるという（Enright, 1997）。

2. ラーニング・コミュニティ

　ラーニング・コミュニティとは、既存の複数のコースをつなぎ合わせ、その中で、同じ顔ぶれの小規模な学生集団や教員集団がコースの理解や統合を深めようとする試みである。以下に、その具体例を2つ挙げる。

(1) STAR（Student and Teachers Achieving Results）プログラム

　　カリフォルニア州のロングビーチ・シティ・カレッジでは、学生たちの学習継続率を高めるために、STARプログラムを案出した。これは、主に旧来の大学では疎外されがちであったタイプの学生達のリテンション率を高め、学業を成功させるために考えられたプログラムである。

　　それは、4つの目標（①学生集団のコミュニケーション・スキルを向上させること　②学生集団の自己評価を高めること　③教員集団の専

門性を高めること ④学際的・協同学習モデルを活用すること）をもった複数のコースをつなぎ合わせたものである。(Mackay et al., 1996)
(2) AOI（Academic Occupational Integration）プログラム

　AOIとは、アカデミック・スキルと、キャリアに関連づけた指導を融合させた試みである。例えば、ESLの中級コースとコンピューター入門コースを融合してビジネス専攻の学生に提供する試み、看護学と哲学を融合させたコースを看護学専攻の学生に提供したりする取り組みを指す。

3. 多様な学生を対象とした相談窓口の設置

　初年次教育を標榜するカレッジ（例えばⅠで取り上げた2校）においても、各種のサービスやカウンセリングの紹介がウェブ上でなされているが、とりたてて初年次教育を標榜しないカレッジにおいても、各種のサービスやカウンセリングを利用できる場が各所に配されている。例えば、CCSFでは、次のような相談窓口が紹介されている。

- キャリア開発＆プレイスメントセンター（Career and Job Placement Center）：学生たちにキャリアに関する情報を提供。
- 編入支援センター（Transfer Center）：学生たちに4年制大学等への編入に役立つ情報を提供。
- 新入生／在校生カウンセリング（New Student Counseling/ Continuing Student Counseling）：アカデミック・カウンセリング、アカデミック・アドバイジングによって、新入生や在校生など対象別に異なる窓口を設けて、コース選択やキャリア・プランづくりを支援。
- 図書館兼ラーニング・センター（Learning Assistance Center）：数学、英語、ESL、化学、物理、経理、経済、心理、外国語などの個別指導（tutoring）、およびコンピューターを利用した個別学習設備（student computer lab）を申し込み、自分のペースに合わせた学習に役立てることが出来る。
- 復員軍人を対象とした教育給付プログラム（Veterans Educational

Benefits Program)：復員軍人を対象とした教育給付プログラムに関する情報、その他のサポート・サービスを提供。
- 学生保健センター（Student Health Center）：学生たちの身体的、精神的健康を保持するための情報を提供。応急処置を施したり緊急治療にも対応。
- チャイルド・ケア・センター（Child Care Center）：託児サービスを提供。
- 留学生の相談窓口（International Student Counseling）：留学生カウンセラーが、留学生たちの様々な質問や相談に対して、個別にサービスを提供。
- 障がいをもった学生を対象としたサービス（Disabled Students Programs & Services：DSPS）：障がいをもった学生を対象としたプログラムやサービスを提供。
- 機会拡大サービス（Extended Opportunity Programs and Services：EOPS）：経済的に恵まれない（economically disadvantaged）学生は、ここで機会拡大プログラムやサービスを受け、経済的支援に関する情報を得たり、相談したりすることができる。
- ホームレス等、リスクを抱えた学生を支援するプログラム（Homeless At-Risk Transitional Students Program）：ホームレスあるいはホームレス経験者、（貧困やハイリスクな環境のせいで）落ちこぼれるおそれのある学生を対象としたプログラムやサービスを提供。

このように、学生サービス（Student Services）の一環として、多様な学生を対象とした多様な相談窓口を設けることによって、学生が安心して学習を継続できるよう配慮している様子が窺える。この他、学生サービスという位置づけとは異なるが、仕事をもった成人学生を対象とした学位取得支援プログラムも、学位制度の一環として用意されている。

4. 体験型カリキュラムの重視

(1) サービス・ラーニング

　社会貢献活動を通して社会問題への関心を醸成したり、人とのコミュニケーション能力を高めたりするサービス・ラーニング（service learning）には、市民教育の意味がある。同時に、学習動機を育んだり、社会に役立っているという実感を得ることによって、学生の自己肯定感を高める効果も期待される。

　例えば、CCSFでは、メンター及びサービス・ラーニング室（the Office of Mentoring and Service Learning）が設置されており、そこで配布されるリーフレットには、ピア・メンタリング（peer mentoring）やサービス・ラーニングの説明がなされており、誰でも気軽にリーフレットを手に取り、スタッフに相談できる仕組みになっている。

　「アメリカ・コミュニティ・カレッジ協会」（American Association of Community Colleges）の1997年の調査によれば、全コミュニティ・カレッジのほぼ半数がサービス・ラーニングを実施しており、1999年の調査によれば、50州中少なくとも45州のコミュニティ・カレッジがサービス・ラーニングを実施しているといわれる。ボランティア活動とインターンシップとの中間的位置を占めるともいわれるサービス・ラーニングは、今後も発展が見込まれる（宇佐見, 2006）。

(2) スタディ・アブロード

　現地の人とのコミュニケーションを通して、外国語の運用能力だけでなく、草の根の文化理解にもなり、えてして自国中心になりがちなアメリカ人学生に国際的視野を提供する意味のあるプログラムである。

　著者が訪問したCCSFは、スタディ・アブロード・プログラム（study abroad program）の面では、全米のコミュニティ・カレッジの中でトップ10に入るだけあって、スタッフ、資料ともに、サービス・ラーニング室よりも充実していた。

(3) キャリア教育（インターンシップ、コーオプ）

　学生にとって、卒業後の社会や仕事を視野に入れた、レルバント（有意味）な教育内容保障として、インターンシップやコーオプの取り組みは、アメリカ高等教育では昔から盛んに実施されている。コミュニティ・カレッジも、その例外ではない。インターンシップのみ実施しているCCSFのようなコミュニティ・カレッジもあれば、コーオプの実践で有名なシンクレア・コミュニティ・カレッジ（Sinclair Community College）のような事例もある。

　学生にとってのコーオプ・プログラムの意義については本書の第15章で既に論及したが、本稿のテーマ（学生の学習継続）と関わりの深いポイントだけをそこから抜き出すと、以下の通りである。
- 教室での学習を学外の世界と結び付けて考えることで学習意欲が高まり、カレッジに在学し続ける意味を見出しやすくなる。
- 就業の対価として得た収入を学費の足しにすることができる。
- 文化的、経済的に恵まれない学生にとっては、孤立感を減らし、自己肯定感を高める機会にもなりうる。
- 正規の教育が仕事の遂行にいかにつながるのか、理解できるようになる。
- 「準学士」の学位取得という短期的目的のみならず生涯学習の観点からも、就業・学習を往還する意味を理解できるようになる。

おわりに

　以上、本論では、コミュニティ・カレッジにおける初年次教育、ならびに初年次に限定されない学習継続支援の様々な取り組みを検討してきた。最後に、かかる検討に基づいて、コミュニティ・カレッジにおける初年次教育、ならびに学習継続支援の取り組みに見られる主要な特徴を2つ指摘して結びにかえたい。

　第一に、<u>カスタマイズされた学生サービス</u>。

コミュニティ・カレッジの特徴のひとつとして、学生の多様性を挙げることができる。所在コミュニティによって異なるが、概してコミュニティ・カレッジの場合、4年制のリベラル・アーツ・カレッジや研究大学の学生に比べ、少数民族、低所得層の学生、低学力の学生、移民、「第一世代学生」（First Generation Students）、フルタイムやパートタイムの仕事をもった通学生、などが多い。このことはコミュニティ・カレッジのカリキュラムや学生サービスのあり方にも、当然、影響を及ぼしている。

　例えば、有職学生の場合、キャンパス在留時間が比較的短く、他の学生との交流時間も比較的限定されるので、彼らをキャンパスにつなぎとめるために、特別に配慮した学位プログラムが提供される。低所得層の学生には、奨学金やワーク・スタディの情報提供など、彼らの経済的不安を軽減する措置がとられている。移民や留学生、少数民族の学生に関しては、孤独にさいなまれることのないよう人種・民族別の親睦を深める場所や機会が用意されている。移民や留学生のなかで言語面での不安を抱える者にはESLも用意されている。両親が大学を卒業していない「第一世代学生」には、大学のカルチャーに対する適応困難を和らげるために、初年次のオリエンテーションやカウンセリング・サービスが利用可能である。低学力の学生には、補習教育やチューター制、ラーニング・センターが不安軽減のために設けられている。

　このように、ひとくちに学習継続支援といっても、コミュニティ・カレッジの場合、実に様々な学生の個別の必要に対応した、カスタマイズされた学生サービスに、その特徴をみることができる。

　第二に、<u>体験を組みこんだカリキュラムの工夫</u>
コミュニティ・カレッジの学生の多くにとって、抽象的知識や観念をあつかう座学中心の伝統的高等教育のカリキュラムは、自信や達成感を味わう機会に乏しく、それが学習継続を困難にする面もあったのではないかと考えられる。しかし、学内での座学一辺倒ではなく、学外での体験を組みこんだカリキュラムを工夫することによって、学習の動機づけが強化され、従来よりも学習継続意欲を高める機会が生まれるのではない

かという期待が生じる。

　本論で紹介したサービス・ラーニング、スタディ・アブロード、インターンシップ、コーオプ、AOI（<u>A</u>cademic <u>O</u>ccupational <u>I</u>ntegration）などのプログラムは、いずれも体験を組みこんだカリキュラムを通して、学問的鍛錬ばかりでなく、学生の人間的成長や、人間関係力をつける具体的カリキュラムとして、注目される。体験の場数を踏むことで体得された知識やスキルは、自己の成長の証ともなり、在学時のみならず卒業後の学習継続の支えになる可能性も秘めている。

　なお、上述してきた学生サービスや学習プログラムに関する、学生達からの評価や質の吟味は、別途検討されるべき課題である。

参考文献

Barefoot, B. O. (Ed.) (1993), *Exploring the evidence: Reporting outcomes of freshman seminars*, Monograph series No. 11, National Resource Center for The Freshman Year Experience, Columbia, SC: University of South Carolina.

Barefoot, B. O. (Ed.) (1998), *Exploring the evidence: Reporting outcomes of first-year seminars*, Monograph series No. 25. National Resource Center for The Freshman Year Experience, Columbia, SC: University of South Carolina.

Baron, W. (1997), *The Problem of student retention: The bronx community college solution–The freshmen year initiative program*. (ERIC Document Reproduction No. ED409971).

Barry Heermann(1975), *Cooperative Education in Community Colleges*, Jossey-Bass Publishers.

Brawer, F.B.(1996), *Retention-attrition in the nineties*, ERIC Clearinghouse for Community Colleges.(ERIC Document Reproduction No. ED393510).

Cuseo, J.B. (1997), *Freshmen orientation seminar at the community colleges: A research-based rationale for its value, content, and delivery*. Unpublished manuscript (ERIC Document Reproduction No. ED411005).

Enright, G (1997), LACR, LRC, and developmental education: An orientation for the beginning learning center professional, In S. Mioduski and G. Enright's (eds.) *Preceedings for the 15th and 16th Annual Institutes For Learning Assistance Professionals: 1994 and 1995*, Tucson, AZ: University Learning Center, University of Arizona.

Kellogg, K. (1999), *Learning communities*, ERIC Clearinghouse on Higher Education (ERIC Document Reproduction No. ED430512).

Kisker, Carrie B. / Cohen, Arthur M. / Brawer, Florence B. (2014), The American Community College, Jossey Bass Higher and Adult Education, Jossey-Bass.

Mackay, J. et al (1996), *Establishing a learning community for community college students: STAR — students and teachers achieving results.* (ERIC Document Reproduction No. ED393 514)

Maxwell, M. (1997), *What are the functions of a college learning assistance center?* Unpublished manuscript (ERIC Document Reproduction No. ED413031).

Perin, D. (2001), Academic-occupational integration as a reform strategy for the community college: classroom perspectives, *Teacher's College Record*, Vol. 103, No. 2, April. Teacher's College, Columbia University.

Upcraft, M.Lee / Gardner, John N. / Barefoot, Betsy O.(2007)『初年次教育ハンドブック―学生を「成功」に導くために―』（山田礼子監訳），丸善

井口千鶴（2008）「高等教育へのアクセス保障から内容保障へ―P. クロスの高等教育論再考」『東海大学課程資格教育センター論集第7号』pp.43-50

宇佐見忠雄（2006）『現代アメリカのコミュニティ・カレッジ―その実像と変革の軌跡』，明石書店

濱名篤，川嶋太津夫編（2006）『初年次教育　歴史・理論・実践と世界の動向』，丸善

※なお、本稿の執筆にあたり、CCSFにおける「メンター及びサービス・ラーニング室」(the Office of Mentoring and Service Learning)、「キャリア開発＆プレイスメントセンター」(Career and Job Placement Center)、「スタディ・アブロード・プログラム室」(Study Abroad Program Office) のスタッフにインタビューを行い、情報および資料提供にご協力いただいた。記して、感謝の意を表したい。

あとがき

　コミュニティ・カレッジに関する邦語文献がもはや珍しいものではなくなった今の時代に、本書を刊行する意味はどこにあるのだろうか。一言でいえば、現代的課題に関わるコミュニティ・カレッジ研究書を公表することにある。ここでいう現代的課題とは、教育における格差問題の解決、コミュニティに根ざしたボトムアップの教育制度づくり、リカレント型の教育や社会の構築などである。過去に出版されたコミュニティ・カレッジに関する単行本は、一般向けの紹介書が多いため広く浅く網羅的に記述されたものが少なくない。また出典が必ずしも明確でない著作も目につく。もとより総合的に紹介することの意義を否定するつもりはない。より多くの人にコミュニティ・カレッジを知ってもらうためには紹介書の存在は不可欠だと考えるからである。

　しかし複数の紹介書が既に存在する現段階においては、紹介書のステージから次のステージ、すなわち課題（テーマ）追求型でエビデンスを明記した研究書が活発に公表されるステージへと移行すべきである。まだ数は少ないが、この種の研究書も散見されるようになってきた。三浦嘉久（1991）『コミュニティ・カレッジ論：アメリカの高等成人教育』（高文堂出版社）や谷川裕稔（2001）『アメリカコミュニティカレッジの補習教育』（大学教育出版）は、その主要な例である。本書はこうした研究書の系譜に連なるとともに、公共的で対話的な性格（public and dialogical nature）も併せ持つ研究を志向するものである。

　テーマは、高等教育段階における機会の平等をめぐる問題、コミュニティ・カレッジという制度を誕生させ発展させてきた起動力、推進力の問題、コミュニティ・カレッジのアイデンティティをめぐる問題を中心に扱った。とはいえ、これらのテーマを一気呵成に書き下ろすことは浅学非才な自分には困難であった。そこで、かつていくつかの学会や大学の紀要等で公表した論文を集めて単行本にまとめることにした。これまで各所で断片的に述べてきたことを1冊の著書として体系的に配置しなお

すことによって、単発の論文（点）だけでは描出しきれなかったコミュニティ・カレッジ運動の方向性（ベクトル）や論の展開を多少なりとも明らかにできたのではないかと考える。

　本書をまとめるに当たり基にした拙稿（初出原稿）は以下の通りである。各論稿掲載誌の発行元の一々のご了解は得ていないが、本書に改訂収録させていただいたことに、この場を借りて御礼申し上げたい。最初に発表した論文は1981年のものであり、既に40年以上の時が経過した。したがって同論文を本書に掲載するにあたっては、1981年以後に国内外で発表された資料や研究論文の動向に鑑み大幅な加筆をおこなった。他の論文に関しても、程度の差こそあれ追記や加筆をおこなうことによって、できるだけ発表当時以降の変化を反映させるように努めた。初出原稿のなかには最近（2023年）発表したものもあり、これに関しては内容はほぼ原文のままであるが、発表時に枚数制限により割愛した参考文献などを新たに追加した。また、1冊の著書にまとめるに際しては全体の統一感を醸成する必要があり、初出原稿の論旨を崩さないよう配慮しながら推敲をおこない、原題に多少変更を加えた場合もある。因みに、初出原稿の原題は以下の通りである。

第Ⅰ部　コミュニティ・カレッジ法制史
第1章
　「加州のジュニア・カレッジ制度創設における高等教育機会均等の理念」日本教育学会紀要『教育学研究』第51巻4号、1984年12月、pp.379-388
第2章
　「加州のCJC法（1917年・1921年）の展開過程における高等教育の平等と卓越の理念」日本教育行政学会紀要『日本教育行政学会年報・14』、1988年10月、pp.271-285
第3章
　「カリフォルニア州1960年法におけるコミュニティ・カレッジ条項と

その背景」『東海大学課程資格教育センター論集第17号』、2018年、pp.1-11

補論

「高等教育政策形式と審議会－カリフォルニア州マスター・プランの場合－」関西教育行政学会紀要『教育行財政研究』第15号、1988年、pp.141-153

第4章

「1960年以後のコミュニティ・ジュニア・カレッジの動向－制度上の位置づけ、学生、教育プログラムを中心に－」関西教育行政学会紀要『教育行財政研究』第16号、1989年、pp.43-48

第5章

「コミュニティ・カレッジに対する地方統制（local control）の変容」関西教育行政学会紀要『教育行財政研究』第13号、1986年、pp.101-112

第Ⅱ部　コミュニティ・カレッジ論史

第6章

「Junior College制度化におけるHarperの意図」『関西教育学会紀要第5号』1981年、pp.122-126

第7章

「A.F.ランゲのジュニア・カレッジ論－高等教育における平等主義と能力主義の調整－」『京都大学教育学部紀要ⅩⅩⅩⅢ号』、1987年3月、pp.204-214

第8章

「コミュニティ・ジュニア・カレッジ中等教育論の系譜―アメリカ型高等教育概念の史的研究の観点から―」『東海大学課程資格教育センター論集第5号』2006年、pp.13-21

第9章

「W.C.イールズのジュニア・カレッジ論―米国コミュニティ・カレ

ッジ史におけるイールズの足跡―」『教育制度学研究　特別号』2023年、pp.402-421

第10章

「バートン・クラークのコミュニティ・カレッジ論：アメリカ高等教育におけるクーリング・アウト機能とその評価」『東海大学課程資格教育センター論集第11号』2012年、pp.29-34

第11章

「ジェローム・カラベルのコミュニティ・カレッジ論：批判の矛先と展望」『東海大学課程資格教育センター論集第12号』2013年、pp.85-91

第12章

「ズワーリングのコミュニティ・カレッジ論の意義：高等教育と不平等問題」『東海大学課程資格教育センター論集第15号』2016年、pp.11-18

第Ⅲ部　現代コミュニティ・カレッジの諸相

第13章

「コミュニティ・カレッジにおける職業教育の発展とその要因」昭和59年度文部省科学研究費による一般研究（c）報告書（代表：高木英明）、1985年3月 pp.21-37

第14章

「コミュニティ・カレッジにおける職業教育の新展開--生涯にわたる職業能力開発の動向」『東海大学課程資格教育センター論集第9号』2010年、pp.37-44

第15章

「コミュニティ・カレッジにおけるコーオプ（CO-OP）教育―アメリカ短期高等教育における産・学・社の協力―」『国立教育政策研究所紀要　第135集』2006年、pp.45-55

第16章

「コミュニティ・カレッジにおける機関調査（IR）部門－歴史・現状・課題—」平成18〜20年度科学研究共同研究プロジェクト（代表：塚原修一）の成果の一部

第17章
「コミュニティ・カレッジにおける学習継続支援」『東海大学課程資格教育センター論集第8号』2009年、pp.13-19

　コミュニティ・カレッジの歩みは発足から1世紀以上を経た今もなお続いており、今後も継続的な分析を要する。しかし、とりあえず現時点でひとつの区切りをつけ、ここまで調査し追跡してきた結果を公表した。不完全であれ現段階でのひとつの集大成として、コミュニティ・カレッジの研究者はもとより、コミュニティ・スクール、大学教育、社会教育、生涯学習のあり方に関心を寄せる多くの方々に読んでいただければ幸いである。

2024年11月　世田谷の寓居にて
井口千鶴

著者プロフィール

井口千鶴（旧姓：藤本）
福岡県立小倉高等学校、京都大学教育学部、同大学院教育学研究科を経て、追手門学院大学、平安女学院短期大学、放送大学、東海大学等で非常勤講師（主に「教育制度論」「生涯学習概論」などの授業を担当）。1987年から1989年まで日本学術振興会特別研究員。2000年から2009年まで国立教育政策研究所研究協力者。現在は「独立研究者」(Independent Scholar)として在野でコミュニティ・カレッジの研究を続ける一方、「コミュニティ・カレッジ資料室」を開設準備中。

【主要著作・論文】
「加州のジュニア・カレッジ制度創設における高等教育機会均等の理念」（日本教育学会紀要『教育学研究』第51巻4号、1984年12月、pp.379-388）、「加州のCJC法（1917年・1921年）の展開過程における高等教育の平等と卓越の理念」（日本教育行政学会紀要『日本教育行政学会年報・14』、1988年10月、pp.271-285）、「W.C.イールズのジュニア・カレッジ論—米国コミュニティ・カレッジ史におけるイールズの足跡—」（日本教育制度学会紀要『教育制度学研究　特別号』2023年、pp.402-421）、『アメリカの高等教育―質的低下克服の道―』（共訳、教育開発研究所、1997年）

コミュニティ・カレッジ
―歴史と文脈―

2025年1月29日　初版第1刷発行

著　者　井口（藤本）千鶴
発行者　谷村勇輔
発行所　ブイツーソリューション
　　　　〒466-0848 名古屋市昭和区長戸町4-40
　　　　TEL：052-799-7391 / FAX：052-799-7984
発売元　星雲社（共同出版社・流通責任出版社）
　　　　〒112-0005 東京都文京区水道1-3-30
　　　　TEL：03-3868-3275 / FAX：03-3868-6588
印刷所　富士リプロ

万一、落丁乱丁のある場合は送料当社負担でお取替えいたします。
ブイツーソリューション宛にお送りください。
©Chizuru Iguchi (Fujimoto) 2025 Printed in Japan ISBN978-4-434-35291-1